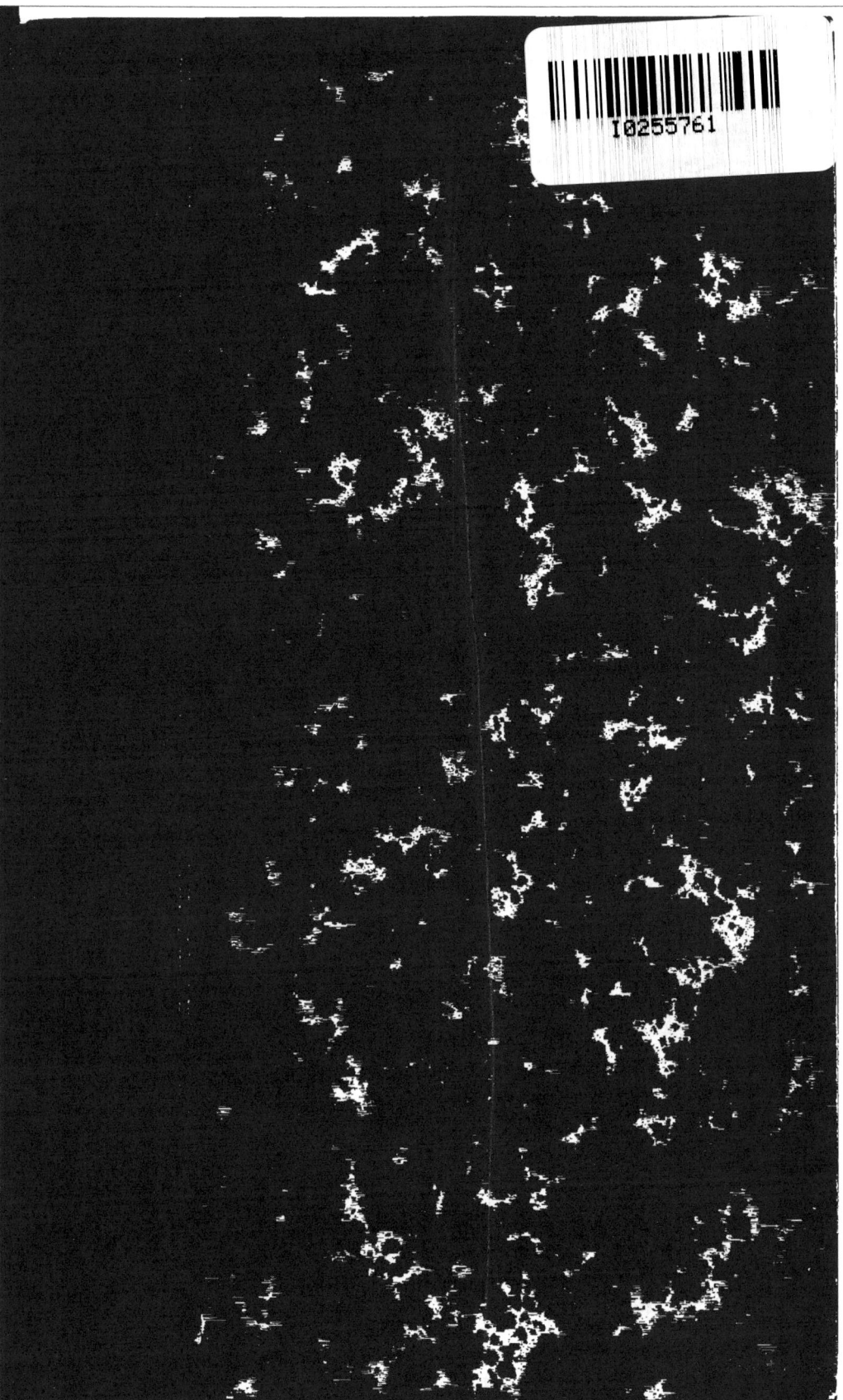

LA Guerre DE 1870-71

CAMPAGNE DE L'ARMÉE DU NORD

IV

SAINT-QUENTIN

PARIS
LIBRAIRIE MILITAIRE R. CHAPELOT ET Cⁱᵉ
IMPRIMEURS-ÉDITEURS
30, Rue et Passage Dauphine, 30

1904
Tous droits réservés.

LA

GUERRE DE 1870-71

CAMPAGNE DE L'ARMÉE DU NORD

IV

SAINT-QUENTIN

Publié par la **Revue d'Histoire**
rédigée à la Section historique de l'État-Major de l'Armée

LA Guerre

DE

1870-71

CAMPAGNE DE L'ARMÉE DU NORD

IV

SAINT-QUENTIN

PARIS
LIBRAIRIE MILITAIRE R. CHAPELOT et Ce
IMPRIMEURS-ÉDITEURS
30, Rue et Passage Dauphine, 30

—

1904
Tous droits réservés.

SOMMAIRE

CAMPAGNE DE L'ARMÉE DU NORD

IV

	Pages.
XV. — Marche de l'armée du Nord sur Saint-Quentin, du 14 au 17 janvier	1
XVI. — Combats de Beauvois et de Vermand	36
XVII. — La bataille de Saint-Quentin sur la rive gauche de la Somme	77
XVIII. — La bataille de Saint-Quentin sur la rive droite de la Somme	113
XIX. — Fin de la campagne	151

Documents annexes.

CHAPITRE XV	1
— XVI	45
— XVII et XVIII	61
— XIX	137

LA GUERRE DE 1870-1871

CAMPAGNE
DE
L'ARMÉE DU NORD

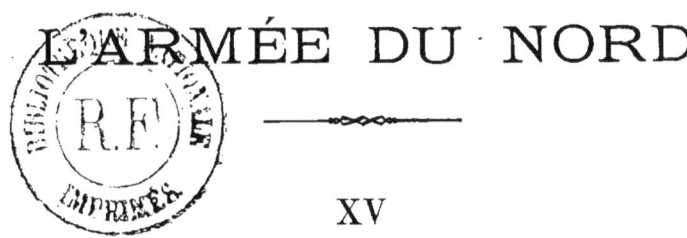

XV

Marche de l'armée du Nord sur Saint-Quentin, du 14 au 17 janvier.

Au commencement du mois de janvier 1871, Lille, reliée difficilement à Bordeaux par les sémaphores, par les lignes télégraphiques du Havre ou de l'Angleterre, siège d'un gouvernement en quelque sorte distinct, présentait l'aspect d'une capitale par l'animation que lui donnaient les fonctionnaires, les voyageurs et les réfugiés en grand nombre.

Malgré les pouvoirs étendus du commissaire général, dont il n'usait que d'accord avec l'autorité militaire, le colonel de Villenoisy y centralisait l'organisation, le service des renseignements, le commandement même de la région. Il correspondait régulièrement avec le général en chef, lui soumettait les projets, les ordres, mais se trouvait obligé, par suite de l'éloignement ou des circonstances, de prendre, parfois sans retard, les décisions les plus importantes. Ces fonctions délicates, il les accomplissait avec une ardeur, une autorité auxquelles il faut rendre hommage.

Son action s'étendait même aux opérations, car on l'a vu représenter d'abord au général Faidherbe le danger auquel il exposait l'armée en restant, avant Pont-Noyelles, sur la rive gauche de la Somme ; envoyer ensuite des renforts à Abbeville, alors que cette ville paraissait menacée ; diriger la colonne de Vervins, remplacer ses chefs ; conseiller l'offensive avant Bapaume. Plus tard, le 12 janvier, il recommandait une pointe vers Saint-Quentin, et télégraphiait au général Farre : « La population est satisfaite de voir l'ennemi s'éloigner, il faudrait pourtant profiter de ce départ. »

Cette activité régulatrice était d'autant plus nécessaire, qu'aux difficultés de toutes sortes, à la pénurie des armes (1), à l'épuisement des ressources, à l'impossibilité de former de nouveaux cadres (2), venaient s'ajouter diverses manifestations de l'égarement des esprits : les inventeurs se multipliaient pour faire adopter leurs monomanies ; un ancien préfet prétendait établir et commander un camp de mobilisés à Helfaut, près de Saint-Omer (3) ; le commandant supérieur à Givet, le chef de bataillon de Voluet, annonçait qu'il

---

(1) L'état du 15 janvier donne 236 fusils modèle 1866, comme existant en magasin ; le général de Villenoisy dit, dans sa *Relation*, qu'à un moment donné il ne restait plus que 5 fusils modèle 1866.

(2) Le général de Villenoisy écrit dans sa *Relation* que, malgré les efforts de personnes dévouées, et notamment de M. Poncelot, agent des douanes à Longwy, on ne parvenait plus à faire traverser la Belgique aux évadés de captivité.

(3) Voir aux pièces annexes la correspondance qui eut lieu à ce sujet avec le gouvernement de Bordeaux.

allait vendre ses approvisionnements, disperser sa garnison par petits groupes.

Dans d'autres places la défense était en bonnes mains : à Arras se trouvait le général de Chargère, vaillant officier, qui compensait par son énergie l'épuisement de ses forces physiques; à Abbeville, le chef de bataillon Babouin, nommé colonel, commandant des gardes nationales mobilisées de la Somme; à Cambrai, le général Séatelli; à Douai, le général Treuille de Beaulieu, dont la haute compétence avait contribué à créer, en deux mois, une artillerie que le général Faidherbe qualifiait de « bonne et nombreuse (1) ».

Dans l'armée, tous les corps réguliers étaient également solides, animés du meilleur esprit (2); mais à côté des gardes mobiles, raffermis moralement, figuraient les mobilisés, dont la valeur était celle qu'ils pouvaient tenir de leurs cadres.

Derrière cet ensemble, auquel la confiance inspirée par le général en chef donnait une certaine cohésion, la population civile éprouvait une lassitude que M. Testelin signalait plus tard en termes précis (3).

---

(1) Dépêche du 5 janvier.

(2) « Je n'ai pas eu de différences sensibles à signaler dans l'attitude « de mes hommes et celle des soldats que je commandais à Metz. Il « est vrai que les cadres étaient excellents, puisqu'ils étaient presque « complètement formés de gradés évadés de Metz ou de Sedan. » (Lieutenant-colonel Patry, *La guerre telle qu'elle est*.)

« L'armée est pleine de confiance, et ne doute plus de sa supériorité « sur les Prussiens. » (Dépêche du 10 janvier, du général Faidherbe au Ministre de la guerre.)

(3) *Dépêche de M. Testelin à M. Gambetta.*

Lille, 20 janvier, 11 h. 46.

« Tenez pour certain que la masse de la nation va rendre la Répu- « blique, et vous, responsables de nos désastres matériels, et qu'elle se « vautrera de nouveau aux pieds du premier venu qui lui donnera la « paix; c'est triste, mais c'est vrai. »

Telle était la situation au début de cette dernière phase des opérations.

14 janvier. — Il est nécessaire de rappeler que l'armée du Nord devait s'échelonner, le 14 janvier, entre Albert et Bapaume, en se couvrant contre une offensive venant d'Amiens, par les divisions Derroja (1re du 22e corps) et du Bessol (2e du 22e corps), postées à droite, près du cours de l'Encre. Chacune d'elles devait être éclairée par deux escadrons de dragons.

La brigade Fœrster (1re de la division du Bessol) devait quitter Bucquoy et Puisieux à 8 heures du matin, et traverser Miraumont et Beaucourt en suivant le chemin parallèle à la voie ferrée. Derrière elle, la brigade Gislain (2e de la division du Bessol), précédant le génie du 22e corps, s'avancerait d'Achiet-le-Petit à 8 h. 1/4, et prendrait la même route à partir de Miraumont. La division Derroja, partant de Bapaume, de Favreuil et de Sapignies avait l'ordre de suivre la route d'Amiens. Le bataillon de reconnaissance serait en flanc-garde au Sud.

A l'issue de la marche, les cantonnements devaient être à Albert, Bécourt, la Boisselle, Aveluy, pour la division du Bessol ; à Pozières, Ovillers, Contalmaison, Bazentin-le-Petit, pour la division Derroja. Derrière celle-ci, la division Payen (1re du 23e corps), précédée par le 24e chasseurs à pied, avait l'ordre de cantonner ses troupes à Martinpuich, Courcelette, le Sars, Warlencourt, tandis que la division Robin (2e du 23e corps) s'arrêterait à Bapaume, Achiet-le-Grand, Biefvillers, Thilloy, Ligny.

Au centre de l'armée, le grand quartier général serait à Pozières, mais le convoi resterait à Achiet-le-Grand.

Dans la matinée du 14 janvier, tandis que la 1re division du 22e corps suivait la route de Bapaume à Amiens, que la 2e descendait la vallée de l'Encre, on confirma l'occupation d'Albert par l'ennemi, et le général Derroja recevait l'ordre, en arrivant à Pozières, de soutenir la division du Bessol avec la brigade Aynès, qui marchait en tête de sa colonne; cette précaution était inutile, car l'avant-garde du général de Memerty se retirait derrière l'Hallue sans combattre, couverte par un poste de cavalerie resté à Warloy.

Le quartier général de l'armée du Nord s'installait alors à Albert, avec le 67e de marche, le 1er bataillon du 91e mobiles, la batterie Bocquillon, la brigade Fœrster toute entière (1). Aucune autre modification n'était apportée aux emplacements désignés la veille.

Dès l'arrivée au cantonnement on prescrivait, pour le lendemain, des reconnaissances sur Bray et la route d'Acheux. Elles avaient plutôt pour but de préciser la situation, et d'occuper les troupes par une « promenade militaire » (2), que de faciliter une marche ultérieure vers l'Est, en provoquant la concentration de l'armée allemande vers l'Ouest. Le général Faidherbe, lui-même, ne leur a pas donné cette importance (3).

Il se rendait compte cependant, depuis la chute de Péronne, que la présence de l'ennemi devant lui, sur la Somme, à sa droite, sur l'Hallue constituait une impasse dont il ne pouvait sortir qu'en se reportant vers l'Est.

Le 13, en effet, il avait fait demander à l'ingénieur en chef Bertin dans quelles conditions pourraient être tendues les inondations de la Scarpe et de l'Escaut, qu'il espérait utiliser pour couvrir la région du Nord pendant

---

(1) Voir le détail des cantonnements aux pièces annexes. Le bataillon de reconnaissance était aux avant-postes à Méaulte.

(2) Expression du général Farre. Voir les pièces annexes, pages 4 et 5.

(3) *Campagne de l'armée du Nord.*

sa marche vers l'Est, faciliter ses manœuvres ou une retraite ultérieure (1).

Il a même dit avoir conçu, sans collaboration, ce projet de marche vers l'Est, et en avoir gardé le secret à son major général jusqu'au moment de l'exécution (2).

En réalité, à Versailles comme à Amiens, à l'armée comme à Lille, tous y pensaient. Le colonel de Villenoisy écrivait le 13 : « Ne pourrait-on pas couper les communications des Allemands ? Ce serait une opération à tenter avec des forces sérieuses (3) » ; le général Farre répondait à 11 heures du soir (4) : « L'idée de couper les chemins de fer me poursuit depuis longtemps, mais je ne suis pas le maître. Envoyez-moi des indications précises d'ouvrages à détruire sur les lignes de Paris—Épernay et Paris—Soissons. J'aviserai, si possible, avec petits ou grands moyens. »

Bien que rien ne fût encore décidé, le projet avait pris corps dans la soirée du 14, car le général Faidherbe télégraphiait à Lille : « Pour motifs à moi connus, il faut tendre immédiatement les grandes inondations des camps retranchés de la Scarpe et de l'Escaut, etc. » Le général Farre ajoutait : « Répondez le plus tôt possible à ma demande de renseignements sur les ouvrages d'art à l'Est de Paris. L'ennemi utilise-t-il sérieusement la voie de Tergnier à Compiègne ? (5). »

Quant à l'intervention du gouvernement, que beaucoup d'historiens ont présentée comme impérative, en ce qui concerne la marche sur Saint-Quentin, elle se bornait en réalité à une dépêche ainsi conçue : « Paris

---

(1) Voir aux pièces annexes la réponse de l'ingénieur en chef.
(2) Déposition du général Faidherbe devant la Commission d'enquête.
(3) Rapport du 13 janvier.
(4) Avesnes-lès-Bapaume, 13 janvier, 11 h. 40 du soir.
(5) Dépêches expédiées d'Albert à 10 heures et à 11 h. 55 du soir.

va faire un effort suprême ; le moment est venu d'en faire un dans le Nord (1). »

Peu importe la date précise d'une communication qui n'indiquait pas la direction que cette offensive devait prendre, et dont l'influence a pu, tout au plus, encourager le général Faidherbe à agir. Des textes irréfutables confirment cette assertion : le 16, le général en chef télégraphiait, en effet, au gouvernement, sans lui indiquer ses projets (2) ; plus tard, Gambetta mandait au commissaire général : « Le mouvement que vous m'annoncez révèle dans le général Faidherbe un homme qui pense, qui prévoit, et qui agit sous son initiative (3). »

De son côté, le général de Gœben (4), apprenant l'arrivée des Français à Albert, envoyait des ordres pour reconnaître, le lendemain, les emplacements de l'armée du Nord ; pour résister sur l'Hallue, et sur la Somme ; pour attaquer éventuellement, à droite, avec la *16ᵉ* division, et la *3ᵉ* de réserve. Il prenait, en même temps, des mesures pour renforcer ses effectifs, modifier quelques

---

(1) Déposition du général Faidherbe devant la Commission d'enquête.

(2) La dépêche du général Faidherbe était ainsi conçue :

Albert, 16 janvier, 1 h. 40 du matin. Expédiée à 6 h. 42.

« L'armée du Nord, continuant sa marche en avant, est allée le 14 « de Bapaume à Albert, où elle est entrée sans coup férir. Le 15, elle « a reconnu les passages de la Somme, dont tous les ponts sont coupés. « L'armée prussienne a barricadé et retranché les villages de la rive « gauche. Les routes sont tellement glissantes que les mouvements de « troupes sont pour ainsi dire impossibles. Nous continuons à faire « journellement des prisonniers. » (*Dépêches de Léon Gambetta*, page 523.)

(3) Dépêche du 13 janvier.

(4) Les renseignements concernant l'armée allemande ont été puisés, pour cette partie de la campagne, dans les ouvrages du grand état-major prussien, du major Kunz, du major von Schell, dans les *Kriegsgeschichtliche Einzelschriften*.

détails d'organisation, et rappelait les détachements de Molliens-Vidame, Picquigny, qu'une colonne mobile devait remplacer $\left(\frac{1, 3}{1}, \frac{2}{\text{huss. de la Garde}}\right)$.

15 janvier (1). — Par suite de ces instructions, le 7ᵉ uhlans était rattaché au détachement Memerty (régiments nº *4* et *44*, batteries $\frac{\text{IV, V}}{1}$), qui était à Querrieux et à Corbie, et que l'on confiait au général de Grœben avec les troupes du Iᵉʳ corps venues de Normandie (*1*ᵉʳ régiment, batteries $\frac{4, 6}{1}$); les trois autres régiments de la *3*ᵉ division de cavalerie restaient, à Beaucourt et à Contay, sous les ordres de Dohna (2).

La *3*ᵉ brigade du Iᵉʳ corps portait son avant-garde, le 15 au matin, de Querrieux sur Bresle; la cavalerie de Dohna éclairait de Contay sur Warloy; un bataillon était à Villers-Bocage; la *29*ᵉ brigade tenait les passages de

---

(1) Pour les journées des 15, 16, 17 janvier, voir les cartes au 1/200000ᵉ.

(2) Détachements de l'armée allemande à la date du 15 janvier, d'après le grand état-major prussien et divers :

$\frac{\text{I, II}}{69}$ à Péronne; $\frac{7}{29}$ à Ailly-sur-Noye; $\frac{1, 2}{70}$ à Ham; $\frac{6}{19}$ à Chaulnes; $\frac{\text{II}}{81}$ à La Fère; $\frac{2}{1}$ à Poix, Formerie; $\frac{1, 3}{1}$, $\frac{2}{\text{huss. de la Garde}}$ en colonne volante vers Abbeville; $\frac{4, \text{II}}{1}$, $\frac{\text{F}}{4}$, $\frac{4}{7^\text{e} \text{ uhl.}}$ rejoignaient le détachement Memerty sur l'Hallue; $\frac{\text{F}}{1}$ relevait $\frac{\text{II}}{33}$ à Villers-Bocage et rentrait à son régiment; $\frac{3, 4}{70}$ ralliaient la *16*ᵉ division. Restaient à Amiens $\frac{\text{II}}{70}$, un bataillon de landwehr, $\frac{3}{7^\text{e} \text{ uhl.}}$, une compagnie de pionniers, une d'artillerie de place.

la Somme, de Corbie à la Neuville ; la *30ᵉ*, précédée par des avant-postes sur la rive droite, s'étendait de Bray à Frise ; la division de réserve et la brigade de cavalerie de la Garde, étaient à l'Ouest de Péronne, que couvrait à l'Est la *16ᵉ* division (Barnekow), en liaison avec la division Lippe (*12ᵉ* division de cavalerie) à Saint-Quentin.

Celle-ci avait toujours devant elle la colonne de Cambrai, dont il eût mieux valu suspendre les démonstrations, en prévision des nouveaux projets.

Trois dépêches du colonel de Villenoisy prescrivirent, au contraire, au colonel Isnard, le 14 janvier (1), d'aller surprendre Saint-Quentin, d'appeler à lui le colonel de Vintimille, qui venait d'arriver à Busigny avec les 1ᵉʳ et 3ᵉ bataillons du 46ᵉ *bis* de mobiles (2), et de revenir à Cambrai par Guise. Enfin le 15, à 4 heures du soir, le général Faidherbe télégraphiait à Lille : « Faites enlever les Saxons à Saint-Quentin. » C'était évidemment une tentative prématurée, et qui, à elle seule, pouvait éveiller l'attention du général de Gœben, si d'autres indices, comme on le verra bientôt, ne devaient suffire pour fixer ses résolutions.

Combat de Bellicourt. — Quoi qu'il en soit, la colonne de Cambrai quittait le 15, à 10 heures du matin, les cantonnements qu'elle occupait depuis le 9 janvier (Masnières, Crèvecœur, Rumilly, Marcoing).

Les zouaves éclaireurs ouvraient la marche, avec le 2ᵉ bataillon des Ardennes et deux pièces de montagne ; venaient ensuite le 3ᵉ bataillon du 24ᵉ, l'artillerie (six pièces de montagne, deux pièces de 4 de campagne), le 73ᵉ de marche, le 1ᵉʳ bataillon des Ardennes, le bataillon

---

(1) 14 janvier : Dépêches expédiées de Lille à 10 h. 46 du matin, à 1 h. 9 et à 10 h. 47 du soir.

(2) Le 2ᵉ bataillon du 46ᵉ *bis* mobiles était à Solesmes.

Plaideau (1), les bagages. Chaque bataillon avait une compagnie de flanqueurs à droite (2).

En arrivant à Bonavis, bifurcation de la route de Péronne, le colonel Isnard aperçut sur sa droite, et au delà du canal, un détachement allemand comprenant une compagnie du *12e* chasseurs, deux escadrons du *17e* uhlans, deux pièces, qui se replia bientôt sur le Catelet.

A midi, deux compagnies des Ardennes (3e et 4e du 2e bataillon) se déployèrent devant le Catelet sous le feu de l'artillerie ennemie, et suivirent ensuite son mouvement de retraite jusqu'aux hauteurs qui dominent Bellicourt au Sud.

Vers 3 heures, la colonne se préparait à cantonner à Bellicourt et à Nauroy, lorsque les chasseurs allemands reprirent l'offensive en suivant la grande route; ils étaient soutenus par les uhlans, qui progressaient à l'Ouest; par l'artillerie, en action entre Riqueval et Nauroy. Mais, à gauche de la ligne française, les deux bataillons des Ardennes occupaient aussitôt Nauroy, se reliant, par deux compagnies du 24e, à Bellicourt, que tenait le reste de ce bataillon. En avant de ce village, contre la route, s'établissaient deux pièces de montagne, puis toute l'artillerie, appelée en hâte.

Le colonel Isnard faisait enfin avancer, à droite, les zouaves éclaireurs qu'il poussait jusqu'à la briqueterie, en les soutenant par un bataillon du 73e.

Ce déploiement suffisait pour déterminer la retraite de l'ennemi, vers 5 heures.

Le bataillon Plaideau, les 1er et 2e du 73e, s'installaient

---

(1) 3e bataillon de la 7e légion de mobilisés du Nord.

(2) Journaux de marche.

D'après la dépêche du colonel Isnard, du 14 janvier, sa colonne avait les effectifs suivants : 24e de ligne, 745 hommes; 73e, 1636 hommes; 1er bataillon des Ardennes, 1075 hommes; 2e bataillon des Ardennes, alors à Bellicourt; le 3ᵉ du 73ᵉ, avec les mobiles, à Nauroy, couverts par la 3ᵉ compagnie du 2ᵉ bataillon des Ardennes, par trois compagnies du 24ᵉ de ligne à Riqueval, et par les 2ᵉ et 5ᵉ compagnies de ce bataillon en grand'garde plus au Sud (1).

Pendant que la colonne Isnard se dirigeait ainsi vers Saint-Quentin, les 22ᵉ et 23ᵉ corps détachaient les reconnaissances prescrites la veille.

Deux escadrons restés à Ligny éclairaient dans la direction de Péronne par Gueudecourt et Flers.

Les deux autres cantonnés à Albert poussaient jusqu'à Heilly ; ils signalaient les avant-gardes allemandes, dont les éclaireurs échangeaient quelques coups de fusil avec les Français, puis se retiraient sur l'Hallue.

Ces renseignements étaient confirmés par le général du Bessol, qui partait à 8 heures du matin d'Albert avec six bataillons et six pièces (2), traversait Bouzincourt, Hédeauville, Warloy, Hénencourt et rentrait à 5 heures, laissant les francs-tireurs Pousseur à Millencourt, et le 18ᵉ chasseurs en grand'garde sur les collines que coupe la route de Doullens.

Les avant-postes du VIIIᵉ corps s'étaient repliés, en

---

547 hommes; bataillon Plaideau, 595 hommes; zouaves éclaireurs, capitaine Trouvé-Fortuné, 125 hommes; deux pièces de 8, huit pièces de montagne, sous les ordres du lieutenant Wishoffe.

(1) Pertes des Français : 73ᵉ, 3 hommes blessés; 24ᵉ, 4 hommes tués ou blessés; 1ᵉʳ bataillon des Ardennes, 1 blessé; 2ᵉ bataillon des Ardennes, 4 ou 5 hommes tués ou blessés; zouaves, 3 hommes blessés; artillerie, 1 lieutenant et 3 hommes blessés. (Journaux de marche et rapports.) Le colonel Isnard ne parle dans son rapport que d'un officier et de 9 hommes tués ou blessés.

Le bataillon de douaniers arrivait le 15 à Cambrai.

(2) Les éléments suivants prenaient part à cette reconnaissance : l'infanterie de marine, le 1ᵉʳ bataillon du 43ᵉ, le 20ᵉ chasseurs, le 91ᵉ, le 3ᵉ *bis* du Gard.

même temps, sur la rive gauche de la Somme, dès que fut signalée la division Derroja.

Partis de leurs cantonnements à 8 heures, les 2º et 3º bataillons du 46º mobiles, le 1ᵉʳ du 24º, le bataillon de reconnaissance, la batterie Bocquillon, la brigade Aynès tout entière, s'étaient déployés vers Etinehem et Suzanne, et avaient regagné, le soir, les cantonnements du matin.

D'autres marches avaient été faites, sans nécessité, par la brigade Michelet, qui poussait jusqu'à Albert en traversant Contalmaison et Bécourt ; par les mobilisés qui parcouraient les environs de Bapaume (1).

Tous ces corps rentraient très éprouvés par la température, par le vent glacial qui sillonnait les plateaux.

C'était une mauvaise préparation aux fatigues que l'on prévoyait.

Le général Faidherbe avait, en effet, fixé ses desseins, qu'une note, adressée aussitôt au colonel de Villenoisy, traduisait en ces termes :

« L'armée se mettra en marche demain pour l'Est, et sera établie le soir entre Sailly-Saillisel et Nurlu. Le 17, elle se portera sur Saint-Quentin, en appuyant un peu sur la droite. Il faudrait que, le même jour, les mobilisés de l'Aisne, et le colonel Isnard, soient établis à l'Est et au Nord de cette ville, de manière à couper la retraite aux troupes ennemies qui y seraient demeurées, et qui seront attaquées le lendemain.

« Le 19, la marche vers l'Est sera continuée. On détruira, en passant, un ouvrage d'art sur le chemin de fer de Compiègne, de manière à empêcher tout le transit de Laon à Paris par cette voie. On se portera en même temps sur Laon. Un coup de main sera essayé sur cette ville, en y faisant pénétrer à l'avance une

---

(1) Voir les détails aux pièces annexes, pages 5 et 16.

soixantaine d'hommes vigoureux, dont l'officier est porteur de la présente note (1). Ces hommes seront envoyés à Lille, pour être mis en bourgeois, armés de poignards seulement. Dès le 16, ils seront dirigés sur le département de l'Aisne, pour prendre leurs dispositions en se concertant avec le préfet, et agir sur l'ordre qui leur sera envoyé, quand on sera en mesure de les soutenir. Un homme sûr sera détaché de cette troupe au grand quartier général, près de Saint-Quentin, pour porter l'ordre d'agir au moment voulu.

« La marche ultérieure sera réglée suivant les circonstances (2). »

Ce document a d'autant plus d'intérêt qu'il précise le plan, tel qu'il a été exposé par le général Faidherbe (3) :

« Il importait surtout », a-t-il dit, « d'attirer sur nous le plus de forces possible de Paris. Le général Faidherbe, intimement convaincu de cette nécessité, crut qu'il arriverait à ce but en se dérobant à l'armée qui était devant lui par quelques marches forcées vers l'Est et le Sud-Est, de manière à arriver rapidement au Sud de Saint-Quentin, menaçant ainsi la ligne de La Fère—Chauny—Noyon—Compiègne. »

Se dérober à l'ennemi, menacer ses communications, l'amener à se battre dans d'autres conditions, c'étaient d'heureuses conceptions ; mais comment espérer les réaliser alors que, dès le 15, l'armée allemande formait autour d'Albert un cercle d'investissement qui bordait

---

(1) 50 hommes du bataillon de reconnaissance partaient, dans ce but pour Lille, le 15 janvier. (Journal de marche du bataillon de reconnaissance.)

(2) Voir cette instruction aux pièces annexes, page 19.

(3) *Campagne de l'armée du Nord*, page 59.

l'Hallue et la Somme en se reliant à Saint-Quentin? Comment nourrir de pareils espoirs, alors que, dès le 16, on attirait l'attention de l'ennemi sur l'objectif principal en faisant attaquer Saint-Quentin par la colonne Isnard?

Pour que cette marche vers l'Est fût possible, il eût fallu, au contraire, faire une fausse attaque dans un sens tout opposé, vers l'Hallue par exemple. Il eût fallu prévoir encore qu'en exécutant une marche de flanc, sans couverture, à quelques kilomètres des rassemblements ennemis, c'était la leur révéler trop tôt pour pouvoir leur échapper.

Il semble donc qu'on n'aurait dû diriger, le 14, sur Albert que la division des mobilisés et la brigade Pauly, dont les troupes nombreuses, mais de qualité médiocre, incapables de servir efficacement sur un champ de bataille, auraient tout au moins suffi pour tromper l'ennemi par de simples démonstrations sur l'Hallue et sur la Somme, entre Amiens et Bray. Sous la protection de cette avant-garde, le 22ᵉ corps et la division Payen seraient descendus à l'Est vers Marcoing, et auraient opéré leur jonction avec la colonne Isnard, pour marcher ensuite sur Saint-Quentin, sans découvrir leur ligne de retraite, mais en attirant à l'Est le gros des forces ennemies. Il eût fallu enfin, pour gagner le temps nécessaire à la réussite de cette marche des forces principales vers l'Est, qu'elle coïncidât avec la démonstration sur Albert. Vouloir atteindre Saint-Quentin dans le court espace du 16 au 17 janvier, sans tenir compte des intempéries de l'hiver, de la fatigue des troupes, des circonstances éventuelles, c'était s'exposer à un grave échec par la lassitude générale. Par cette marche de flanc on risquait, en outre, d'être coupé de la base d'opération, et d'être rejeté vers l'Est.

Était-il d'ailleurs bien nécessaire d'arriver à Saint-Quentin avant de livrer bataille?

Pour intercepter les communications sur la ligne La

Fère—Chauny—Noyon—Compiègne, il suffisait d'une petite troupe bien commandée comme le fut celle qui, sur un autre théâtre d'opérations, détruisit le viaduc de Fontonoy le 22 janvier.

Quant à l'expédition de Laon, elle présentait un côté romanesque qui échappe à toute discussion.

Le général Faidherbe ne se faisait d'ailleurs pas d'illusions. « Il était sûr », a-t-il dit lui-même, « d'avoir bientôt affaire à des forces considérables; mais le moment de se dévouer était venu, et il pouvait espérer avoir le temps, lorsqu'il se verrait menacer, de se rabattre vers le Nord. »

En réalité, c'était le dernier effort d'une lutte entreprise pour sauver l'honneur.

D'après l'ordre du 15 au soir, l'armée devait donc parcourir environ 25 kilomètres le lendemain.

A droite, la division Derroja passerait par Fricourt, Montauban, Guillemont, Sailly, Manancourt et serait cantonnée à Nurlu, Liéramont, Guyencourt (23 kilomètres, et 30 kilomètres pour la brigade Aynès).

A sa gauche, la division du Bessol traverserait Contalmaison, Longueval, Morval, Sailly et s'arrêterait à Manancourt, Étricourt, Équancourt (25 kilomètres).

Plus à gauche encore, la division Payen passerait par Flers, le Transloy, Rocquigny (20 kilomètres) et s'établirait à hauteur de la division Derroja à Fins, Sorel, Heudicourt.

Les mobilisés du Nord allaient rester à Bapaume, ou aux environs, pour surveiller la direction de l'Ouest, de concert avec les mobilisés du Pas-de-Calais, qui occupaient depuis le 15 Anthuille, Thiepval, Mesnil et devaient reconnaître Mailly le 16 (1).

---

(1) La brigade Pauly, partie d'Arras le 15 janvier, avait été rattachée administrativement au 22ᵉ corps; elle avait reçu l'ordre d'occuper Achiet-le-Petit, le 15; mais, par suite d'une erreur, elle avait poussé

Toute la cavalerie, placée, avec un bataillon, sous les ordres du colonel Barbault de la Motte, pousserait ses éclaireurs au Nord et au Sud d'Albert, à Bouzincourt et à Dernancourt, avant de suivre la division du Bessol, dont elle constituerait l'arrière-garde.

Tel est le résumé des ordres qui suivent :

« Demain, 16 janvier, l'armée se mettra en marche à 7 h. 1/2 du matin pour aller prendre les cantonnements ci-après :

22ᵉ CORPS.

« Quartier général : Étricourt.

1ʳᵉ DIVISION.

« Quartier général : Nurlu.

« Troupes : Nurlu, Liéramont, Guyencourt, en passant par Fricourt, Montauban, Guillemont, Sailly et Manancourt.

2ᵉ DIVISION.

« Quartier général : Étricourt.

« Troupes : Manancourt, Étricourt, Équancourt, en passant par Contalmaison, Longueval, Morval, Sailly.

« La brigade des mobilisés du Pas-de-Calais marchera en reconnaissance vers Mailly et Mesnil, à une distance de 3 à 4 kilomètres et rentrera dans ses cantonnements.

23ᵉ CORPS.

« Quartier général : Fins.

1ʳᵉ DIVISION.

« Troupes : Fins, Sorel, Heudicourt, en passant par Flers, le Transloy, Rocquigny.

---

ce jour-là jusqu'à Anthuille (trois bataillons et le peloton d'éclaireurs à cheval), Thiepval (un bataillon), Mesnil (deux bataillons). Voir les dépêches du général Pauly.

2ᵉ DIVISION.

« Sans changer ses cantonnements, elle surveillera la route d'Albert jusqu'à le Sars et au delà.

Convoi et réserves (1).

« Le convoi et les réserves d'artillerie et du génie, ainsi que les parcs, se mettront en mouvement à 6 heures du matin et se rendront à Équancourt, en passant par Pozières, Flers, le Transloy et Rocquigny. Ils seront accompagnés par un bataillon de la 1ʳᵉ division du 22ᵉ corps.

Cavalerie.

« La cavalerie à l'arrière-garde ; avant de partir, elle fera deux reconnaissances, l'une dans la direction de Bouzincourt, l'autre dans la direction de Dernancourt. L'arrière-garde comprendra, en outre, un bataillon de la 2ᵉ division du 22ᵉ corps. Elle sera placée sous le commandement du colonel Barbault de la Motte. Cette arrière-garde suivra la même route que la 2ᵉ division du 22ᵉ corps. Elle ne partira pas avant 10 heures.

Grand quartier général : Manancourt.

« Le général en chef désire qu'il y ait de bonnes troupes à l'arrière-garde. Pour arriver à ce résultat, la 2ᵉ brigade de chaque division marchera la gauche en tête (2).

« Albert, 15 janvier.

« Par ordre : Général FARRE.

---

(1) Les deux batteries mixtes étaient replacées à la réserve d'artillerie (ordre du 14 janvier). Le commandant Guillemot était nommé au 48ᵉ mobiles, en remplacement du commandant Pyot, blessé à Sapignies. Le capitaine Marx remplaçait à la 2ᵉ batterie *ter* du 15ᵉ, le capitaine Beuzon malade.

(2) Le 2ᵉ régiment de chaque brigade était formé par des gardes mobiles, tandis que le 1ᵉʳ régiment comprenait des troupes de ligne.

« *P.-S.* — Le général commandant le 22ᵉ corps est prié de ne communiquer au général Pauly que la partie de l'ordre concernant sa brigade. »

Plus nombreuse, mieux organisée, mieux instruite, la cavalerie eût trouvé son emploi sur la droite de l'armée ; mais que pouvait-elle espérer en présence des nuées de la cavalerie adverse ? Était-il même possible, en adoptant des mesures de sûreté plus complètes, de dérober aux vues de l'ennemi une marche de flanc entreprise à 10 kilomètres de ses avant-postes ?

Pendant que l'armée du Nord se préparait à exécuter ces ordres, le général de Gœben écrivait au général de Moltke qu'il saurait, le lendemain, si les Français comptaient diriger leurs efforts vers Amiens, ou les reporter vers l'Est.

Dans un deuxième message, envoyé le soir, de Gœben ajoutait : « Du côté d'Albert, l'ennemi est très près de nous ; de l'autre côté, l'état des terrains gêne nos reconnaissances, qui font des pertes. Près d'Albert se trouve, depuis hier, une forte division avec des chasseurs, des marins, des troupes de ligne, quatre batteries. Dans les environs de Cambrai séjourne aussi une division. J'ignore s'il en existe une à Bapaume. »

Il indiquait ensuite l'emplacement de ses troupes et terminait en disant : « Que va faire l'ennemi ? Je crois qu'il marchera sur Saint-Quentin et Ham après avoir été renforcé par un troisième corps. Je serai alors dans une bonne situation pour l'attaquer en flanc. Si le général Faidherbe laisse un corps pour nous fixer sur la Somme, j'occuperai la citadelle d'Amiens et je me jetterai avec le reste de mes troupes sur les deux corps portés vers Saint-Quentin. »

16 janvier. Prise de Saint-Quentin. — Cette prévision s'accomplissait en partie le 16, car le colonel Isnard avait invité le colonel de Vintimille à occuper Fresnoy-le-Grand le 15 et à lui prêter son concours dès l'aube du lendemain. Il arrivait lui-même devant Saint-Quentin à 7 heures du matin, précédé par le 24ᵉ et les zouaves à l'avant-garde.

« J'ai pris position » écrivait-il dans son rapport, « à 2 kilomètres des premières maisons du faubourg Saint-Jean, les trois bataillons du 73ᵉ à droite de la route, derrière la ferme de Cépy; les mobiles des Ardennes (1) à gauche, avec des tirailleurs au moulin à vent qui est sur la route du Cateau; ceux-ci devaient se relier à la colonne Vintimille, que j'attendais, mais que je ne voyais pas venir. »

Prévenus par une compagnie de chasseurs, postée sur le canal, au pont de Bellenglise, les Allemands profitèrent du délai et réparèrent la faute qu'ils avaient commise en accumulant leur cavalerie dans la ville. Seul, le régiment de cavalerie de la Garde était, en effet, à Homblières, tandis que dans Saint-Quentin stationnaient les deux batteries à cheval de la *12ᵉ* division de cavalerie, les *17ᵉ* (2) et *18ᵉ* uhlans, le *12ᵉ* chasseurs, dont deux compagnies se rassemblèrent au faubourg Saint-Jean pendant que les autres escortaient les pièces.

Après une demi-heure d'attente, le colonel Isnard fit avancer le 24ᵉ, couvert par deux compagnies (3) et par les zouaves en tirailleurs; deux pièces de campagne répondirent, depuis la ferme de Cépy, à l'artillerie ennemie, placée au moulin à vent de Rocourt; quatre pièces de montagne se préparèrent à battre la route du Cateau, où des cavaliers étaient signalés (4).

---

(1) Le commandant Padovani (du 1ᵉʳ bataillon des Ardennes), malade, était remplacé, le 15 janvier, par le capitaine Lion.
(2) Sauf le 1ᵉʳ escadron.
(3) 2ᵉ et 3ᵉ compagnies (Journal de marche).
(4) Rapport du colonel Isnard.

Le 24ᵉ et les zouaves refoulèrent chasseurs et cavaliers, en progressant peu à peu; arrivés sur la place de la Mairie ils y fusillèrent un escadron du *18ᵉ* uhlans qui la traversait en déroute, et enlevèrent 40 prisonniers et 25 chevaux.

Tous les détachements allemands se dégagèrent néanmoins, et gagnèrent la route de Ham sous la protection de leur artillerie, qui couvrait Saint-Quentin de ses projectiles. Le colonel Isnard y cantonnait sa colonne vers midi, dirigeait la 4ᵉ compagnie du 24ᵉ en reconnaissance sur le chemin d'Holnon, plaçait enfin les grand'gardes du 73ᵉ sur la route de Paris, sur celle de Péronne et à la gare (1).

Quant au colonel de Vintimille, il était arrivé le 15 à Fresnoy, y avait reçu ses ordres pour le lendemain, mais entendant le canon de Bellicourt, croyant, on ne sait pourquoi, que les intentions du colonel Isnard étaient modifiées, il réunit ses officiers en conseil et, fort de leur approbation, il se retira le 16.

---

(1) *Pertes des Allemands* (major Kunz).

	Hommes.		
	Tués ou blessés.	Disparus.	Chevaux.
17ᵉ uhlans................	4	1	»
18ᵉ uhlans................	4	13	32
12ᵉ chasseurs	4	8	»
108ᵉ d'infanterie..........	»	17	»
État-Major................	»	1	»
Totaux..........	12	40	32

30 hommes du *108ᵉ* régiment allemand étaient arrivés le 15 à Saint-Quentin en escortant un convoi.

Pertes des Français (Journaux de marche).

12 hommes tués ou blessés, dont 5 pour le 24ᵉ.

Le bataillon de douaniers arrivait le 16 de Cambrai à Saint-Quentin.

En arrivant au Cateau, il reconnut son erreur et se remit en route pour cantonner à Bohain, après avoir fait franchir 35 kilomètres à ses troupes.

Le colonel de Vintimille a expliqué sa conduite dans une série de dépêches qui dévoilent son état moral, son inexpérience et celle de ses officiers (1).

La nouvelle de l'entrée des Français à Saint-Quentin ne devait parvenir au général de Barnekow (*16ᵉ* division) que dans la journée, mais il avait signalé les progrès de l'ennemi dès la veille, et s'était couvert, dans la matinée du 16, vers Bapaume, par des reconnaissances du *9ᵉ* hussards, et, à Roisel, par un bataillon $\left(\frac{\text{II}}{29}\right)$, que la *3ᵉ* brigade de cavalerie de réserve séparait de la *31ᵉ* brigade d'infanterie, concentrée au Nord et à l'Est de Péronne; plus au Sud, la *32ᵉ* se tenait dans les environs de Cartigny et d'Athies.

En apprenant l'affaire de Bellicourt, le général de Gœben avait décidé, le 16, à 5 heures du matin, que la division Barnekow prendrait l'offensive, en prêtant son concours à la division Lippe, qui devait cependant évacuer Saint-Quentin si des forces supérieures menaçaient sa sécurité.

Ces ordres n'étaient pas encore parvenus au commandant de la *16ᵉ* division, lorsqu'il apprit la retraite de la cavalerie saxonne; il se contenta donc de renforcer un escadron posté à Vermand (2), par un bataillon et deux pièces $\left(\frac{\text{III}}{40} \text{ et deux pièces de la batterie } \frac{6}{8}\right)$, puis télégraphia au général de Gœben :

« Les Saxons ont été refoulés de Saint-Quentin à

---

(1) Voir ces dépêches aux pièces annexes.
(2) Un escadron du *1ᵉʳ* dragons de réserve.

11 heures. Une offensive vers le Catelet-Bellenglise les dégagerait peut-être, mais je me considère comme immobilisé. Deux bataillons ennemis sont en marche de Longueval et de Flers vers l'Est. »

Le général en chef ne donna pas une importance décisive à ces renseignements, dont il prit connaissance à 3 heures; il persévéra donc dans ses intentions du matin et prescrivit que de Grœben reconnaîtrait Albert le lendemain, pendant que la *16e* division s'étendrait jusqu'à Saint-Quentin.

Mais divers indices faisaient bientôt prévoir le mouvement de l'armée du Nord : à 5 h. 1/2, le quartier général du VIIIe corps annonçait que la cavalerie avait observé deux détachements en mouvement d'Albert sur Bapaume et Montauban; Barnekow mandait, à 10 heures du soir, que les Français occupaient Combles, Rancourt, Bouchavesnes; qu'ils étaient attendus à Sorel (1). Il ajoutait qu'il enverrait, le lendemain, deux bataillons, deux escadrons, une batterie, de Tincourt sur Fins; que la rive gauche de la Cologne serait occupée par le gros de ses forces, et terminait en disant : « Faut-il attaquer Saint-Quentin quand même? »

Le général de Gœben modifiait alors ses instructions primitives : toutes ses troupes devaient se tenir prêtes à marcher le lendemain; la *16e* division ferait part au général de Lippe des incidents qu'elle observerait; la division de réserve, concentrée d'Herbécourt à Flau-

---

(1) Ce renseignement avait été fourni par le capitaine Dupuich. Le major Kunz prétend que cet officier fut fait prisonnier en tête de sa batterie. En réalité, le pont d'Étricourt s'étant rompu au passage de la batterie Dupuich, son capitaine fit un détour pour rejoindre sa première section; la nuit était complète, il s'égara et fut enlevé par une patrouille ennemie. Le lieutenant Belvalette prit le commandement de la batterie, dont la première section cantonna seule à Sorel, et les deux autres à Étricourt (Journal de marche).

court, surveillerait le cours de la Somme; une brigade de la division Kummer (*15ᵉ* division) marcherait sur Foucaucourt, l'autre quitterait Bray à 11 heures, pour soutenir l'avant-garde du général de Grœben, qui devait se diriger sur Albert, après avoir atteint La Houssoye à 9 heures; enfin, le colonel de Bœcking, commandant le *1ʳᵉ* brigade, avait ordre d'atteindre Lamotte-en-Santerre avec le *41ᵉ* régiment et une batterie, derniers renforts arrivés à Amiens.

Le général en chef se préparait donc, soit à résister sur la Somme et l'Hallue, soit à entreprendre, sans retard, la poursuite de son adversaire.

Mieux que sa prévoyance, les éléments déchaînés avaient favorisé ses projets.

Dans la matinée du 16, le dégel transformait en verglas la neige étendue sur le sol glacé, puis se complétait, vers midi, par des rafales de pluie qui retardaient, de plus en plus, la marche de l'armée du Nord. Les hommes, les chevaux s'épuisaient sur des chemins défoncés, couverts d'une boue tellement épaisse que les fantassins ne se dégageaient qu'en y abandonnant leurs souliers.

Ces circonstances décidèrent le général Faidherbe à désigner des cantonnements moins éloignés.

A droite, le général Derroja s'était mis en route à 7 h. 1/2; il traversa Montauban, Guillemont, Combles, Rancourt, avec la brigade Pittié qui s'arrêta à Moislains, tandis que la brigade Aynès cantonnait à Bouchavesnes; 22 kilomètres avaient été parcourus en dix heures.

A gauche, la division du Bessol ne devait pas dépasser Combles et Rancourt; mais ces nouveaux ordres n'étant pas parvenus à la brigade Gislain, celle-ci atteignait Équancourt, à 7 heures du soir, après avoir parcouru l'itinéraire indiqué la veille. Par contre, la brigade Fœrster, qui suivait, fut retardée par le convoi, et n'atteignit Combles qu'à 9 heures. Elle y cantonna avec le quartier général de la division; celui du 22e corps d'armée poussait jusqu'à Étricourt.

Ces mécomptes furent surpassés par ceux du 23e corps. Le général Paulze d'Ivoy écrivait, en effet, de Fins, à 10 h. 1/2 du soir, qu'il avait été retardé par le mauvais état des routes et que la nuit était trop avancée pour permettre de modifier les cantonnements (1).

En tête, la brigade Michelet faisait de nombreux détours pour éviter les ruisseaux débordés, traversait Flers, les Bœufs, Morval, Sailly; elle y apprenait que le chemin d'Étricourt était impraticable, passait par Manancourt, Nurlu et ne se réunissait à Fins qu'à 11 h. 1/2.

En même temps, les derniers éléments de la brigade Delagrange s'arrêtaient à 2 kilomètres de Fins; elle avait pris par Flers, les Bœufs, Rocquigny, Ytres, Étricourt et gagnait Équancourt, à ce point envahi par l'inondation, encombré par la brigade Gislain, que l'artillerie et le convoi ne pouvaient y pénétrer.

Le grand quartier général, la cavalerie, la réserve d'artillerie, les parcs, le trésor, restaient à Sailly, et, plus au Nord, vers Bapaume, se tenaient les mobilisés, puis le bataillon de reconnaissance à Ligny; enfin, la brigade Pauly marquait l'extrême gauche de l'armée à Puisieux, Achiet-le-Petit, Miraumont, où elle arrivait en deux colonnes, l'une passant par Mailly, l'autre par Hamel, Beaucourt.

Aux retards, aux fatigues subies venait s'ajouter la démoralisation causée par la présence constante, par l'audace des patrouilles ennemies; l'une d'elles enlevait le capitaine Dupuich; d'autres traversaient même nos

---

(1) L'ordre, envoyé dans la journée, indiquait que la division Payen devait occuper les cantonnements désignés la veille pour la division du Bessol.

colonnes; aux abords de Bouchavesnes, la 1re compagnie du 65e, la compagnie Patry, du 75e, furent inquiétées pendant toute la nuit et perdirent plusieurs hommes (1).

En arrivant à Sailly, le général en chef décida néanmoins que le départ aurait lieu le lendemain, à 7 h. 1/2; que la division Derroja, puis la division du Bessol passeraient par Templeux-la-Fosse, Marquaix, Bernes, parcourraient 25 kilomètres environ et cantonneraient l'une à Vermand, Trefcon, Marteville, etc., l'autre à Pœuilly, Fléchin, Soyécourt, etc. A leur gauche, la division Payen traverserait Villers-Faucon avant de cantonner entre Roisel et Jeancourt. Le convoi devait suivre, avec le 2e chasseurs, les parcs, l'artillerie de réserve.

A 10 kilomètres au Nord de ce groupe formé par les trois premières divisions, celle des mobilisés, allait occuper Sorel, Fins, Équancourt et se prolonger à gauche par la brigade Pauly, à Bertincourt et à Ytres.

Tel est le résumé des ordres qui suivent :

« Demain, 17 janvier, l'armée ira prendre les cantonnements indiqués ci-après :
« Grand quartier général : Vermand.

22e CORPS.

« Quartier général : Vermand.

---

(1) Journal de marche et *La guerre telle qu'elle est*, par le colonel Patry. Les Allemands attaquèrent même pendant la nuit le château de Bouchavesnes avec la compagnie $\frac{5}{69}$ et la moitié de $\frac{7}{69}$; ils perdirent deux hommes. (Major Kunz.)

1re DIVISION.

« Quartier général : Vermand. Troupes : Vermand, Marteville, Caulaincourt, Trefcon, Villévêque, en passant par Templeux, Marquaix, Bernes.

2e DIVISION.

« Quartier général : Pœuilly. Troupes : Bernes, Fléchin, Soyécourt, Pœuilly, Hancourt, en suivant la route de la 1re division.

23e CORPS (1).

« Quartier général : Jeancourt.

1re DIVISION.

« Quartier général : Jeancourt. Troupes : Roisel, Hervilly, Hesbécourt, Jeancourt, en passant par Nurlu, Villers, Roisel.

2e DIVISION.

« Viendra remplacer la 1re à Étrécourt, Manancourt, Équancourt. L'ordre de mouvement lui a été envoyé directement ce matin.

Brigade Pauly.

« Bertincourt et Ytres. L'ordre de mouvement lui a été envoyé ce matin.

« Cavalerie et convoi, réserves et parcs à Vermand, où la 1re division du 22e corps ne laissera que deux bons bataillons.

« Le convoi suivra la 1re division du 23e corps. Il sera escorté par le 2e bataillon de chasseurs à pied, retenu aujourd'hui à Sailly.

---

(1) Voir aux pièces annexes l'ordre de mouvement des mobilisés.

« Départ à 7 h. 1/2 du matin. Le convoi partira à 6 h. 1/2 avec son bataillon d'escorte.

« Sailly, le 16 janvier.

« Par ordre :

« *Le major général,*

« Farre. »

17 janvier. Combat de Tincourt. — Conformément à ces ordres, la division Derroja, précédée par une partie de la cavalerie (1), par le 17ᵉ chasseurs à l'avant-garde, atteignit Templeux-la-Fosse vers 10 heures du matin, le 17, mais y fut accueillie par le feu de nombreux tirailleurs embusqués à la lisière du bois de Buire. C'étaient le IIᵉ bataillon du *40ᵉ*, le IIᵉ du *29ᵉ*, qui avaient été mis en marche sous les ordres du lieutenant-colonel de Reinike, avec deux escadrons du *1*ᵉʳ dragons de réserve et quatre pièces (2), pour sonder dans la direction de Fins.

De nouvelles instructions du général de Barnekow ayant prescrit la retraite sur Ham, l'artillerie se replia la première sur les hauteurs au Sud de Bouchy.

Déjà, trois compagnies du 17ᵉ chasseurs traversaient le vallon qui sépare Templeux du bois de Buire ; à leur gauche, une autre, du même bataillon, menaçait les Allemands de flanc pendant que les deux bataillons du 24ᵉ progressaient au Sud de Driencourt. Ces efforts,

---

(1) Les indications précises sur l'itinéraire et le rôle de la cavalerie, pendant la journée du 17, manquent, mais l'ouvrage : *Opérations de l'armée du Nord*, celui du général Faidherbe et divers Journaux de marche sont d'accord pour placer les dragons en tête des divisions Derroja et Payen.

(2) Le bataillon $\frac{II}{29}$, moins la compagnie $\frac{7}{29}$, venait de Roisel ; les quatre pièces faisaient partie de la batterie $\frac{6}{8}$.

soutenus par la batterie Collignon, en action à l'Ouest de Templeux, suffisaient pour accélérer la retraite de l'ennemi, que les chasseurs suivaient jusqu'à Tincourt; la batterie Collignon essaya d'y traverser la Cologne, mais le pont s'effondra. Pendant ce temps et sous la protection de cette avant-garde, le général Derroja poursuivit sa route par Longavesnes, Marquaix, Bernes, Fléchin, Pœuilly.

En se rapprochant des cantonnements le 17ᵉ chasseurs et la cavalerie, entrèrent en contact vers 3 heures, avec le IIIᵉ bataillon du *40ᵉ*, un escadron du *1ᵉʳ* dragons de réserve et deux pièces que le général de Holleben repliait de Vermand sur Ham (1).

A la nuit, la division Derroja occupait les emplacements désignés la veille (2).

La brigade Fœrster qui suivait avait été ralentie par les divers incidents relatés et son arrière-garde, formée par l'infanterie de marine, les francs-tireurs, la batterie Marx, n'atteignait Fléchin qu'à 11 heures du soir, après avoir traversé Roisel (3).

Bien que les autres fractions de l'armée n'eussent pas rencontré l'ennemi, elles arrivèrent fort tard aux cantonnements.

Avant de s'engager sur la route Nurlu, Liéramont, Villers, Faucon, Roisel, Hervilly, la brigade Gislain avait attendu plusieurs heures à Fins pour livrer passage à la division Payen; celle-ci fit halte à Nurlu, pendant que le canon se faisait entendre à Templeux, traversa Liéramont, Villers-Faucon et s'arrêta vers

---

(1) Deux pièces de la batterie $\frac{6}{8}$. Les Allemands perdirent 36 hommes et 13 chevaux dans ces divers engagements. Les pertes des Français sont inconnues.

(2) Voir aux pièces annexes les cantonnements détaillés de l'armée.

(3) Le 2ᵉ bataillon du 44ᵉ mobiles escortait le convoi de la division.

4 heures à Roisel, Hervilly, Hesbécourt. Elle fut alors dépassée par la brigade Gislain, que suivaient les réserves d'artillerie, entourées par le 2ᵉ chasseurs et le 3ᵉ bataillon du 101ᵉ mobiles. Tous ces éléments ne cantonnèrent pas avant 7 heures à Vermand, Soyécourt, Pœuilly (1).

Plus au Nord, les mobilisés de la division Robin, ceux du Pas-de-Calais gagnaient leurs gîtes dans la journée (2).

En général, les troupes avaient mis plus de douze heures pour parcourir 22 ou 25 kilomètres; elles étaient épuisées; les distributions se faisaient tard, ou pas du tout; dans plusieurs corps les hommes se couchèrent sans avoir mangé (3).

Ces raisons, l'éloignement des différents éléments répartis sur une étendue de 35 kilomètres, auraient pu déterminer le général Faidherbe à se concentrer entre Roisel et Vermand, avant de continuer ses opérations; mais le quartier général français n'avait encore aucun renseignement sur les mouvements de l'armée allemande, commencés dans la matinée; Saint-Quentin était en outre considéré, sinon comme un refuge, du moins comme un objectif désigné; les ordres pour le lendemain furent donc ceux-ci:

---

(1) Le 3ᵉ bataillon du 101ᵉ mobiles revenait à Soyécourt après avoir accompagné le parc et les batteries de réserve à Vermand.

(2) D'après l'ordre de mouvement de la division Robin, qui concorde avec les Journaux de marche, elle cantonna non pas à Étricourt, Manancourt, Équancourt, comme l'indique l'ordre du mouvement général, mais à Équancourt, Fins, Sorel.

De plus, l'ordre du mouvement de la division Robin indique l'itinéraire par Rocquigny, tandis que les Journaux de marche du 2ᵉ voltigeurs et du 3ᵉ régiment rapportent que ces corps passèrent par Ruyaulcourt et Metz-en-Couture.

(3) Journaux de marche.

« Demain, 18, l'armée continuera sa marche dans la direction de l'Est. L'indication des cantonnements de chaque corps sera donnée dans la soirée, ou demain dans la matinée.

« Les 1re et 2e divisions du 22e corps gagneront à Beauvois la route de Péronne, en passant par Caulaincourt. Toutefois, les troupes cantonnées à Vermand se dirigeront sur Saint-Quentin.

« Le 23e corps se dirigera également sur Saint-Quentin. Sa 2e division prendra ses cantonnements à Bellenglise, Pontruet, Pontru, Berthaucourt.

« La brigade de mobilisés Pauly se portera aussi dans la direction de Saint-Quentin, et s'établira à Lempire, à Ronsoy, en passant par Fins, Hendécourt, Epéhy.

« Il est expressément recommandé de réduire les convois divisionnaires au plus strict nécessaire. Les généraux commandant les divisions s'entendront, à cet égard, avec les intendants et les prévôts, et feront rejeter toute voiture inutile. Ils tâcheront de faire marcher ces convois à part, sous une escorte suffisante, de manière que l'artillerie et les troupes restent seules dans les colonnes. Ils doivent veiller à ce que les troupes en arrière accélèrent vivement leur marche, lorsque le canon ou la fusillade se fait entendre en tête de colonne.

« Les prescriptions les plus formelles seront faites à ce sujet à tous les chefs de corps.

« Le convoi du grand quartier général, les réserves et les parcs, quitteront Vermand sous l'escorte des troupes qui s'y trouvent, et se dirigeront sur Saint-Quentin.

« La cavalerie se mettra à la disposition de M. le général commandant le 23e corps.

« Quartier général du général Robin : Berthaucourt.

« Quartier général du général Pauly : Ronsoy.
« Vermand, le 17 janvier.

« Par ordre :

« *Le major général*,
« Farre. »

Nous avons laissé le général de Gœben indécis, dans la soirée du 16 janvier ; mais pendant la nuit, et la matinée du 17, arrivèrent d'autres renseignements.

A 4 h. 1/2 du matin, le général de Grœben venait rendre compte lui-même, à Amiens, qu'Albert était évacué par les Français ; Barnekow mandait quelques instants plus tard que la marche de l'armée du Nord vers l'Est était positivement constatée ; un médecin militaire, revenu la veille de Bapaume, confirmait ces nouvelles.

Le général en chef fixait alors ses résolutions, préparées dès la veille, et les exposait dans un télégramme adressé au général de Moltke.

Sans tarder la Ire armée se mit en marche.

A gauche, la division Memerty, les régiments de Dohna s'arrêtaient dans la journée entre Combles et Feuillères. Plus au Sud, la division Kummer cantonnait à Villers-Carbonnel, Marchelepot, Licourt ; l'artillerie de corps au Nord de Nesle, qu'occupaient la *3e* division de réserve, la brigade de cavalerie de la Garde, et où le grand quartier général arrivait, par voie ferrée, à 8 heures du soir. La brigade de cavalerie de réserve, la division Barnekow se réunissaient à Ham ou aux environs. En avant, la division Lippe se réunissait au Sud de Saint-Simon, en patrouillant sur la route Saint-Quentin—La Fère. Le détachement Bœcking se tenait en réserve à Harbonnières.

L'armée allemande formait donc un demi-cercle de 50 kilomètres autour de Vermand comme centre.

En la concentrant autour de Péronne, pour déboucher sur les derrières de l'armée française, le général de Gœben pouvait obtenir d'autres résultats. Il a cru répondre à cette objection en rappelant que son premier souci devait être la protection des troupes d'investissement, à Paris, et des voies ferrées qui leur étaient nécessaires (1). En réalité, l'armée française, coupée de sa base d'opérations, aurait été réduite à la dispersion.

Le général de Gœben reçut, dans la soirée, à Nesle, une dépêche du colonel du 7ᵉ hussards (2), datée de Brie, 4 heures, qui rendait compte du combat de Tincourt, de l'évacuation de Vermand par le détachement d'Holleben, du passage à Brie de la division Barnekow en marche vers Ham, de l'immobilité des Français à Saint-Quentin, de leur présence, enfin, à Douchy (3).

Ces avis ne suffisaient pas pour dévoiler le but de l'armée du Nord; aussi le général de Gœben se prépara-t-il, soit à combattre le surlendemain à Saint-Quentin, soit à poursuivre au delà, soit à s'opposer, avec une partie de ses forces, à une marche de Saint-Quentin sur Ham, pendant que la division Kummer serait rappelée du Nord, et viendrait attaquer en flanc. Il est vrai que celle-ci, et la division Memerty, isolées à l'extrême gauche, à près de 10 kilomètres de l'artillerie de corps, à plus de 15 kilomètres des fractions les plus rapprochées du reste de l'armée, pouvaient elles-

---

(1) *Einzelschriften.*
(2) Colonel de Löe.
(3) Les 2ᵉ et 3ᵉ compagnies du 1ᵉʳ bataillon des Ardennes avaient été envoyées en reconnaissance de Saint-Quentin à Roupy. Voir les pièces annexes.

Le colonel de Löe rendit compte également qu'un escadron de dragons de réserve était encore à Cartigny et que deux pelotons avaient été envoyés en reconnaissance sur Vermand.

mêmes se trouver aux prises avec l'armée du Nord rassemblée.

Heureusement pour le général de Gœben, cette quatrième éventualité ne se réalisa pas.

Ses ordres, donnés à 11 h. 1/2 du soir, étaient rédigés en ces termes :

« 1° La *15*ᵉ division (Kummer) marchera à 8 heures du matin sur Saint-Quentin, par Tertry et Etreillers ;

« 2° Le détachement du général de Grœben se portera à 8 heures sur Vermand, et sera placé, en y arrivant, sous les ordres supérieurs du général de Kummer.

« La cavalerie devra reconnaître et protéger à gauche jusqu'à l'Escaut et au delà.

« Dans le cas où l'ennemi resterait demain à Saint-Quentin, on ne l'attaquera pas, mais le général de Kummer fera reconnaître ses positions.

« 3° La *16*ᵉ division (Barnekow) marchera à 8 heures sur Jussy. Elle enverra un officier à Nesle pour recevoir de nouveaux ordres à 8 heures. Le général de Barnekow fera part de ces instructions au comte de Lippe, en l'invitant à s'avancer sur Vendeuil-Moy et à me rendre compte à Ham des passages praticables sur l'Oise, ainsi que des nouvelles de l'ennemi.

« 4° La division du prince Albert marchera à 8 heures sur Ham et enverra un officier au grand quartier général.

« 5° L'artillerie de corps partira à 10 heures et marchera sur Quivières-Ugny.

« 6° Toutes les colonnes enverront à la pointe du jour des patrouilles vers Saint-Quentin et la *16*ᵉ division vers Jussy.

« 7° Je partirai à 9 heures pour Ham, où les renseignements me seront adressés.

« 8° Le général de Kummer communiquera cet ordre au général de Grœben, à Péronne. »

A peine ces dispositions étaient-elles dictées que le

général en chef recevait de Versailles un télégramme ainsi conçu : « Une brigade d'infanterie de l'armée de la Meuse (*16ᵉ* brigade) s'embarque aujourd'hui, et demain, à Gonesse pour se tenir à votre disposition à Tergnier. Indiquez-lui son point de débarquement. Le XIIIᵉ corps marchera demain d'Alençon sur Rouen; vous pouvez donc rappeler les troupes de Rouen (1). »

Pendant la nuit, ordre fut donné à la *16ᵉ* brigade de débarquer à Tergnier, au général de Bentheim d'en-

---

(1) Pendant la nuit, le général de Gœben recevait une autre dépêche du général de Moltke en réponse à celles qu'il avait adressées le 15 pour rendre compte de ses intentions, et pour demander s'il devait conserver le commandement simultané de la Iʳᵉ armée et du VIIIᵉ corps :

Versailles, 17 janvier, 2 heures du soir.

« Le commandement de la Iʳᵉ armée vous a été confié pour une « durée indéterminée, mais, en tous cas, assez longue.

« D'après nos renseignements, on peut à peine douter que le général « Faidherbe soit actuellement en marche sur La Fère, sur Laon ou sur « Paris, en contournant la forte ligne de la Somme, ou enfin sur « Reims. Il ne reste plus qu'à savoir s'il a rassemblé toutes ses forces.

« Je suis d'accord avec Votre Excellence sur ses considérations stra-« tégiques. »

Le général de Moltke expliquait ensuite au général de Gœben qu'il pouvait rappeler tout le 1ᵉʳ corps de Normandie, que l'évacuation même de Rouen n'aurait pas de conséquences : « Il n'en serait pas de même », ajoutait-il, « si l'ennemi remportait une victoire sur la Somme. Je ne « crains rien de tel avec la concentration que Votre Excellence a déjà « prescrite sur l'aile droite du solide front défensif Péronne—Ham et « du flanc offensif Clombes—Cléry. Mais dans le cas où, contre toute « attente, le général Faidherbe aurait déjà pris de l'avance dans la « direction de Saint-Quentin, il vous sera agréable de savoir qu'une « brigade de l'armée de Paris assure la possession de La Fère. Vous « avez toute latitude pour la rapprocher davantage vers Tergnier ou « Flavy. »

« A Paris, les affaires sont mûres pour une crise. »

« Nous nous attendons chaque jour à une sortie en masse désespérée, « peut-être la dernière. Cependant, si cela devient nécessaire, on « pourra vous envoyer une seconde brigade de renfort. »

voyer de Normandie trois bataillons et une batterie à Amiens (1); enfin Gœben mandait au général de Moltke : « Aujourd'hui l'ennemi a un corps d'armée au moins près de Saint-Quentin. Je me concentre et je l'attaquerai après-demain avec mes forces réunies, ou le suivrai, en marchant à sa hauteur, s'il continue sur Reims. »

---

(1) Par suite, le bataillon $\frac{F}{3}$ arriva le 18 janvier au soir à Amiens; le bataillon $\frac{II}{3}$ y arriva le 19 janvier à 2 heures du matin; le bataillon $\frac{I}{3}$ partit de Rouen le 19. Ce régiment forma la garnison d'Amiens, et garda la voie ferrée Amiens-Ham avec le bataillon de landwehr de Ratibor, le bataillon $\frac{II}{70}$, l'escadron $\frac{3}{7^e \text{ uhl.}}$ et les éclopés de la 15ᵉ division.

XVI

Combats de Beauvois et de Vermand [1].

Le 18 janvier, la composition des armées en présence était celle-ci :

ARMÉE DU NORD.

Général commandant en chef : général de division FAIDHERBE.
Aide de camp : commandant du génie RICHARD.

État-major général.

Major général : général de division FARRE.
Commandants du génie MÉLARD et DE PESLOUAN.

Artillerie.

Commandant l'artillerie : lieutenant-colonel CHARON.
Chef d'état-major : chef d'escadron BODIN.

Génie.

Commandant le génie : colonel MILLIROUX.

Prévôté.

Grand prévôt : Commandant DE COURCHANT.

Intendance.

Intendant en chef : RICHARD.

---

(1) Combats de Tertry et de Pœuilly, d'après la dénomination allemande.

Service de santé.

Médecin inspecteur en chef : LAVERAN.
Pharmacien en chef : COULIER.

Trésor.

Payeur général : COURTIADE.

Troupes attachées au quartier général.

Réserve d'artillerie : lieutenant de vaisseau GIRON.

1re batterie mixte de marine (pièces de 12) : lieutenant de vaisseau ROLLAND.

2e batterie mixte de marine (pièces de 12) : lieutenant de vaisseau GAIGNEAU.

1re batterie mixte de mobiles de la Seine-Inférieure (pièces de 4) : capitaine BELLEVILLE.

Parc d'artillerie.

1re compagnie *bis* du 3e génie : capitaine CANTAGREL.
Parc du génie.

Cavalerie : colonel BARBAULT DE LA MOTTE.

Peloton d'escorte (un peloton du 11e dragons) : sous-lieutenant WARIN.

Deux escadrons de gendarmerie (1).

Quatre escadrons du 7e dragons (2).

1er escadron du 11e dragons (3) : lieutenant-colonel BAUSSIN.

Bataillon de reconnaissance, capitaine JOURDAN.

22e CORPS.

Général commandant : général de division LECOINTE.

État-major général.

Faisant fonctions de chef d'état-major : capitaine FARJON.

---

(1) Répartis aux convois et aux escortes.
(2) Rattachés au 23e corps par ordre du 17 janvier.
(3) Arrivé à l'armée le 17 janvier.

Artillerie.

Commandant de l'artillerie : chef d'escadron PIGOUCHE.

Génie.

Commandant du génie : chef de bataillon THOUZELLIER.

Intendance.

Intendant PUFFENEY.

Service de santé.

Médecin en chef JOURDEUIL.

1re DIVISION.

Commandant la division : général DERROJA.
Chef d'état-major : commandant JARRIEZ.

Prévôté.

12 gendarmes à cheval.

Intendance.

Intendant BONAVENTURE.

1re brigade.

Commandant la brigade : lieutenant-colonel AYNÈS.
2e bataillon de chasseurs : commandant BOSCHIS.

67e régiment d'infanterie de marche : lieutenant-colonel FRADIN DE LINIÈRES.
    1er bataillon du 65e : capitaine ESTRABEAU.
    1er bataillon du 75e : commandant CHAMBELLAND.
    2e bataillon du 75e : commandant TRAMOND.

91e régiment de garde mobile : lieutenant-colonel FOVEL.
    5e bataillon du Pas-de-Calais : commandant MATIS.
    6e bataillon du Pas-de-Calais : commandant PESSEZ.
    7e bataillon du Pas-de-Calais : commandant NÈGRE-LESPINE.

2e brigade.

Commandant la brigade : colonel PITTIÉ.
17e bataillon de chasseurs : commandant MOYNIER.

68ᵉ régiment d'infanterie de marche : lieutenant-colonel COTTIN.
    1ᵉʳ bataillon du 24ᵉ : commandant TALANDIER.
    2ᵉ bataillon du 24ᵉ : commandant MARTIN.

46ᵉ régiment de garde mobile : lieutenant-colonel J. de LALÈNE-LAPRADE.
    1ᵉʳ bataillon du Nord : commandant PARIS.
    2ᵉ bataillon du Nord : commandant E. DE LALÈNE-LAPRADE.
    3ᵉ bataillon du Nord : commandant POLLET.

Artillerie.

Commandant CORNET.
    2ᵒ batterie principale du 15ᵉ (pièces de 4) : capitaine BOCQUILLON.
    1ʳᵉ batterie *bis* du 15ᵉ (pièces de 4) : capitaine COLLIGNON.
    3ᵉ batterie *bis* du 12ᵉ (pièces de 8) : capitaine DE MONTEBELLO.

Génie.

2ᵉ compagnie *bis* du 2ᵉ génie, capitaine SAMBUC.

2ᵉ DIVISION.

Commandant la division : général DU BESSOL.
Chef d'état-major : commandant ZÉDÉ.

Prévôté.

Lieutenant GONTIER et 12 gendarmes à cheval.

Intendance.

Intendant LAFOSSE.

1ʳᵉ *brigade.*

Commandant la brigade : colonel FOERSTER.
20ᵉ bataillon de chasseurs : commandant HECQUET.

69ᵉ régiment d'infanterie de marche : lieutenant-colonel PASQUET DE LA BROUE.
    1ᵉʳ bataillon du 43ᵉ : commandant PERRIER.
    2ᵉ bataillon du 43ᵉ : commandant LECLAIRE.
    Infanterie de marine : commandant BRUNOT.

44ᵉ régiment de garde mobile : lieutenant-colonel LEMAIRE.
    1ᵉʳ bataillon (2ᵉ du Gard) : capitaine CHAMBON.
    2ᵉ bataillon (3ᵉ *bis* du Gard) : commandant DO.
    3ᵉ bataillon (3ᵉ du Gard) : commandant POILPRÉ.

2e brigade.

Commandant la brigade : colonel DE GISLAIN.
18° bataillon de chasseurs : capitaine PICHAT.

Régiment d'infanterie de marche (1) : lieutenant-colonel DELPECH.
1ᵉʳ bataillon du 91ᵉ : commandant PHILIPPOT.
2ᵉ bataillon du 91ᵉ : commandant FRÉMIOT.

101ᵉ régiment de garde mobile (Somme-et-Marne) : lieutenant-colonel DE BROUARD.
1ᵉʳ bataillon : commandant HURÉ.
2ᵉ bataillon : commandant BOUILLY.
3ᵉ bataillon : commandant DU HAMEL DE BREUIL.

Artillerie.

Commandant CHATON.
2ᵉ batterie *ter* du 15ᵉ (pièces de 4) : capitaine MARX.
3ᵉ batterie *bis* du 15ᵉ (pièces de 4) : capitaine CHASTANG.
3ᵉ batterie du 12ᵉ (pièces de 12) : capitaine BEAUREGARD.

Génie.

2ᵉ compagnie *ter* du 2ᵉ génie : capitaine GRIMAUD.

Rattachés à la division :

Tirailleurs volontaires du Nord : commandant POUSSEUR.

23ᵉ CORPS.

Général commandant : général de division PAULZE D'IVOY.

État-major général.

Chef d'état-major : lieutenant-colonel MARCHAND.

Artillerie.

Commandant l'artillerie : chef d'escadron GRANDMOTTET.

Génie.

Commandant du génie : chef de bataillon ALLARD.

---

(1) Ce régiment ne fut dénommé 72ᵉ qu'à partir du 12 février.

Intendance.

Intendant JOBA.

Service de santé.

Médecin en chef POPPLETON.

1re DIVISION.

Commandant la division : capitaine de vaisseau PAYEN.
Chef d'état-major : commandant JACOB.

Intendance.

Intendant LÉTANG.

1re brigade.

Commandant la brigade : lieutenant-colonel MICHELET.
   19e bataillon de chasseurs : commandant WASMER.

Régiment de fusiliers marins : capitaine de frégate BILLET.
   1er bataillon.
   2e bataillon : lieutenant de vaisseau MOISSON.
   3e bataillon : lieutenant de vaisseau HANET-CLÉRY.

48e régiment de garde mobile : lieutenant-colonel DEGOUTIN.
   7e bataillon du Nord : capitaine STEVERLYNCK.
   8e bataillon du Nord : capitaine LESTIENNE.
   9e bataillon du Nord : capitaine BOUXIN.

2e brigade.

Commandant la brigade : colonel (capitaine de frégate) DELAGRANGE.
   24e bataillon de chasseurs : commandant DE NÉGRIER.
   1er bataillon du 33e : commandant D'AUGUSTINS.
   2e bataillon du 65e : capitaine TAMISEY.
   5e bataillon de mobilisés du Pas-de-Calais : commandant RAMEAU.

47e régiment de garde mobile : lieutenant colonel LEBEL.
   4e bataillon du Nord : commandant PATOUX.
   5e bataillon du Nord : commandant MARCENARY.
   6e bataillon du Nord : commandant COLOMBIER.

Artillerie.

Capitaine RAVAUT.
   3e batterie *ter* du 15e (pièces de 4) : capitaine HALPHEN.
   Batterie de la garde mobile d'Arras (pièces de 4) : lieutenant BELVALETTE.
   4e batterie *bis* du 15e (pièces de 4) : capitaine DIEUDONNÉ.

Génie.

2ᵉ compagnie de dépôt du 3ᵉ génie : capitaine MANGIN.

2ᵉ DIVISION.

Commandant la division : général ROBIN.
Chef d'état-major : commandant ASTRÉ.

Intendance.

Intendant BOHY.

1ʳᵉ brigade.

Commandant la brigade : colonel BRUSLEY.
   1ᵉʳ bataillon de voltigeurs, commandant FOUTREIN.
   3ᵉ bataillon de voltigeurs (4ᵉ bataillon de la 1ʳᵉ légion), commandant MONNIER.
   1ᵉʳ régiment de marche (1ᵉʳ, 2ᵉ et 3ᵉ bataillons de la 1ʳᵉ légion), lieutenant-colonel LOY.
   6ᵉ régiment de marche (1ᵉʳ, 2ᵉ et 4ᵉ bataillons de la 9ᵉ légion), lieutenant-colonel REGETT.

2ᵉ brigade.

Commandant la brigade : colonel AMOS.
   2ᵉ bataillon de voltigeurs (4ᵉ bataillon de la 5ᵉ légion) commandant LACOURTE-DUMONT.
   3ᵉ régiment de marche (1ᵉʳ, 2ᵉ et 5ᵉ bataillons de la 3ᵉ légion), lieutenant-colonel CHAS.
   4ᵉ régiment de marche (5ᵉ, 6ᵉ et 7ᵉ bataillons de la 9ᵉ légion), lieutenant-colonel BRABANT.

Cavalerie.

Un peloton de volontaires, capitaine LECLAIRE.

Artillerie.

Commandant de SAINT-WULFRAND.
   Batterie de mobiles du Finistère (8 pièces de 4 de montagne), capitaine BENOIT.
   2ᵉ batterie des mobiles de la Seine-Inférieure (6 pièces de 4 de montagne), capitaine MONTÉGUT.
   4ᵉ batterie des mobiles de la Seine-Inférieure (6 pièces de 4 de montagne), capitaine DE LANNOY.

COLONNE DE CAMBRAI

Commandant : lieutenant-colonel Isnard.
  3ᵉ bataillon du 24ᵉ de ligne, commandant Morlet.
73ᵉ régiment d'infanterie de marche : lieutenant-colonel Castaigne.
  1ᵉʳ bataillon du 3ᵉ, commandant Algay.
  2ᵉ bataillon du 3ᵉ, commandant Veuillon.
  Bataillon du 40ᵉ, commandant Josse.
Lieutenant-colonel Giovanelli :
  1ᵉʳ bataillon de garde mobile des Ardennes, capitaine Lion.
  2ᵉ bataillon de garde mobile des Ardennes, commandant Verzeau.
  3ᵉ bataillon de mobilisés de la 7ᵉ légion du Nord, commandant Plaideau.
  Deux compagnies de zouaves éclaireurs, capitaine Trouvé-Fortuné.

Artillerie.

Deux pièces de 4 de campagne, huit pièces de montagne, lieutenant Wishoffe.
Bataillon des douaniers, commandant Duclos.
46ᵉ régiment *bis* (1) de garde mobile du Nord : lieutenant-colonel de Vintimille.
  1ᵉʳ bataillon, commandant Krafft.
  2ᵉ bataillon, commandant Stiévenart.
  3ᵉ bataillon, commandant Robin.

BRIGADE DES MOBILISÉS DU PAS-DE-CALAIS

Commandant la brigade : général Pauly.
  1ᵉʳ bataillon de la 1ʳᵉ légion (bataillon de chasseurs), commandant Garreau.
  1ᵉʳ régiment de marche (les trois premiers bataillons de la 2ᵉ légion), lieutenant-colonel Poupart.
  2ᵉ régiment de marche (4ᵉ et 5ᵉ bataillons de la 2ᵉ légion), lieutenant-colonel Choquet.

Cavalerie.

Un peloton d'éclaireurs à cheval.

---

(1) Dénommé ultérieurement 102ᵉ régiment de garde mobile. Le 2ᵉ bataillon n'arriva, de Bohain à Saint-Quentin, que le 19 janvier à 10 heures du matin.

Iʳᵉ ARMÉE ALLEMANDE.

1° *Sous les ordres du général de Græben :*
Division combinée du Iᵉʳ corps : général DE MEMERTY.

Régiment n° *1* (sans $\frac{I}{1}$ sur la ligne Rouen—Amiens et aux abords de Picquigny.)

3ᵉ brigade d'infanterie : Régiment n° *4*. Régiment n° *44*.

7ᵉ uhlans (sans le 3ᵉ escadron à Amiens).

Batteries $\frac{IV, V, 4, 6}{1}$.

Réserve de l'armée : colonel BOECKING.

Régiment n° *41*.

Batteries $\frac{III, 3}{1}$.

2° *VIIIᵉ corps :*

15ᵉ division : général DE KUMMER.

29ᵉ brigade, colonel DE BOCK. Régiment n° *33* (sans $\frac{II}{33}$ à Amiens).

Régiment n° *65*.

30ᵉ brigade, général DE STRUBBERG. Régiment n° *28*. Régiment n° *68*. 8ᵉ bataillon de chasseurs.

7ᵉ hussards.

Batteries $\frac{I, 1, II, 2}{8}$.

16ᵉ division, général DE BARNEKOW.

31ᵉ brigade, colonel DE ROSENZWEIG. Régiment n° *29* (sans $\frac{7}{29}$ à Ailly-sur-Noye). Régiment n° *69* (sans $\frac{I, F}{69}$, à Péronne).

32ᵉ brigade, colonel DE HERTZBERG. Régiment n° *40*. Régiment n° *70* (sans $\frac{1, 2}{70}$, à Ham, $\frac{II}{70}$, à Amiens).

9ᵉ hussards.

Batteries $\frac{V, 5, VI, 6}{8}$.

Artillerie de corps :

Batteries $\frac{1, 2, 3 \text{ à cheval}}{8}$.

Batteries $\frac{III, IV, 3, 4}{8}$.

3° *3e division de réserve :* prince Albert DE PRUSSE.

Brigade de cavalerie de réserve : général STRANTZ.
  3e hussards de réserve (sans le 4e escadron à Nesle).
  1er dragons de réserve.

Brigade combinée d'infanterie : colonel DE GOEBEN.
  Régiment n° *19* (sans $\frac{6}{19}$, aux convois à Chaulnes.)
  Régiment n° *81* (sans $\frac{II}{81}$, à La Fère.)

Brigade de cavalerie de la Garde.
  2e uhlans de la Garde.
  2e hussards de la Garde (sans le 2e escadron, près de Picquigny.)

Batteries $\frac{I, II}{V}$, $\frac{\text{batterie légère}}{V}$.

4° *Brigade combinée de cavalerie :* général DE DOHNA.
  8e cuirassiers.
  5e uhlans (sauf le 3e escadron, à Péronne).
  14e uhlans.

Batterie $\frac{1 \text{ à cheval}}{VII}$.

5° *12e division de cavalerie :* général de LIPPE.
23e brigade : général KRUG DE NIDDA.
  Régiment de cavalerie de la Garde (Reîtres saxons).
  17e uhlans (sans le *1er* escadron qui assure le service de correspondance avec l'armée de la Meuse).
24e brigade : général SENFTT DE PILSACH.
  18e uhlans.
  12e bataillon de chasseurs.

Bataillons $\frac{II}{86}$, $\frac{I}{96}$ (le bataillon $\frac{I}{96}$ arriva à 4 heures du soir le 19 janvier).

5 pièces de la $\frac{2^e \text{ à cheval}}{12}$.

Batterie $\frac{1^{re} \text{ à cheval}}{12}$.

Le général de Gœben laissait donc sept bataillons, neuf escadrons, pour garder ses communications et la ligne de la Somme.

Les effectifs des deux armées se répartissaient ainsi :

ARMÉE DU NORD (1).

Grand quartier général.

	Officiers.	Hommes.	Chevaux.
Quatre escadrons du 7ᵉ dragons...	37	»	380 (2)
Un peloton du 11ᵉ dragons.......	1	»	35
1ᵉʳ escadron du 11ᵉ dragons......	2	»	75 (3)
Deux escadrons de gendarmerie...	6	»	200
Train d'artillerie................	2	126	98
Train des équipages.............	1	129	85
Compagnie du génie............	4	220	»
TOTAUX.......	53	475	873

22ᵉ CORPS.

		Officiers	Hommes	
Division DERROJA.	Brigade AYNÈS......	100	4,410	»
	Brigade PITTIÉ......	77	3,708	»
	Compagnie du génie.	3	156	»
	TOTAUX.....	180	8,274	»
Division DU BESSOL.	Brigade FOERSTER...	109	3,675	»
	Brigade GISLAIN.....	94	3,602	»
	Compagnie du génie.	4	127	»
	TOTAUX......	207	7,404	»

23ᵉ CORPS.

Division PAYEN.	Brigade MICHELET...	80	3,507	»
	Brigade DELAGRANGE.	112	4,113	»
	Compagnie du génie.	4	132	»
	TOTAUX.....	196	7,752	»

---

(1) D'après les situations officielles à la date du 10 au 15 janvier. Voir le détail aux pièces annexes à la date du 15 janvier.
(2) État du 6 février.
(3) Journal de marche.

	Officiers.	Hommes.
Division ROBIN	117	6,388
Brigade PAULY	»	4,615 (1)
Colonne de Cambrai	»	4,733 (2)
Bataillon de douaniers et 46ᵉ bis de mobile	»	2,649 (3)

Soit un total de 953 officiers, 42,025 fantassins, 724 cavaliers, 102 pièces, dont 50 de 4, 18 de 12, 6 de 8, 28 de montage (4).

Iʳᵉ ARMÉE.

	Fantassins.	Cavaliers.	Pièces.
Iᵉʳ corps	8,500	»	36
VIIIᵉ corps	13,000	880	90
Division de réserve	4,000	1,500	18
3ᵉ division de cavalerie	»	1,700	6
12ᵉ division de cavalerie	2,400	2,500	11

Soit un total de 27,900 fantassins, 5,580 cavaliers, 161 pièces (5).

---

(1) 1ᵉʳ bataillon de la 1ʳᵉ légion, 615 hommes ; 1ᵉʳ et 2ᵉ régiments, 4,000 hommes. (Dépêche du général Pauly.)

(2) Dépêche du colonel Isnard du 14 janvier : 3ᵉ bataillon du 24ᵉ, 745 hommes ; 1ᵉʳ bataillon des Ardennes, 1075 hommes ; 2ᵉ bataillon des Ardennes, 547 hommes ; 73ᵉ, 32 officiers, 1636 hommes ; deux compagnies de zouaves, 2 officiers, 125 hommes ; bataillon Plaideau, 595 hommes.

(3) Bataillon de douaniers, 10 officiers, 400 hommes (Journal de marche) ; 46ᵉ bis de mobile, 2,249 hommes (état du 19 janvier). L'effectif des compagnies Devienne et Levesque des mobilisés de l'Aisne n'est pas connu.

(4) Y compris 43 sapeurs détachés au parc; 34 cavaliers volontaires du 23ᵉ corps, 10 pièces de la colonne de Cambrai, mais sans compter les états-majors, le bataillon de reconnaissance (200 hommes environ), les tirailleurs volontaires, les officiers de la colonne de Cambrai, des douaniers et du 46ᵉ bis de mobiles.

(5) Sans compter les pionniers. La 2ᵉ compagnie de pionniers laissée

Mais les chiffres n'ont une signification que si l'on connaît la valeur des éléments qu'ils dénombrent. Il faut donc rappeler que la lassitude causée par cette longue campagne n'était pas égale pour les deux armées, dont l'une restait compacte, disciplinée et confiante, tandis que l'autre, désagrégée par l'ordonnance imparfaite des dernières marches, comptait une forte proportion d'unités pour ainsi dire négligeables.

Combat de Beauvois (1). — A l'aube du 18 janvier, l'armée du Nord faisait ses préparatifs de départ, sous une pluie froide, qui formait une brume pénétrante et triste.

Les cantonnements, désignés dans la matinée, devaient s'étendre à l'issue de la marche, de Moy à Mézières-sur-Oise pour le 22e corps, de Sissy à Ribémont pour la division Payen (2).

---

au pont de Cappy rejoignit la *30e* brigade le 18. La 1re compagnie de pionniers du VIIIe corps était aux ponts de Jussy et de Saint-Simon, la 3e compagnie de pionniers du VIIIe corps à Péronne.

Ces chiffres, pour l'armée allemande, sont donnés par l'ouvrage du Grand État-Major prussien ; d'après le major Kunz, qui a consulté les documents originaux, ces effectifs doivent être portés à 30,700 fantassins, 6,100 cavaliers et 161 pièces.

(1) Voir la carte au 1/80,000e (emplacements le 18 au soir) et la carte au 1/50,000e pour les détails du combat.

(2) « Armée du Nord :

ORDRE.

« Cantonnements d'aujourd'hui 18 janvier.

22e CORPS.

« Quartier général : Moy.

1re DIVISION.

« Quartier général : Moy.
« Troupes : Moy, Brissy, Hamégicourt, Alaincourt, par Séraucourt
« et Cérizy.

Précédant le mouvement général, la brigade Pittié, à droite, quitta Trefcon à 7 heures du matin, traversa Beauvois, Roupy, Grand-Séraucourt, et s'arrêta vers 11 heures, à Essigny, d'où les flanqueurs du 17e chasseurs repoussèrent quelques coureurs ennemis.

En arrière, une partie de la brigade de Gislain (18e chasseurs ; batteries Chastang ; Beauregard ; le 91e), que conduisait le général du Bessol, avait déjà fait halte à Roupy, pour attendre le reste de la division retardé par

---

2e DIVISION.

« Quartier général : Berthénicourt.
« Troupes : Berthénicourt, Mézières-sur-Oise, Sery-lès-Mézières, par
« Castres et Urvillers.

23e CORPS.

« Quartier général : Sissy.

1re DIVISION.

« Quartier général : Sissy.
« Troupes : Châtillon-sur-Oise, Sissy, Ribémont, par Mesnil-Saint-
« Laurent.
« Convoi du grand quartier général : Sissy.
« Grand quartier général, parc et réserves : à Mézières-sur-Oise.
« Cavalerie : à Moy, Hamégicourt.
« Vermand, le 18 janvier 1871.

« Par ordre :
« *Le major général,*
« FARRE.

« Il serait à désirer que les troupes arrivent aujourd'hui aux can-
« tonnements, mais si la journée devait être trop fatigante, les géné-
« raux commandant les 22e et 23e corps pourront établir leurs troupes
« dans les villages sur leur route, à 10 ou 12 kilomètres en arrière
« des cantonnements définitifs. Dans ce cas, le quartier général en
« sera informé à Saint-Quentin.
« Grand convoi à Saint-Quentin.

« FARRE.

« Les malades, éclopés et les pionniers seront dirigés aujourd'hui
« sur Saint-Quentin. »

des distributions à Fléchin. Une canonnade sourde, mais continue, se fit bientôt entendre au Nord-Ouest.

C'était la division Kummer, dont l'avant-garde prenait le contact de la brigade Fœrster. Celle-ci n'avait pu quitter Fléchin qu'à 9 h. 1/2 ; le 20ᵉ chasseurs, qui la précédait, y déploya une compagnie pour éloigner des cavaliers en observation. Le 1ᵉʳ bataillon du 43ᵉ (commandant Perrier), resté à l'arrière-garde, se détacha ensuite à l'Ouest de Pœuilly pour couvrir les convois (1).

A ce moment, un peu avant 11 heures, la colonne, dont la tête arrivait à Beauvois, marchait dans l'ordre suivant : 20ᵉ chasseurs, batterie Marx, infanterie de marine, 2ᵉ bataillon du 43ᵉ, 2ᵉ bataillon du 44ᵉ mobiles (3ᵉ bataillon *bis* du Gard, commandant Do), 12 voitures de pain et d'eau-de-vie, une vingtaine de voitures d'ambulance, le tout formant le convoi de la division, escorté par le 3ᵉ bataillon du 44ᵉ mobiles (3ᵉ du Gard, commandant Poilpré); le convoi du 22ᵉ corps, que protégeait le 1ᵉʳ bataillon du 44ᵉ mobiles (2ᵉ du Gard, capitaine Chambon), enfin le 101ᵉ mobiles, que des distributions tardives avaient empêché de suivre la brigade Gislain (2).

Mais ces éléments étaient souvent séparés par des distances considérables. L'artillerie, les voitures n'avançaient en effet qu'avec peine sur une route encombrée de charrettes, de paysans en fuite devant les colonnes

---

(1) « Avant de partir de Fléchin, le colonel Fœrster m'avait ordonné « de rester à l'arrière-garde pour protéger le convoi. Je conduisis donc « mon bataillon sur la droite de Pœuilly et fis déployer une compa- « gnie sur les crêtes. Quelques coups de feu furent échangés avec les « cavaliers qui nous observaient. Le passage des troupes et des convois « dura près de deux heures. » (Rapport du commandant Perrier).

(2) La 2ᵉ compagnie *ter* du 2ᵉ génie faisait aussi partie de la brigade Fœrster. Elle assista au combat de Beauvois et perdit 7 hommes disparus, mais son rôle ne peut être précisé. (Historique du 2ᵉ génie).

ennemies, que l'on distinguait à droite, cheminant sur la chaussée de Péronne à Saint-Quentin.

La division Kummer s'était mise en mouvement à 8 heures du matin; sa *29*ᵉ brigade (de Bock), avait franchi la Somme à Saint-Christ, traversé Devise, atteint Tertry; la *30*ᵉ (Strubberg), avait passé par Brie, et devait suivre par Estrées-en-Chaussée, la *29*ᵉ qui continuait à 10 h. 30 de Tertry sur Beauvois.

Bientôt les fusiliers du *65*ᵉ appuient vers Trefcon, une compagnie (1) du même régiment se déploie contre Beauvois, ayant à sa droite le 1ᵉʳ bataillon du *65*ᵉ (2).

Deux batteries (3) ouvrent aussi le feu, à l'Est de Tertry, sur le convoi de la division du Bessol, formé par sections, et qu'escortent, à 1 kilomètre au Sud de Caulaincourt, deux compagnies du 3ᵉ bataillon de mobiles du Gard.

Ceux-ci sont assaillis par cinq pelotons des *2*ᵉ et *4*ᵉ escadrons du *7*ᵉ hussards, qui ont suivi, au trot, la dépression du terrain à l'Ouest de Trefcon; ils se forment en bataille à gauche, en arrivant à 300 mètres des premières voitures, et les traversent à la charge.

Les conducteurs s'enfuient; les mobiles du 3ᵉ bataillon du Gard se groupent à l'Est du chemin; ils sont sabrés; mais alors apparaît, en haut de la côte, et au Sud de Caulaincourt, la 1ʳᵉ compagnie du 3ᵉ bataillon du 101ᵉ mobiles, conduite par le lieutenant-colonel de Brouard, qui couvre les hussards d'un feu

---

(1) La compagnie $\frac{8}{65}$.

(2) Le 1ᵉʳ bataillon du *65*ᵉ avait sa 4ᵉ compagnie à droite de la 8ᵉ; la compagnie $\frac{2}{65}$ était à droite de $\frac{4}{65}$ dans un petit bois; les compagnies $\frac{1,3}{65}$ étaient en soutien.

(3) Les batteries $\frac{1, I}{8}$.

rapide, les décime, les poursuit pendant leur retraite désordonnée vers les hauteurs de Trefcon, où ils se rallient en abandonnant 16 hommes et 36 chevaux.

Pendant ce temps, le convoi du 22e corps, accompagné par le bataillon Chambon, se dirige de Pœuilly sur Caulaincourt.

Là se trouvent les voitures d'ambulance, le bataillon Poilpré rallié, dont trois compagnies tiraillent vers Trefcon.

Quant au 101e, bien que suivi par les projectiles allemands, il continue sur Beauvois, et se déploie au Sud du village, formant trois échelons obliques à la route de Roupy, en arrière du reste de la brigade Fœrster fortement engagée.

En arrivant à Beauvois à 11 heures, à l'heure où les hussards allemands chargeaient les mobiles du Gard, le colonel Fœrster avait pris ses dispositions pour faire face au Nord-Ouest.

Le commandant Brunot, de l'infanterie de marine, laissait sa compagnie L en réserve sur la place, les compagnies J et K en soutien à la sortie Nord-Ouest du village, déployait la compagnie H dans le petit bois à gauche de la route de Péronne; la compagnie I, à droite de la compagnie H, se reliait par sa droite au 2e bataillon du 43e, qui se couvrait lui-même par deux compagnies.

En arrière de cette première ligne, le 3e bataillon *bis* du Gard (2e bataillon du 44e mobiles), avait traversé Beauvois; il s'était abrité au Sud des maisons, puis déployé successivement à gauche de l'infanterie de marine, une de ses compagnies poussant même jusqu'à Lanchy.

Restaient le 20e chasseurs avec la batterie Marx en réserve.

Voyant les efforts des Allemands, dont le *65e* régiment, soutenu par deux bataillons du *33e*, s'engageait tout entier, le colonel Fœrster jugea, vers midi, qu'il lui était difficile de rompre le combat, et fit ouvrir le feu à une section de la batterie Marx, près du village de Beauvois, à gauche du chemin de Tertry, et des compagnies en soutien de l'infanterie de marine. Ces deux pièces ne purent résister aux quatre batteries allemandes, alors réunies à l'Est de Tertry ; elles furent remplacées par une autre section, mais, en faisant demi-tour, l'une des pièces chavira dans une mare, d'où on essaya, en vain, de la retirer (1).

Grâce à l'apparition, comme on le verra plus loin, de la division Payen sur les hauteurs de Vermand, les progrès de l'ennemi étaient limités, lorsqu'à 1 h. 1/2, arriva le général du Bessol. Il était suivi du 2ᵉ bataillon du 91ᵉ, de la batterie Beauregard, mais avait laissé le reste à Roupy, avec le colonel de Gislain. Celui-ci manda bientôt que 7,000 Prussiens occupaient Ham, que leur avant-garde dépassait Aubigny. Le commandant de la 2ᵉ division ordonna alors au colonel Fœrster d'abandonner Beauvois (2), de constituer une forte arrière-garde, et de suivre le mouvement général sur Grand-Séraucourt.

Aussitôt la batterie Marx se réunit au Sud de Beauvois, sans faire feu ; le 20ᵉ chasseurs relève le 43ᵉ ; deux pelotons des compagnies J et K occupent la lisière Nord-Ouest, la retraite par échelons se dessine derrière ce rideau. Seuls, de la division du Bessol, le 1ᵉʳ bataillon du 43ᵉ, les 1ᵉʳ et 3ᵉ du 44ᵉ mobiles restaient engagés plus au Nord dans les conditions qui seront indiquées ultérieurement.

---

(1) Le commandant Brunot dit qu'au moment où son bataillon évacua Beauvois, le sous-lieutenant Boëlle, aujourd'hui colonel, fit repousser le plus possible cette pièce dans la mare pour la dérober aux regards des Allemands. Ceux-ci ne purent la sortir de l'eau, le 19 janvier, qu'avec l'aide de 15 chevaux et de 50 hommes (major Kunz).

(2) La compagnie L venait de renforcer les tirailleurs à gauche de la compagnie H. (Relation du commandant Brunot.)

Les troupes firent halte à 1 kilomètre au Sud de Beauvois, puis se retirèrent sur Grand-Séraucourt, où le quartier général de la division s'établit, vers 7 heures du soir, avec deux batteries (3ᵉ principale du 12ᵉ, 2ᵉ *ter* du 15ᵉ), le 20ᵉ chasseurs, l'infanterie de marine, le 2ᵉ bataillon du 43ᵉ, le bataillon Do (2ᵉ du 44ᵉ mobiles). A Castres (91ᵉ, 101ᵉ mobiles, 3ᵉ batterie *bis* du 15ᵉ), et à Contescourt (18ᵉ chasseurs, 3ᵉ bataillon du 101ᵉ mobiles), se tenait déjà la brigade Gislain (1).

Non loin de là, à 4 kilomètres à l'Est, se trouvait la brigade Pittié, avec le quartier général du 22ᵉ corps.

Le général Lecointe venait en effet d'occuper Essigny, après avoir mandé au général en chef à Saint-Quentin :

Essigny, 18 janvier.

« J'ai l'honneur de vous rendre compte, que m'étant rendu ce matin, conformément à vos ordres, à Roupy, j'y ai rencontré la brigade Pittié, avec laquelle je me suis dirigé sur Moy, par Séraucourt et Essigny. Arrivé à ce dernier village, vers 1 heure, nous avons entendu une forte canonnade dans la direction que nous venions de suivre, et comme elle redoublait d'intensité, j'ai cru devoir marcher au canon avec la brigade.

« Revenu à Séraucourt, je n'ai pas tardé à apprendre, par un mot du général du Bessol, que l'arrière-garde de sa 1ʳᵉ brigade avait été fortement attaquée, qu'elle avait subi quelques pertes en hommes et en voitures, mais qu'en fin de compte, ayant repoussé les Prussiens, il avait continué sa route.

« Ce combat nous ayant fait perdre du temps, il ne

---

(1) Le 20ᵉ chasseurs couvrit la retraite et n'arriva qu'à 9 heures du soir à Grand-Séraucourt, le 2ᵉ bataillon du 91ᵉ cantonna à Grand-Séraucourt. Les Journaux de marche disent qu'on redoubla de surveillance aux abords des cantonnements pendant la nuit.

nous était plus possible de gagner les cantonnements fixés, et j'ai été obligé de faire passer la nuit à la division du Bessol à Grand-Séraucourt, à la brigade Pittié à Essigny-le-Grand (1).

« D'après les renseignements les plus récents, il paraîtrait qu'une colonne de 600 Prussiens s'est établie, avec huit pièces de canon, au Vert-Chasseur, bifurcation des deux routes de Saint-Quentin a Vendeuil, et de Moy à Saint-Simon. La route de Jussy à Montescourt a été coupée et une batterie placée à mi-chemin. On prétend, en outre, que le général de Gœben fait venir des troupes d'Amiens, par chemin de fer.

« Les Prussiens semblent donc vouloir nous livrer bataille pour nous rejeter au Nord de la Somme, qu'il leur est interdit, paraît-il, de nous laisser passer.

« Nous avons rencontré beaucoup d'éclaireurs ennemis ; quelques dragons auraient été bien utiles pour nous en débarrasser, et éclairer notre droite. Je vous serais obligé d'en mettre à ma disposition. »

« J'ignore complètement ce qu'est devenu le général Derroja avec la brigade Aynès. »

Parti de Vermand, à 7 h. 1/2 du matin, le général Derroja était entré à Saint-Quentin vers midi, avec la brigade Aynès, deux batteries, les 1er et 2e escadrons de dragons, la 2e compagnie *bis* du 2e génie (2). »

---

(1) La brigade Pittié arrivait à Essigny à 7 heures du soir, après avoir parcouru 25 kilomètres.
La narration du lieutenant-colonel de Lalène-Laprade, du 46e mobiles, dit que l'effectif de son régiment, à la date du 18 janvier, était de 37 officiers et 1738 hommes. Ces chiffres concordent avec la situation du 15 janvier.

(2) Les batteries Bocquillon et Montebello marchaient avec la brigade Aynès. Le 5e bataillon du Pas-de-Calais, le 2e bataillon de chasseurs avaient suivi la brigade Aynès en escortant de Vermand à Saint-Quentin l'artillerie de réserve, le trésor, les parcs, les bagages du général en chef.

On entendait distinctement la canonnade de Beauvois (1); mais un repos semblant nécessaire, les faisceaux furent formés, les hommes installèrent même les cuisines, lorsqu'à 1 heure arriva l'ordre du général en chef de repartir pour Vermand (2), à la suite d'une partie de la colonne Isnard (73ᵉ de marche, 3ᵉ bataillon du 24ᵉ, artillerie) qui avait déjà reçu l'ordre de se diriger, à midi, sur Vermand.

Pour éviter la grande route encombrée, le gros de la brigade Aynès prit par Savy, puis par des chemins de traverse, et n'atteignit Vermand qu'à 7 heures du soir. Elle y apprit la fin du combat, et bien que très éprouvée par ces efforts successifs (3), elle regagna Saint-Quentin, dont elle n'occupa le faubourg d'Isle qu'à 11 heures, après avoir parcouru 35 kilomètres dans la journée.

Quelques fractions égarées avaient erré dans la plaine, qu'éclairaient faiblement les incendies des villages. Le 5ᵉ bataillon de mobiles du Pas-de-Calais (4) notamment, ne fut rejoint qu'à 9 heures du soir, dans Vermand, par le 6ᵉ bataillon. Tous deux voulurent retourner à Saint-Quentin, tombèrent sur les colonnes du 23ᵉ corps, et

---

(1) Le colonel de Gislain avait adressé au général Derroja, par ordre du général du Bessol, la communication suivante, qui ne parvint pas à destination.

Roupy, 18 janvier.

« Mon général, l'arrière-garde de la 2ᵉ division est attaquée du côté « de Beauvois ; si vous pouvez envoyer deux bataillons à Roupy, nous « quitterons pour aller à Beauvois.

« Pour le général du Bessol,
« DE GISLAIN. »

(2) La batterie Gaigneau avait été adjointe à la brigade Aynès pour retourner à Vermand.

(3) Le convoi de vivres était resté à Saint-Quentin ; ce fut l'une des raisons pour lesquelles on y ramena la brigade Aynès.

(4) Les 1ʳᵉ et 2ᵉ compagnies du 5ᵉ bataillon du Pas-de-Calais étaient

n'arrivèrent qu'à minuit dans le faubourg d'Isle en abandonnant de nombreux traînards.

Combat de Vermand. — Pendant que cette action se déroulait, un autre combat avait lieu à l'Ouest de Vermand.

On sait qu'à 1 h. 1/2 la division Kummer avait ralenti ses attaques.

L'apparition de la division Payen, sur les hauteurs de Vermand, contribuait à ce résultat.

Partie de Roisel, d'Hervilly, de Jeancourt, d'Hesbécourt, vers 7 h. 1/2, elle s'était échelonnée sur la route de Saint-Quentin,

En tête, les 3e et 4e escadrons de dragons, puis la brigade Delagrange, moins le bataillon des mobilisés Rameau, atteignirent Holnon vers midi, tandis que le 48e mobiles, que suivaient les marins, s'engageait dans Vermand. Venaient ensuite le convoi, le bataillon des mobilisés Rameau, le 19e chasseurs.

Se sentant attiré par la canonnade de Beauvois, le brave général Paulze d'Ivoy crut devoir obéir à une solidarité louable, et prit la résolution, qu'il dut regretter plus tard, d'intervenir dans la lutte.

Si les colonnes du 22e corps avaient été articulées, au lieu de cheminer par tronçons; si la marche de flanc sur Saint-Quentin avait été organisée plus judicieusement; si, au lieu de mettre au contact de l'ennemi tout le 22e corps, pour couvrir la division Payen, on avait échelonné ses forces, en opposant aux Allemands une simple flanc-garde sur la ligne Tertry—Beauvois; si le général

---

retournées à Saint-Quentin avec le lieutenant-colonel Fovel et le reste de la brigade.

Le journal de marche du 1er bataillon du 65e dit qu'il abandonna de nombreux traînards. Celui du 75e dit que le 1er bataillon ne comptait plus que la moitié de son effectif le 19 au matin.

en chef, enfin, s'était tenu du côté des attaques probables, il aurait pu se décider soit à refuser le combat, soit, ce qui eût encore mieux valu, à concentrer toute son armée à Vermand, pour faire face le soir même, et le lendemain, à la gauche de l'armée allemande isolée, et conserver, en tous cas, sa ligne de retraite sur Cambrai. Mais le général Faidherbe arriva à 10 h. 1/2 du matin à Saint-Quentin (1), et ne revint que le soir à Vermand, où il subit les conséquences d'une situation, créée par l'initiative personnelle de l'un de ses généraux.

Dès que le général Paulze d'Ivoy se fut donc décidé à agir, il arrêta la division Payen, prescrivit à la brigade Michelet, qui marchait en queue, de se déployer face au Sud-Ouest, aux convois des 22e et 23e corps (2) de continuer sur Saint-Quentin, et à un peloton de dragons de lui rendre compte de la situation à Caulaincourt.

« En regardant vers le Sud », a-t-il dit lui-même (3) « je voyais un plateau légèrement ondulé, qui se terminait par un ravin, où coule l'Omignon ; sur la gauche, j'apercevais des bois, de Vermand à Caulaincourt ; sur la droite, quelques villages, notamment Pœuilly, Soyécourt. »

Cette topographie lui dicta ses résolutions.

---

(1) *Général en chef au Préfet du Nord et au colonel de Villenoisy, à Lille.*

Saint-Quentin, 18 janvier, 10 h. 30 matin.

J'arrive à l'instant à Saint-Quentin.
FAIDHERBE.

(2) Le convoi du 22e corps cheminait alors, avec le 1er bataillon du 44e mobiles, sur le chemin de Caulaincourt à Vermand.

Le convoi du 23e corps fut escorté jusqu'à Saint-Quentin par les mobilisés du Pas-de-Calais, bataillon Rameau.

(3) Rapport du général Paulze d'Ivoy.

Le 2ᵉ bataillon de marins fut dirigé sur Soyécourt, le 19ᵉ chasseurs sur Pœuilly, un bataillon de marins sur Caulaincourt, un autre sur la lisière des bois, prolongé à droite par les 8ᵉ et 9ᵉ bataillons du Nord, en avant desquels se déployait le 7ᵉ ; les 8ᵉ et 9ᵉ bataillons se formaient en colonnes de bataillon à intervalles de déploiement, leur droite dépassant légèrement le chemin de Vermand à Caulaincourt. En arrière arrivait la batterie Belvalette, que les deux autres, arrêtées sur la route encombrée, ne rejoignaient que plus tard (1). Ce déploiement sur un front de 4 kilomètres, beaucoup trop étendu, par conséquent, était, en outre, prématuré. En admettant que le général Paulze d'Ivoy se décidât à porter secours aux combattants de Beauvois, peut-être aurait-il pu se borner à occuper la rive gauche de l'Omignon, au Sud de Marteville et de Villévêque.

A ce moment, le 1ᵉʳ bataillon du 43ᵉ (commandant Perrier), qui avait suivi, comme on l'a déjà vu, le convoi du 22ᵉ corps, arrivait à Caulaincourt, où s'était rallié le 3ᵉ bataillon du 44ᵉ mobiles (commandant Poilpré). Le capitaine Jallu, du 43ᵉ (2), faisait bientôt savoir directement au général Paulze d'Ivoy que deux demandes de secours étaient arrivées de Beauvois (3).

En réalité, rien ne s'opposait à la retraite de la brigade Fœrster ; la division Payen pouvait aussi reprendre sa marche vers le Sud ; mais ces avis durent influer sur la décision du commandant du 23ᵉ corps. N'écoutant que son ardeur, il prit lui-même les devants, pénétra dans Caulaincourt, y rencontra le commandant Perrier, et l'invita à soutenir le bataillon Poilpré en déployant trois compagnies contre Trefcon, à envoyer les deux autres

---

(1) Une section de la batterie Dieudonné accompagnait toutefois les marins à Caulaincourt.
(2) Rapport du commandant Perrier. Voir les pièces annexes.
(3) Rapport du commandant Perrier. Voir les pièces annexes.

vers Pœuilly, pour ralentir l'ennemi, dont les masses profondes obscurcissaient l'horizon.

Il était environ 2 heures.

En arrivant à Estrées vers 10 h. 1/2 du matin, l'avant-garde de la *30e* brigade allemande avait aperçu les convois français, et les tirailleurs du 43e devant Pœuilly; le général de Strubberg détachait alors le bataillon $\frac{I}{68}$ en flanc-garde à Vraignes. Rejoint bientôt par le général de Kummer, qui arrivait de Tertry, il reçut l'ordre de se placer en réserve derrière la *29e* brigade, de poster le *8e* chasseurs à la ferme de Cauvigny, et fut informé que le général de Grœben devait diriger sa cavalerie (*7e* uhlans) sur Vermand, tandis que son infanterie (division Memerty) attaquerait par Vraignes et Pœuilly.

Partie à 9 h. 1/2 de Cléry-sur-Somme, la division Memerty avait traversé Péronne, que la brigade Dohna contournait au Nord, Doingt, où elle fit halte et atteignit Estrées-en-Chaussée à 2 heures. Son avant-garde comprenait le *7e* uhlans, le régiment n° *4*, la batterie $\frac{6}{1}$.

Le combat s'engage alors sur tout le front de la brigade Michelet.

A gauche, les trois compagnies du bataillon Poilpré, portées contre Trefcon, sont relevées par les trois compagnies du 1er bataillon du 43e, que prolongent sur la rive droite de l'Omignon, les deux bataillons de marins. Les 8e et 9e bataillons du Nord marchent aussi sur Caulaincourt. Toutes ces troupes tiennent tête aux fusiliers du *65e* aux trois premières compagnies du *8e* chasseurs, arrivées à 1 heure à Cauvigny, et suivies du Ier bataillon du *68e*.

Trois batteries (1), de la division Kummer, dont l'action est rendue libre par le départ de la division

---

(1) Les batteries $\frac{2, I, II}{8}$

du Bessol, sont à l'Ouest de Trefcon; leur objectif, c'est la batterie Belvalette, seule au-dessus de Caulaincourt (1), et que précède, vers la cote 99, le 7ᵉ bataillon du Nord. Elle est prise entre deux feux, car les quatre batteries de la division Memerty sont établies à 1500 mètres à l'Ouest de Pœuilly, qu'attaque le 4ᵉ régiment allemand; les deux premiers bataillons sont en première ligne, en colonne de compagnie, les fusiliers en réserve.

Alors le général Paulze d'Ivoy, « voyant sa droite menacée, la division du Bessol dégagée, se décide à abandonner Caulaincourt, pour établir fortement son infanterie dans les bois qui séparent ce village de Vermand, et son artillerie plus au Nord (2). » La brigade Delagrange, momentanément arrêtée à Vermand, reçoit l'ordre de se déployer, puis de faire sentir son action à Soyécourt et au Sud.

Les 8ᵉ et 9ᵉ bataillons du Nord, rejoints par le 7ᵉ, se placent d'abord derrière le chemin de Vermand à Caulaincourt, leur gauche aux premières maisons de ce dernier village, mais, erreur ou inspiration fâcheuse, le commandant Grandmottet retire deux de ses batteries qui vont rester inactives pendant toute la journée sur la hauteur à l'Est de Vermand (3). Celle du lieutenant Belvalette rouvre le feu, sur le chemin, entre le moulin Ledoux et Vermand, à 1 kilomètre de son emplacement primitif.

Il était environ 3 heures. L'offensive des Allemands,

---

(1) Au moulin Ledoux.
(2) Rapport du général Paulze d'Ivoy.
(3) « Pendant que j'établissais la batterie Belvalette sur sa nouvelle
« position, le commandant Grandmottet, auquel j'avais donné l'ordre
« de prendre, sur la droite, le meilleur poste, eut la coupable idée de
« se retirer dans Vermand, et de chercher à y établir sur un monticule
« élevé, mais inaccessible, les deux autres batteries, que je ne pus
« réussir, malgré mes ordres réitérés, à lui faire ramener en avant. »
(Rapport du général Paulze d'Ivoy.)

soutenue par huit batteries progressait de plus en plus. Les trois premières compagnies du 4e régiment se dirigeaient sur le ravin au Sud de Pœuilly; la quatrième attaquait ce village au Sud; le IIe bataillon à l'Ouest.

Assailli de toutes parts dans cette localité en flammes, canonné par 24 bouches à feu, qui se rapprochaient à 1300 mètres, le 19e chasseurs fut décimé; son brave chef, le commandant Wasmer, rallia une section de la 4e compagnie, essaya en vain de grouper les autres, fut frappé successivement à la poitrine, à la tête, puis entraîné dans la déroute de son bataillon (1); 3 officiers et 30 hommes des deux compagnies du 43e s'échappèrent en même temps.

Serrés de près par les fusiliers du 65e, par le 8e chasseurs, au Sud et à l'Ouest, par la 1re compagnie du 4e régiment au Nord, les défenseurs de Caulaincourt abandonnèrent aussi ce village, et se retirèrent dans la vallée de l'Omignon. Prévenu tardivement par un gendarme, le commandant Perrier (2) voulut, à son tour, traverser les rues que l'ennemi occupait déjà, il perdit 3 officiers, 117 hommes, et les débris de son bataillon ne gagnèrent Vermand qu'à travers les bois (3).

Dès que le 4e régiment eut franchi le ravin de Pœuilly, ses trois premières compagnies, suivies par la quatrième en réserve, refoulèrent le 48e mobiles et le remplacèrent dans les fossés du chemin Caulaincourt-Soyécourt; son IIe bataillon occupa Pœuilly; en arrière

---

(1) « Les 3e et 4e compagnies du 19e chasseurs étaient en réserve derrière Pœuilly. Une section de la 4e compagnie, qui avait renforcé les combattants en première ligne, fut prise tout entière. Le 19e chasseurs avait perdu, en un instant, 1 officier et 50 hommes. » (Journal de marche.)

Les Allemands firent 100 prisonniers. (Major Kunz.)

(2) Rapport du commandant Perrier.

(3) Les Allemands s'emparèrent dans Caulaincourt des voitures qui avaient été attaquées le matin par le 7e hussards. (Major Kunz.)

et à gauche s'avançaient les fusiliers (1), puis le reste de la division Memerty, dont l'objectif était Soyécourt.

Là venait d'arriver de Vermand le 24ᵉ chasseurs, qui releva le 2ᵉ bataillon de marins, et occupa les lisières malgré la violence du feu d'artillerie ; mais un ordre mal compris (2), détermina presque aussitôt un mouvement de retraite que le commandant de Négrier s'efforça en vain d'arrêter ; un éclat d'obus l'atteignit, ce qui augmenta le désordre ; deux compagnies faiblissaient et se retiraient vers l'Est, lorsqu'elles furent menacées par les 1ᵉʳ et 4ᵉ escadrons du *14ᵉ* uhlans.

Cette cavalerie était abritée dans les fonds, entre Soyécourt et Fléchin, au moment où le combat prenait fin à Pœuilly ; elle était secondée par un peloton du 7ᵉ uhlans (3), qui fit demi-tour à 200 mètres, sous le feu de quelques hommes du 43ᵉ en marche sur Soyécourt. Quant au 1ᵉʳ escadron du *14ᵉ* uhlans il continua à marcher vers le Nord. Mais le 4ᵉ escadron de ce régiment, en colonne de pelotons, tourna à droite, se forma en bataille, prit comme objectif les chasseurs du 24ᵉ qui se repliaient vers l'Est, culbuta un groupe, essaya de récolter des prisonniers, puis fut assailli à son tour par les décharges d'un autre groupe, composé de chasseurs, de fantassins du 43ᵉ, et même par le 1ᵉʳ bataillon du 33ᵉ qui entrait en ligne au Sud. Il fut dispersé en perdant 4 officiers, 6 hommes, 17 chevaux.

---

(1) La compagnie $\frac{11}{4}$ en réserve.

(2) D'après le Journal de marche du 24ᵉ chasseurs, les clairons sonnèrent la retraite.

(3) Le 4ᵉ escadron du 7ᵉ uhlans éclairait vers Roisel ; les deux premiers escadrons de ce régiment escortaient quatre pièces de la batterie à cheval du VIIᵉ corps près de Hancourt ; les escadrons 1 et 4 du 5ᵉ uhlans servaient de liaison entre la division Memerty et la cavalerie de Dohna. Le général de Memerty disposait encore des escadrons 1 et 4 du *14ᵉ* uhlans, détachés de la brigade Dohna.

L'ardeur du commandant de Négrier, qui, de la maison où il avait été transporté, donnait l'ordre au capitaine Joxe, de reprendre l'offensive ; l'arrivée du 33º, que prolongeait le 47º mobiles à droite, arrêtèrent les progrès du 4º régiment dont les compagnies s'étendaient depuis Caulaincourt jusqu'aux abords de Soyécourt (1).

Mais l'artillerie de la division Memerty (2), après avoir franchi le ravin, rouvrit le feu à 1 kilomètre de la batterie Belvalette, à 800 mètres des mobiles du 47º, qui malgré la boue liquide où ils enfonçaient à mi-jambes, tiraillaient en avant (3) de leur 6º bataillon à droite, du 5º au centre, et du 4º à gauche. Celui-ci envoya deux compagnies en renfort au 2º bataillon du 65º, rassemblé dans la vallée de l'Omignon avec les marins, avec quelques gardes mobiles du bataillon Poilpré.

Ce groupe de gauche, auquel le lieutenant-colonel Michelet communiquait sa vaillance, se trouvait séparé du 47º mobiles, par le 48º dont les bataillons confondus tenaient la lisière des bois (4).

---

(1) Elles étaient déployées de droite à gauche dans cet ordre : 1ʳᵉ, 2ᵉ, 3ᵉ, 9ᵉ, 10ᵉ, 12ᵉ, 5ᵉ, 6ᵉ en première ligne ; 4ᵉ, 11ᵉ, 8ᵉ en réserve ; 7ᵉ en soutien de l'artillerie.

(2) Les batteries $\dfrac{V, 4, 6}{1}$ étaient à l'Est du ravin ; $\dfrac{IV}{1}$ restait à l'Ouest. Ces quatre batteries tirèrent 1257 coups. (Major Kunz.)

(3) En avant du 6º bataillon se trouvait la 3ᵉ compagnie, bientôt relevée par la 4ᵉ ; les autres compagnies formaient deux échelons, à 200 mètres l'un de l'autre.

Le 4º bataillon avait déployé les 1ʳᵉ et 3ᵉ compagnies ; les 4ᵉ et 5ᵉ compagnies étaient avec le 65º à gauche.

(4) Le 48º mobiles était encore déployé derrière le chemin de Caulaincourt à Vermand lorsque le général Paulze d'Ivoy lui donna l'ordre d'aller « prendre une position plus en arrière en faisant une retraite en « échelons. Le régiment gagna le bois qui se trouve entre Caulaincourt « et Vermand, sans que l'ennemi s'y engageât à sa suite, malgré le « désordre et le décousu dans lequel le mouvement avait eu lieu ». (Journal de marche du 48º mobiles.)

Telle était la situation vers 4 heures.

La droite des Allemands tenait Caulaincourt (1), mis en état de défense par le *8ᵉ* chasseurs et par le Iᵉʳ bataillon du *68ᵉ*; Beauvois, qu'occupait le IIᵉ bataillon du *65ᵉ*, suivi des fusiliers; Lanchy, où arrivait le Iᵉʳ bataillon.

De ce côté, le combat, avait pris fin; mais à la gauche de la division Memerty, le *44ᵉ* entrait en ligne à son tour. Le Iᵉʳ bataillon (2) marche sur Soyécourt, deux compagnies du IIᵉ bataillon traversent le ravin et s'arrêtent à hauteur des tirailleurs déjà engagés; deux autres compagnies se massent plus au Nord, près du bois; enfin deux compagnies de fusiliers renforcent l'aile gauche du *4ᵉ* régiment, et déterminent une poussée (3) que les chasseurs du 24ᵉ, trois compagnies (4) du 33ᵉ, secondées par la 2ᵉ compagnie du 4ᵉ bataillon du Nord et par quelques hommes du 43ᵉ, arrêtent et refoulent.

Les assaillants font de grandes pertes; le général de Memerty (5) a été gravement blessé; le *44ᵉ* régiment est commandé par un major, le *4ᵉ* par un capitaine; tous les bataillons sont dirigés aussi par des capitaines. Plus au Nord, la cavalerie de Dohna qui apparaît entre Hancourt et Fléchin, signale bientôt les masses de la division Robin.

---

(1) Le major Kunz dit que les Allemands s'y emparèrent de 200 isolés.

(2) Les compagnies $\frac{2, 4}{44}$ marchaient sur Soyécourt, $\frac{1}{44}$ restait en réserve à Pœuilly, $\frac{3}{44}$ était à la garde du convoi.

(3) Prennent part à cette offensive : les compagnies $\frac{11, 12}{44}$, $\frac{9, 10, 12, 5}{4}$.

(4) Les 1ʳᵉ, 2ᵉ, 4ᵉ compagnies.

(5) Le général de Memerty fut remplacé momentanément par le colonel de Massow, du *1ᵉʳ* régiment d'infanterie.

C'est alors, vers 6 heures, disent les rapports allemands, que le général de Grœben se décida à évacuer les hauteurs à l'Est de Pœuilly.

Toutes les batteries rappelées à l'Ouest du ravin furent suivies des échelons d'infanterie, que couvrit en dernier lieu le II{{e}} bataillon du *44{{e}}* (1); deux de ces compagnies (2) groupées tentèrent même une contre-attaque sur la brigade Delagrange; celle-ci venait d'être renforcée, à droite du 47{{e}} mobiles, par le 1{{er}} voltigeurs, de la division Robin, et étendait son offensive jusqu'à Soyécourt, dont les défenseurs maîtrisaient également le I{{er}} bataillon du *44{{e}}*.

Une nuit complète mettait alors fin au combat.

Du côté des Allemands, les troupes non engagées relevaient, en partie, la *3{{e}}* brigade. Derrière Pœuilly se tenait le II{{e}} bataillon du *1{{er}}* régiment; ses fusiliers établissaient leurs avant-postes sur la voie romaine, à l'Ouest du ravin; le 1{{er}} bataillon du *44{{e}}* restait en grand'-garde face à Soyécourt.

A Vraignes arrivait le II{{e}} bataillon du *28{{e}}*, dont les deux autres étaient entre Pœuilly et Tertry.

Pendant que la droite française essayait de progresser de Soyécourt à la voie romaine, la gauche était restée immobile.

« C'est dans ces emplacements », écrivait plus tard le général Paulze d'Ivoy au général en chef (3), « que vous nous avez trouvés, quand vous êtes venu sur le champ de bataille nous annoncer l'arrivée de la brigade Isnard et de la division Robin. »

---

(1) Les compagnies $\frac{5, 6}{44}$, soutenues par $\frac{7, 8}{44}$, se déployèrent sur un front de 500 mètres, leur aile droite au chemin de Vermand. (Major Kunz.)

(2) 7{{e}} et 8{{e}} compagnies.

(3) Rapport du général Paulze d'Ivoy.

Précédant la brigade Aynès, le 73ᵉ, le 3ᵉ bataillon du 24ᵉ, et l'artillerie de la colonne Isnard avaient, en effet, quitté Saint-Quentin à midi. Le mauvais état et l'encombrement des routes les retarda. Ils n'occupèrent la partie Ouest de Vermand qu'à la nuit, au moment où la division Robin y entrait aussi par le Nord.

Ce fut derrière ce rideau que s'opéra la retraite.

« Aussitôt que l'obscurité fut assez grande », ajoute le général Paulze d'Ivoy, « j'envoyai, dans toutes les directions, rallier les troupes de la division Payen, en leur prescrivant de se mettre en marche sur Saint-Quentin. »

Elles arrivèrent dans le faubourg Saint-Martin vers 1 heure du matin, suivies, à quelques kilomètres, par le détachement de la brigade Isnard.

Quant à la division Robin, elle s'arrêtait à Holnon (1ᵉʳ voltigeurs), Francilly, Selency (1ʳᵉ brigade), au Fayet (2ᵉ brigade) (1).

Partie d'Équancourt, Fins et Sorel, elle avait traversé Heudicourt (2), Épéhy, Ronssoy. Le 1ᵉʳ voltigeurs, à l'avant-garde, atteignit Bellenglise à 2 heures, et y

---

(1) La batterie Benoit cantonnait à Selency, les deux autres à Saint-Quentin. (Rapports des capitaines.)

(2) 23ᵉ corps d'armée (2ᵉ division).

Ordre de mouvement.

Aujourd'hui, 18 janvier, la division se mettra en marche sur Saint-Quentin. A 6 h. 1/2, les troupes seront réunies sous les armes. A 7 heures, la division, réunie à Fins, se formera en ordre régulier sur la route de Fins à Heudicourt, la droite à l'entrée d'Heudicourt.

Ordre de bataille.

1ʳᵉ brigade.

Voltigeurs n° 1.
1ᵉʳ bataillon du 1ᵉʳ régiment de marche.
Batterie du Finistère.

reçut l'ordre d'accéler sa marche sur Vermand. Sans se laisser entraîner par de nombreux fuyards, il se déploya, comme on l'a vu, à droite du 47e mobiles, pour participer à la fin de l'action (1).

Le reste de la division, appelé probablement par le général en chef (2), quitta Pontru à 3 h. 1/2, se dirigea

---

    1er régiment de marche (deux bataillons).
    6e régiment de marche.
    Bataillon de voltigeurs n° 3, avec les batteries de la Seine-Inférieure.

2e brigade.

    3e régiment de marche.
    4e régiment de marche.
    Bataillon de voltigeurs n° 2, laissant une compagnie derrière le convoi.
    Convoi de toute la division.
    Intendance, ambulance, gendarmerie.

Chaque corps laissera un sous-officier et deux caporaux aux ordres du commandant de la gendarmerie. Aucune voiture autre que les caissons de munitions ne devra se trouver dans la colonne avant le convoi.

A 7 h. 1/2, la division se mettra en marche par Heudicourt, Épéhy, Ronssoy, se dirigeant sur Pontruet. Avant Pontruet, les 1er et 6e de marche tourneront à droite pour aller cantonner à Bellenglise.

Le 3e bataillon de voltigeurs, l'intendance, l'ambulance, l'artillerie et la gendarmerie cantonneront à Pontruet.

Le 1er bataillon de voltigeurs et la cavalerie cantonneront à Berthaucourt, où sera le quartier général.

Les 3e et 4e de marche cantonneront à Pontruet.

Le bataillon de voltigeurs n° 2 restera à Pontruet.

Au quartier général de Fins, le 18 janvier.

Le Général commandant la division.
Par ordre :
Le Sous-Chef d'état-major,
IMBARD.

(1) Le 1er voltigeurs perdit trois hommes. (Journal de marche.)
(2) Rapport du général Paulze d'Ivoy.

sur Soyécourt, puis gagna Vermand où il attendit que la division Payen se fût retirée de la lutte.

« Je n'ai jamais vu pareil spectacle », écrivait le colonel Chas; « les hommes ne tenaient plus debout, se couchaient dans la boue, buvaient de la neige fondue pour se désaltérer. Enfin, à 3 h. 1/2 du matin, nous arrivâmes au Fayet, laissant une foule d'isolés derrière nous (1). »

Au Nord de la division Robin, la brigade des mobilisés du Pas-de-Calais arrivait à Lempire et Ronssoy.

On peut s'imaginer l'état du 23ᵉ corps. Épuisé par des marches pénibles, par ce dernier combat, par une retraite de nuit, il s'entassait en désordre dans Saint-Quentin, à Holnon, à Francilly, et à Fayet, sans y trouver, ni les vivres, ni le repos nécessaires pour le préparer à la bataille imminente.

Cette fâcheuse situation aurait-elle pu être évitée ?

Certes, le général Paulze d'Ivoy avait obéi à un noble sentiment en intervenant pour dégager la division du Bessol, mais peut-être eût-il mieux agi en s'arrêtant d'abord sur la ligne de marche, et en attendant que des officiers envoyés à Beauvois, distant de 4 kilomètres, lui eussent rendu compte de ce qui s'y passait.

Ses griefs se firent jour plus tard; il se plaignit de l'isolement (2) dans lequel l'avait laissé le général en chef; mais celui-ci pouvait-il faire plus, puisqu'il se trouvait lui-même à 10 kilomètres du champ de bataille ?

---

(1) Le 3ᵉ régiment de mobilisés ne comptait plus que 800 hommes. (Journal de marche.)

(2) La capitaine de Thannberg, aide de camp du général Paulze d'Ivoy, a raconté que le général Faidherbe, en arrivant à Vermand, exprima son étonnement de trouver la division Payen intacte. « Ma foi, « mon Général », aurait répondu le général Paulze d'Ivoy, « il est vrai-« ment temps de venir vous en assurer. » (Grenest, *Les armées du Nord et de Normandie.*)

Fut-il même bien inspiré en y renvoyant les brigades Aynès et Isnard, pour les ramener ensuite à Saint-Quentin? Il est permis d'en douter.

Avec la réserve d'artillerie, les parcs, les convois, la cavalerie, la division Payen, les brigades Aynès et Isnard (1) se trouvaient, dans Saint-Quentin, le bataillon de douaniers, le 102e mobiles, le bataillon de reconnaissance, arrivé dans la soirée de Vermand sans y avoir combattu, enfin les compagnies franches des mobilisés de l'Aisne, Devienne et Lévesque.

Avant de quitter Vermand, le général Faidherbe avait télégraphié à Bordeaux et à Lille :

« Le 18, les colonnes en marche ont été attaquées par une partie du corps d'armée du général de Gœben. La 1re division du général Paulze d'Ivoy a combattu toute la journée dans une position en avant de Vermand, où elle s'est maintenue jusqu'à la nuit. Je crois qu'il y aura une bataille demain. J'attendrai l'armée allemande en avant de Saint-Quentin (2). »

En arrivant à Saint-Quentin, il trouvait le message du général Lecointe, qui lui signalait des forces ennemies au Vert-Chasseur, près de Vendeuil. Sans adopter de dispositions définitives, il se prépara à faire face à l'Ouest et au Sud.

Les instructions, données vers minuit, portaient que le réveil serait sonné à 6 heures pour les troupes concentrées à Saint-Quentin (3), qu'elles prendraient alors les armes et recevraient de nouveaux ordres.

---

(1) Le colonel Giovanelli avait fait une reconnaissance, dans la journée du 18, sur la route de La Fère avec une compagnie de douaniers et le régiment des Ardennes.

(2) Dépêche expédiée de Saint-Quentin à 9 h. 20 du soir.

(3) *Note.*

Saint-Quentin, 18 janvier.

« Le réveil sera sonné demain matin à 6 heures; les troupes

On mandait en même temps au général Pauly de se trouver le lendemain « de grand matin » (1) à Bellicourt, prêt à en partir au premier signal.

Pour le 22ᵉ corps, enfin, les ordres, parvenus dans la soirée du 18, étaient ceux-ci :

« Les troupes du 22ᵉ corps qui sont cantonnées à Essigny-le-Grand et à Grand-Séraucourt, partiront demain, avant le jour, pour se rapprocher de Saint-Quentin, et viendront s'établir à Grugies, à Gauchy et à Castres. Il faut qu'elles arrivent sur ces points avant 7 heures du matin, et qu'elles s'y tiennent prêtes à combattre. Avis de leur arrivée sera immédiatement donné à l'état-major général.

« Le général Lecointe est informé que le général Derroja, et les troupes du colonel Aynès, sont au faubourg d'Isle, près de Saint-Quentin.

« Le 23ᵉ corps est établi dans les faubourgs à l'Ouest de Saint-Quentin. »

Par ordre :
Le Major général,
FARRE.

« *P.-S.* — En arrivant à Gauchy s'occuper immédiatement de multiplier les moyens de passage sur le canal et la rivière entre Gauchy et Castres. »

« prendront immédiatement les armes, et attendront de nouveaux « ordres ».
Par ordre :
Le Chef de bataillon, aide-major général :
MÉLARD.
(Archives de la guerre.)
La brigade Isnard avait été rattachée dans la journée au 23ᵉ corps.
(1) Journal de marche de la brigade Pauly.

Après avoir reçu cet ordre le général Lecointe écrivit :

Essigny-le-Grand, 18 janvier.

« Demain, 19 janvier, les troupes du 22ᵉ corps, cantonnées à Essigny-le-Grand et à Grand-Séraucourt, quitteront leurs cantonnements à 5 heures du matin et iront s'établir :

« La brigade Pittié à Gauchy, en passant par la route d'Essigny-le-Grand à Saint-Quentin.

« La division du Bessol à Grugies et à Castres, en passant par le chemin vicinal qui part de Grand-Séraucourt pour aller rejoindre, à hauteur de Gauchy, la route d'Essigny-le-Grand à Saint-Quentin.

« Arrivé à Gauchy, le colonel Pittié se reliera avec la brigade Aynès qui est cantonnée au faubourg d'Isle.

« Les chefs de corps ne devront laisser aucun traînard en arrière.

« Les voitures et les bagages devront marcher au centre de chacune des deux colonnes.

« Les troupes se tiendront prêtes à combattre.

« Le 23ᵉ corps est établi dans les faubourgs à l'Ouest de Saint-Quentin.

« En arrivant à Gauchy, on s'occupera immédiatement de multiplier les passages sur le canal et la rivière entre Gauchy et Castres. »

Plus favorisé que son adversaire, le général de Gœben connaissait avec certitude les emplacements de l'armée du Nord, qu'il entourait, dès le 18 au soir, à l'Ouest et au Sud.

Sa cavalerie lui avait signalé, dès 11 heures du matin, le passage des colonnes françaises en marche vers Grand-Séraucourt. Il se décidait alors à s'opposer, sans retard, au passage de la Somme, et fixait les cantonnements de la *16ᵉ* division à Jussy, Clastres, Montescourt, Remigny ; ceux de la division de réserve et de la brigade de cavalerie de la Garde, à Annois, Flavy-le-Martel, Saint-Simon (1); toutes ces troupes étaient confiées au général de Barnekow.

Plus tard, la *12*ᵉ division de cavalerie, également au contact, savait les Français à Saint-Quentin, et s'arrêtait à Vendeuil, Brissay, Moy, Hamégicourt.

L'artillerie de corps, avertie du passage de la division du Bessol, ne dépassait pas Matigny.

Dans la soirée, Gœben apprenait le résultat des combats ; on lui mandait que la *29*ᵉ brigade occupait le triangle Tertry, Trefcon, Beauvois, que la *30*ᵉ était arrivée sur la ligne Tertry-Estrées, que l'infanterie de Gœben occupait Preuilly, Vraignes; la cavalerie de Dohna, Hancourt, Cartigny.

Il fixa alors la réserve de l'armée, et son grand quartier général à Ham, et télégraphia, vers 8 heures, du soir à Versailles :

« L'ennemi est aujourd'hui à Saint-Quentin et aux environs. Il a envoyé des détachements vers l'Ouest et le Sud, mais a été repoussé de Beauvois avec perte d'une pièce de canon, et de 500 prisonniers. Je me propose de l'attaquer demain avec toutes mes forces. »

A 9 heures du soir l'ordre général suivant fut donné :

« La *15*ᵉ division et le corps du général de Grœben ont repoussé aujourd'hui les forces ennemies ; mais la poursuite n'a pas été suffisante, et les points désignés n'ont pas été atteints ; il faut donc compléter la victoire demain.

« Le général de Kummer, avec toutes ses troupes et l'artillerie de corps, se mettra en mouvement demain à 8 heures ; il se portera sur Saint-Quentin par les routes

---

(1) Un bataillon du 81ᵉ restait à Ham.

de Vermand et d'Etreillers. De ce côté, nos forces sont suffisantes pour attaquer toute l'armée du Nord ; le général de Kummer refoulera donc tout ce qu'il trouvera devant lui, entourera Saint-Quentin, et y entrera. Le général de Grœben contribuera à ce résultat en s'étendant, à gauche, jusqu'à la route de Cambrai.

« Sur l'autre rive de la Somme, le général de Barnekow se mettra en mouvement à 8 heures, avec la 16e division et celle du prince Albert, qui suivront la voie ferrée de Tergnier à Saint-Quentin, et la route d'Essigny-le-Grand.

« La 12e division de cavalerie, avec la 16e brigade d'infanterie, dans le cas où celle-ci débarquerait demain matin à Tergnier, appuiera le mouvement du général de Barnekow à droite, en marchant à sa hauteur sur la route de La Fère, et en débordant l'aile gauche ennemie.

« Grâce à la supériorité de notre artillerie, il ne s'agit plus que de marcher résolument en avant pour renverser tous les obstacles que l'ennemi peut nous opposer.

« La réserve de l'armée partira à 9 heures de Ham pour Saint-Quentin.

« Je me tiendrai, au début, avec la réserve. Plus tard, je rejoindrai probablement le corps du général de Kummer.

« Le bataillon de garde du quartier général partira à 7 heures du matin pour Flavy.

« Si l'ennemi refusait le combat, on le poursuivrait avec énergie, et par tous les moyens possibles, car l'expérience nous a appris que c'est moins la victoire sur des troupes aussi faiblement organisées, que la poursuite sans répit qui donne de grands résultats.

« De Gœben. »

En comparant l'état matériel et moral des deux armées,

leurs emplacements, le 18 au soir (1), et surtout les ordres donnés pour le lendemain, on prévoit clairement l'issue de la lutte ; un seul fait reste douteux, c'est la possibilité

---

(1) Les pertes des deux armées en tués, blessés ou disparus aux combats de Beauvois et de Vermand se répartissent ainsi :

1° *Pertes des Allemands* (Grand État-Major prussien et major KUNZ).

	Officiers.	Hommes.	Chevaux.
État-major de la 3ᵉ brigade............	2	»	»
Régiment n° 1......................	1	5	»
— n° 4......................	5	203	»
— n° 44.....................	»	19	»
— n° 33.....................	»	2	»
— n° 65.....................	2	45	»
8ᵉ chasseurs.......................	»	8	»
7ᵉ hussards........................	»	16	35
8ᵉ cuirassiers......................	»	»	1
7ᵉ uhlans.........................	pertes inconnues.		
14ᵉ uhlans........................	4	6	26
1ᵉʳ régiment d'artillerie..............	1	14	8
8ᵉ régiment d'artillerie...............	»	12	24
TOTAL............	15	330	94

2° *Pertes des Français.*

Elles ne peuvent être établies avec précision, car la plupart des corps, ainsi que l'état officiel, les donnent simultanément pour les journées du 18 et du 19 janvier.

On peut citer les chiffres suivants, d'après les Rapports et les Journaux de marche :

	Officiers.	Hommes.	Chevaux.
2ᵉ bataillon du 44ᵉ mobiles.............	»	95	»
3ᵉ bataillon du 44ᵉ mobiles.............	»	28	»
1ᵉʳ bataillon du 43ᵉ (rapport du commandant Perrier)....................	4	229	»
2ᵉ bataillon du 43ᵉ (rapport du lieutenant-colonel de la Broue).............	»	40	»
Infanterie de marine (rapport du commandant Brunot).................	»	18	»

pour l'armée française de se retirer à temps sur les places du Nord qui doivent l'abriter.

	Officiers.	Hommes.	Chevaux.
19ᵉ chasseurs. (Quelques officiers et 100 hommes purent se réunir le 19, au matin)......................	»	»	»
4ᵉ bataillon du Nord..................	»	15	»
6ᵉ bataillon du Nord..................	1	40	»
1ᵉʳ voltigeurs........................	»	3	»
Batterie Belvalette...................	»	11	12
Batterie Marx........................	»	7	12

Le général Faidherbe a donné, dans sa *Campagne de l'armée du Nord*, un total approximatif de 500 hommes tués ou blessés pour la journée du 18 janvier.

D'autre part, les Allemands prétendent avoir fait 500 prisonniers.

Consommation en munitions.

Batterie Marx, (rapport du capitaine Marx)....	43 coups.
— $\frac{1}{8}$...........................	270 —
— $\frac{2}{8}$...........................	81 —
— $\frac{I}{8}$...........................	277 —
— $\frac{II}{8}$..........................	147 —
— $\frac{4}{1}$...........................	422 —
— $\frac{6}{1}$...........................	367 —
— $\frac{IV}{1}$..........................	279 —
— $\frac{V}{1}$...........................	189 —

XVII

La bataille de Saint-Quentin sur la rive gauche de la Somme.

La ville de Saint-Quentin, peuplée de 30,000 habitants en 1871, s'étend sur la rive gauche de la Somme par le faubourg d'Isle, sur la rive droite par les faubourgs de Remicourt, de Saint-Martin et de Saint-Jean : de celui-ci rayonnent, au Nord, les chaussées du Cateau et de Cambrai.

A l'Ouest, les deux routes de Vermand et de Ham limitent un plateau de 138 mètres d'altitude, légèrement ondulé, à pentes découvertes, que prolongent, d'une part, jusqu'à la route de Cambrai, un dédale de vallons parsemés de fermes et d'habitations, de l'autre, de courtes ramifications vers la Somme.

Au nord de ce plateau, près de la route de Vermand, des bois étendus encadrent les clochers d'Holnon, de Francilly et de Savy.

C'est dans cette dernière région que le 23ᵉ corps allait avoir pour mission d'assurer la possession de deux seules lignes de retraite : celle de Cambrai, parallèle au front; celle du Cateau, barrée, à 4 kilomètres de Saint-Quentin, par un pont sur le canal.

Bien que séparé du 23ᵉ corps par la Somme, par le canal Crozat, par d'infranchissables marais, le 22ᵉ corps semblait mieux partagé.

Au Sud de Saint-Quentin, en avant du faubourg d'Isle,

les mouvements de terrain forment, en effet, deux lignes de hauteurs concentriques, jalonnées, les unes par la Neuville-Saint-Amand, le Raulieu, le moulin de Tous-Vents, Gauchy; les autres par Itancourt, le Cornet-d'Or, Urvillers, Giffécourt. Un vallon les sépare du Pontchu à Grugies, et jusqu'à la Somme qui arrose en aval Castres et Contescourt.

De Contescourt part une troisième élévation, parallèle aux deux autres, couronnée par la ferme Patte, par Essigny, et où la *16*e division allemande va se déployer au début.

Avec leurs pentes uniformes, avec quelques abris formés par des amas de betteraves, par les remblais et les déblais de la voie ferrée, ces hauteurs offraient de grands avantages à la défensive; mais leur étendue de 5 kilomètres n'était guère en rapport avec les forces du 22e corps, et le dégel, survenu depuis deux jours, en avait détrempé les terres, au point d'y entraver la circulation.

Très éprouvée par les marches précédentes (1), entourée par l'ennemi, l'armée du Nord ne pouvait se maintenir dans de pareilles conditions. Si le général Faidherbe avait pu se concentrer le 18 au soir à Vermand, il y aurait fait face à deux divisions allemandes isolées. Sachant qu'à Saint-Quentin les conditions n'étaient plus les mêmes, il comprenait le danger qui le menaçait; mais la retraite immédiate lui paraissait impossible, bien que le canal de Saint-Quentin, à 10 kilomètres du 22e corps, à 5 kilomètres du 23e, lui eût offert un premier abri.

---

(1) D'après le rapport sommaire adressé après la bataille par le général Faidherbe au Ministre de la guerre, les quatre divisions des 22e et 23e corps ne comptaient pas plus de 25,000 combattants le 19 janvier au matin.

Le général en chef tenait compte encore, sinon de l'opinion publique, du moins de ses sentiments personnels, qui lui montraient le sacrifice nécessaire, alors que sur d'autres points du territoire se tentaient les derniers efforts.

La bataille fut donc décidée, et le général Farre écrivit aussitôt :

Saint-Quentin, 19 janvier (1).

« Les troupes prendront, autour de Saint-Quentin, les dispositions indiquées ci-après :

« Le 22e corps s'établira à cheval sur le canal, une
« division sur les hauteurs de Gauchy à Neuville, en
« regardant le Sud, l'autre division sur la rive droite,
« entre le canal et la route de Savy, qu'elle dépassera
« un peu.

« Le 23e corps, renforcé par la brigade Isnard, s'éta-
« blira face à l'Ouest, entre la route de Savy et Fayet, en
« cherchant les meilleures positions à occuper.

« Les troupes occuperont les bois, s'il y en a, dres-
« seront leurs tentes, et feront la soupe sur place.

« Par ordre :
« Le Major général,
« Farre. »

« *P.-S.* — Le grand quartier général sera au faubourg
« Saint-Martin. L'artillerie de réserve s'établira en avant
« du même faubourg. »

Ce document (2) ne parvint pas à Essigny, car le

---

(1) Archives de la Guerre. Cet ordre ne porte pas d'indication d'heure.

(2) D'après une note publiée par le traducteur de la *Campagne de l'armée du Nord*, d'Axel de Rappe, le lieutenant de mobiles Pagniez,

général Lecointe n'en eut pas connaissance, comme on le verra plus loin.

En adoptant ces dispositions, le général Faidherbe avait supposé, sans doute, que son adversaire ne laisserait qu'un détachement sur la rive gauche de la Somme, pour y fixer les Français, et qu'il chercherait à nous rejeter vers l'Est, en reportant tout le reste de la Ire armée sur la route de Cambrai.

Le général de Gœben avait heureusement d'autres ambitions. Il voulait envelopper. Cette excessive prétention l'amena à s'étendre sur un front disproportionné avec ses effectifs disponibles.

Son aile droite comprenait la *16e* division cantonnée entre Jussy et Remigny, la division de réserve stationnée entre Saint-Simon et Flavy, la division Lippe aux environs de Moy. Toutes ces troupes devaient se mettre en marche à 8 heures du matin, puis remonter vers Saint-Quentin, la *12e* division de cavalerie par la route de La Fère, le corps de Barnekow (*16e* division et division de réserve du prince Albert) par celle de Chauny.

L'avant-garde de la *16e* division, sous le colonel de Rosenzweig, comprenait le IIe bataillon du *69e*, le régiment n° *29* (1), trois escadrons du *9e* hussards, deux batteries (2). Puis venait le gros, commandé par le colonel de Hertzberg, et composé du régiment n° *40*, des 3e et 4e compagnies et des fusiliers du régiment

---

attaché au grand quartier général, aurait été arrêté par une patrouille allemande, dans la nuit du 18 au 19 janvier, après avoir fait disparaître les instructions dont il était porteur. Le traducteur dit que ces instructions étaient destinées au général de Gislain. Il est possible que ces instructions étaient celles que le général Faidherbe envoyait au général Lecointe.

(1) Sans la 7e compagnie.

(2) Les batteries $\frac{5, V}{8}$.

n° *70;* quatre escadrons du *1ᵉʳ* dragons de réserve; trois escadrons du *3ᵉ* hussards de réserve; deux batteries (1).

Le prince Albert suivait la *16ᵉ* division avec la réserve, formée par le IIᵉ bataillon (2), par les fusiliers du régiment n° *19*, par le Iᵉʳ bataillon du *81ᵉ*, deux escadrons du *2ᵉ* uhlans de la Garde, deux batteries (3). Un détachement de flanc prélevé sur la division du prince Albert, et constitué avec deux bataillons, trois escadrons, une batterie (4), devait s'avancer par la rive gauche de la Somme, sous la direction du lieutenant-colonel de Hymmen, et se relier, vers Roupy, à la réserve générale de l'armée placée sous les ordres du colonel de Bœcking, et formée du régiment n° *41*, de deux escadrons du *2ᵉ* uhlans de la Garde, d'un escadron du *9ᵉ* hussards, de deux batteries (5).

La bataille jusqu'à 11 heures du matin. — Avant le jour, le 22ᵉ corps était en marche pour gagner les points de rassemblement désignés la veille. Seule, la brigade Aynès restait dans le faubourg d'Isle. La brigade Gislain occupait Castres, d'où le 18ᵉ chasseurs et le 3ᵉ bataillon de Somme-et-Marne partaient à 5 heures pour Giffécourt.

En même temps, le général du Bessol quittait Grand-

---

(1) Les batteries $\frac{6, \text{VI}}{8}$.

(2) Sans la 6ᵉ compagnie.

(3) Les batteries $\frac{\text{I, II}}{\text{V}}$.

(4) Bataillons $\frac{1}{19}$, $\frac{\text{F}}{81}$, trois escadrons des hussards de la Garde, la batterie légère du Vᵉ corps.

(5) Les batteries $\frac{3, \text{III}}{1}$.

Séraucourt, avec les troupes qui y stationnaient (1), et se dirigeait sur Grugies. Avant d'arriver à hauteur de Contescourt, l'arrière-garde formée par les chasseurs du 20ᵉ (2), par quelques isolés des 43ᵉ et 91ᵉ, repoussait un escadron de hussards de la Garde (3), qui précédait la colonne Hymmen.

D'Essigny, le général Lecointe, la brigade Pittié, la batterie Collignon gagnaient Gauchy par la route de Chauny. Aucun ordre n'étant parvenu du grand quartier général, on se borna à couvrir les localités où les troupes devaient cantonner. Une compagnie (4) de Somme-et-Marne se tenait à la ferme Patte, au Sud de Castres; la 6ᵉ compagnie du 18ᵉ chasseurs partait en reconnaissance vers Essigny. De la sucrerie de Grugies, où stationnait le 20ᵉ chasseurs, sa 3ᵉ compagnie se portait au Sud, contre la voie ferrée. De Gauchy, enfin, une compagnie du 24ᵉ (5) fut envoyée au Pire-Aller.

Il est probable que si le général Lecointe avait reçu les instructions du général en chef, ces mesures de sûreté ne lui auraient pas semblé suffisantes; il aurait prévu la répartition de ses troupes sur les hauteurs de Gauchy à la Neuville-Saint-Amand et la constitution d'une avant-ligne, de Giffécourt au Cornet-d'Or; il aurait surtout rappelé la brigade Gislain, assez inutilement exposée. C'étaient, il est vrai, des décisions dont le commandant du 22ᵉ corps pouvait prendre l'initiative, et que les circonstances auraient justifiées.

Dès 8 heures 1/2 du matin, des masses ennemies

---

(1) Deux batteries (3ᵉ principale du 12ᵉ, 2ᵉ *ter* du 15ᵉ), le 20ᵉ chasseurs, l'infanterie de marine, le 2ᵉ bataillon du 43ᵉ, le bataillon Do (2ᵉ du 44ᵉ mobiles).
(2) Une section de la 1ʳᵉ compagnie.
(3) Cet escadron perdit 3 hommes et 5 chevaux. (Major Kunz.)
(4) Une compagnie du 1ᵉʳ bataillon.
(5) 1ʳᵉ compagnie du 1ᵉʳ bataillon.

furent signalées vers Essigny et Grand-Séraucourt, car le général Lecointe, prévenu par le colonel Pittié, mandait au général en chef (1) :

Gauchy, 19 janvier.

« J'ai l'honneur de vous informer que l'ennemi paraît avancer rapidement par la route que nous avons suivie ce matin. Nous nous plaçons en position en avant des villages que vous nous avez assignés pour cantonnements. »

Cette dépêche indique clairement que le général Lecointe n'avait reçu aucun autre ordre pour le combat, depuis celui qui lui prescrivait de ramener ses troupes à Castres, à Grugies et à Gauchy, et de les y tenir prêtes à combattre.

C'est devant Contescourt que s'engagea d'abord le combat.

Le lieutenant-colonel de Hymmen avait marché de Saint-Simon sur Grand-Séraucourt, où il laissait un bataillon et deux escadrons pour garder le pont (2). Avec le reste (bataillon $\frac{I}{19}$, 1er escadron de hussards, batterie légère du Ve corps), il continue sur Contescourt, déploie une compagnie dans le petit bois au Sud de la cote 103, la renforce successivement par trois autres, fait ouvrir le feu à sa batterie (3), mais ne réussit pas à progresser, car le colonel de Gislain a pris ses dispositions ; il a appelé la batterie Chastang à la ferme Patte ; il l'a couverte, à quelques centaines de mètres en avant et au

---

(1) Archives de la Guerre.

(2) Le bataillon $\frac{F}{81}$ et deux escadrons de hussards de la Garde.

(3) En arrière du petit bois au Sud-Ouest de la cote 93.

Sud, par le 91e, dont le 1er bataillon est sur la route de Grand-Séraucourt à Grugies, le 2e à gauche ; chacun de ces bataillons a déployé une compagnie sur son front ; une autre compagnie du 1er bataillon est au Sud du village de Contescourt, derrière lequel se massent les 1er et 2e bataillons de Somme-et-Marne ; le 3e bataillon de ce régiment est sorti de Giffécourt ; il s'est arrêté à la droite du 18e chasseurs, formé en colonne de pelotons, en arrière des crêtes, au Sud-Est de Giffécourt.

Dès que les premiers coups de fusil ont été tirés devant Contescourt, le combat s'étend, de proche en proche, vers l'Est.

Le commandant Hecquet (20e chasseurs), dont la 3e compagnie était au Sud de la sucrerie de Grugies, la renforce par deux autres, des deux côtés du chemin de fer, et s'engage avec les tirailleurs de la 16e division allemande, qui débouche d'Essigny.

A droite de la première ligne du 20e chasseurs, la batterie Marx ouvre le feu ; au Sud de Grugies se place l'infanterie de marine, ayant à sa droite le 2e bataillon du 43e (1).

Le colonel Pittié a aussi fait prendre les armes ; il place le 17e chasseurs au Sud-Est de Gauchy, sa droite à la voie ferrée, sa 3e compagnie en tirailleurs en avant ; à sa gauche, il dispose le 24e, dont le 2e bataillon, en première ligne, s'étend jusqu'au moulin de Tous-Vents ; à l'Est de ce dernier point se trouve la batterie Collignon (2) ; la 1re compagnie du 1er bataillon du 24e est au Pire-Aller ; derrière le moulin se trouve le 46e mobiles.

Ce déploiement linéaire du 22e corps va devenir la

---

(1) Restaient à Grugies : le 2e bataillon du 44e mobiles, la batterie Beauregard et la 2e compagnie ter du 2e génie.

(2) La batterie Collignon tira d'abord quelques coups au Sud de la cote 121 ; elle se plaça ensuite à l'Est du moulin de Tous-Vents.

cause principale de son insuccès. Il suffit, en effet, d'avoir parcouru cette partie du champ de bataille pour se rendre compte qu'au centre, de Raulieu jusqu'à la voie ferrée, les hauteurs constituent une position tellement formidable qu'il suffisait d'y déployer l'artillerie et l'infanterie nécessaires pour tenir les pentes sous son feu.

C'était, par contre, aux ailes qu'on pouvait prévoir le danger et qu'on devait réunir toutes les réserves disponibles pour y préparer la défense active.

Le contraire va malheureusement se produire. L'aile gauche sera dégarnie; l'aile droite sera désorganisée par suite de la position trop avancée de la brigade Gislain; au centre, une partie des brigades Fœrster et Aynès, la brigade Pittié tout entière vont s'épuiser dans des retours offensifs honorables, sans doute, mais regrettables, parce qu'ils se produiront sur des pentes absolument découvertes, et qu'ils permettront à l'armée allemande de bénéficier des propriétés tactiques du terrain.

Déjà les batteries allemandes de la 16e division prenaient les devants. Barnekow avait quitté ses cantonnements à 8 heures; un escadron du 9e hussards, qui le précédait, était accueilli à Essigny par le feu de quelques isolés; on signalait au commandant de la 16e division le mouvement des troupes françaises sur la hauteur, leur présence sur la voie ferrée; il se décida donc pour l'attaque.

D'Essigny, le IIe bataillon du 29e (1) fut envoyé en flanc-garde le long de la voie ferrée et à gauche; le IIe bataillon du 69e, qui précédait la division, prit pour objectif la sucrerie de Grugies; derrière le 69e venaient deux bataillons (2) en ordre ployé et qui, dès leur appa-

---

(1) Moins la 7e compagnie.

(2) Les bataillons $\frac{\text{I, F}}{29}$.

rition, subirent de ce fait des pertes sérieuses. En avant, deux batteries (1) ouvraient le feu, l'une près de la cote 108, à droite de la route de Chauny, l'autre à droite de la voie ferrée (2).

Quant à la *32e* brigade et à la division de réserve, elles se rassemblaient, l'une au Nord d'Essigny, l'autre au Sud.

En enlevant Grugies dès le début de l'action, Barnekow se proposait donc de prendre à revers la brigade Gislain, de la rejeter sur la Somme, de couper le 22e corps.

Vers 10 heures, pendant que les premiers éléments de la *31e* brigade progressaient vers le 20e chasseurs, pendant que la brigade Pittié descendait des hauteurs de Tous-Vents pour marcher à l'ennemi dans la formation indiquée, la compagnie de gauche (3) du II⁰ bataillon du *29e* se laissait entraîner vers le détachement Hymmen, dont le Ier bataillon du *19e* essayait, après avoir échoué de front, d'avancer en appuyant vers Contescourt. Témoin de cette tentative, le colonel de Gislain fit rapprocher le 2e bataillon de Somme-et-Marne et porta l'une de ses compagnies en avant du village, trois autres entre les deux bataillons du 91e (4). Sa situation en pointe lui paraissant néanmoins précaire, il en fit l'observation au général Lecointe, qui venait d'arriver. Celui-ci le rassura, lui exposa les dispositions générales, mais sans le mettre au courant d'un événement qu'il ignorait lui-même, la blessure du général du Bessol. Le

---

(1) Les batteries $\frac{V, 5}{8}$.

(2) A 1500 mètres au Nord-Ouest de la Manufacture.

(3) 5e compagnie.

(4) Le 2e bataillon du 101e mobiles était commandé, le 19 janvier, par le capitaine d'Hauterive. La 3e compagnie fut envoyée en avant de Contescourt; les 1re, 2e et 4e entre les deux bataillons du 91e.

commandant de la 2ᵉ division se trouvait, en effet, vers 10 heures, devant l'infanterie de marine ; il établissait à la droite de la batterie Marx celle du capitaine Beauregard, impatiemment attendue, lorsqu'un éclat d'obus le jeta à bas de son cheval. Relevé par un aumônier, le père Sommervogel (1), il refusa de quitter le champ de bataille avant d'avoir remis le commandement au colonel Fœrster.

Son expérience allait d'autant plus manquer qu'un secours décisif se rapprochait du colonel Hymmen. A 10 h. 1/2 Gœben était à Roupy ; comprenant probablement que le détachement Bœcking, tel qu'il était placé, servait de trait d'union plutôt que de réserve générale à ses divisions, il garda un escadron et deux compagnies (2), envoya tout le reste par Grand-Séraucourt sur Contescourt, dépêcha enfin deux officiers à Barnekow et à Kummer pour se renseigner, et inviter la *15ᵉ* division à constituer une nouvelle réserve générale.

Sur ces entrefaites, les brigades Fœrster et Pittié forçaient la *31ᵉ* brigade à reculer devant elles.

Nous avons laissé le 20ᵉ chasseurs vers 10 heures, au moment où la brigade Pittié descendait les pentes, et où, du côté des Allemands, le IIᵉ bataillon du *69ᵉ* progressait à sa rencontre, avec deux compagnies du *29ᵉ*.

La compagnie de gauche du *69ᵉ* (3) traversa la première tranchée du chemin de fer, à 1500 mètres au Nord-Ouest de la Manufacture, se relia aux 6ᵉ et 8ᵉ compagnies du *29ᵉ* et les entraîna malgré un feu

---

(1) Relation du commandant Brunot. Le général du Bessol fut transporté à Grugies, puis à Saint-Quentin, à Bohain et à Lille, par train spécial.

(2) 1ᵉʳ escadron du *9ᵉ* hussards, compagnies $\frac{10, 11}{41}$.

(3) 8ᵉ compagnie.

violent (1) qui les arrêta bientôt à 600 mètres des Français ; mais elles reprirent leur élan, dépassèrent le remblai de la voie ferrée, qui est à 2 kilomètres à l'Est de Castres, couronnèrent même le plateau (2), pendant l'inaction momentanée du 20ᵉ chasseurs, dont les munitions s'épuisaient ; dès que celles-ci furent complétées, le commandant Hecquet reprit l'offensive ; à sa droite, trois compagnies du 43ᵉ (3) se jetèrent en flanc sur les trois compagnies allemandes (4) qu'elles fixèrent sur la voie ferrée, au Sud du remblai ; à la gauche du 20ᵉ chasseurs, le colonel Pittié fit renforcer la 3ᵉ compagnie du 17ᵉ chasseurs par la 5ᵉ, la 5ᵉ compagnie du 24ᵉ par la 4ᵉ, par le 2ᵉ bataillon tout entier, et refoula le IIᵉ bataillon du *69ᵉ* jusqu'au chemin d'Urvillers à Castres, puis jusqu'au Nord-Ouest de la Manufacture où se réfugiait la batterie $\frac{5}{8}$, prolongée par les batteries $\frac{6 \text{ et VI}}{8}$. Seule, la batterie $\frac{V}{8}$ se maintenait dans sa position première, en tirant parfois à mitraille sur les tirailleurs qui la serraient de trop près. Quant aux deux batteries de réserve $\left(\frac{I, II}{V}\right)$, elles continuaient à rester inactives entre Urvillers et Essigny, où le général de Barnekow les établissait avec les troupes du prince Albert, avec la brigade de cavalerie Strantz.

Il était environ 11 heures.

---

(1) A ce moment, le 20ᵉ chasseurs était déployé en entier des deux côtés de la voie ferrée ; à sa gauche, se tenait la 3ᵉ compagnie du 17ᵉ chasseurs, soutenue en arrière par la 5ᵉ ; puis venait, à gauche, la 5ᵉ compagnie du 2ᵉ bataillon du 24ᵉ.

(2) Entre la cote 103 et le déblai de la voie ferrée.

(3) 2ᵉ, 3ᵉ, 4ᵉ compagnies du 2ᵉ bataillon.

(4) $\frac{6, 8}{29}$, $\frac{8}{69}$.

Le général Derroja venait d'arriver. Entendant le canon, il avait fait prendre les armes à la brigade Aynès, rassemblé les batteries Bocquillon, Montebello, Gaigneau, dans le faubourg d'Isle, et y avait reçu l'ordre du général en chef de marcher sur le moulin de Tous-Vents. Le 67ᵉ de marche, le 2ᵉ chasseurs s'étaient alors avancés par la route de Chauny, pendant que la batterie Montebello prenait les devants et se plaçait entre la batterie Collignon et le moulin de Tous-Vents. De ce point, quelques officiers assistaient à la lutte que le lieutenant-colonel Patry (1) décrit ainsi : « Assez loin, vers le Sud, sur une hauteur, des batteries ennemies, qui faisaient rage sur les nôtres ; dans le bas-fond, deux lignes d'infanterie, séparées par 500 ou 600 mètres, remplissant d'une fumée blanchâtre et floconneuse le creux de terrain où elles ondulaient comme un rideau de moire. Sur notre droite, le crépitement d'une fusillade très serrée, indice d'un combat acharné ; sur notre gauche, rien encore. »

A la droite du 2ᵉ chasseurs, venait bientôt le 91ᵉ mobiles qui suivait la voie ferrée, après avoir déposé ses sacs à la gare. En arrière, arrivaient le 3ᵉ bataillon du 44ᵉ mobiles (2) puis, plus tard, les restes du 1ᵉʳ bataillon du 43ᵉ (3).

Vers Itancourt et Urvillers, sur la route de La Fère,

---

(1) Le lieutenant-colonel Patry commandait la 3ᵉ compagnie du 2ᵉ bataillon du 75ᵉ.

(2) Le 1ᵉʳ bataillon du 44ᵉ mobiles restait à la garde des bagages dans la ville de Saint-Quentin.

(3) Le commandant Perrier avait pris l'initiative de diriger les restes de son bataillon vers le faubourg d'Isle. (Rapport du commandant Perrier.) Ces troupes s'étaient séparées, comme on l'a vu, de la division du Bessol pendant le combat de la veille et s'étaient retirées à Saint-Quentin.

patrouillait le 1ᵉʳ escadron du 7ᵉ dragons, qu'appuyaient deux compagnies de mobilisés de l'Aisne, l'une à Neuville Saint-Amand, l'autre à Homblières, et deux compagnies de mobiles à Homblières (1).

Ces détachements entraient bientôt en contact avec l'avant-garde de la division de cavalerie saxonne (2).

En arrivant à l'Est de Cerizy, avant 8 heures du matin, le général de Lippe y avait reçu l'ordre du général de Barnekow d'attendre que la situation se fût précisée à Grand-Séraucourt. Il ne reprenait sa marche qu'à 10 heures, après avoir été renforcé par le IIᵉ bataillon du *86ᵉ*, débarqué dans la matinée à Tergnier. Son avant-garde (régiment de reîtres saxons, compagnies $\frac{1, 3}{12^e \text{ chasseurs}}$, deux pièces de la 2ᵉ batterie à cheval) refoulait les patrouilles françaises d'Itancourt, d'Urvillers, et prenait possession du Cornet-d'Or à 11 heures.

De 11 heures à 1 h. 1/2. — Témoin de cette offensive, le général Derroja garda le 1ᵉʳ bataillon du 43ᵉ, laissa le 1ᵉʳ du 65ᵉ et le 91ᵉ mobiles à proximité de Gauchy, et prescrivit au colonel Aynès de déployer le reste de sa brigade (1ᵉʳ et 2ᵉ bataillons du 75ᵉ, 2ᵉ chasseurs à pied) et le 3ᵉ bataillon du 44ᵉ mobiles du Pire-Aller jusqu'à la route de La Fère, en avançant vers le Raulieu (3). Avec quatre faibles bataillons, c'était une tâche au-dessus de ses forces.

Prolongeant le 75ᵉ, à droite, d'abord (4) par le

---

(1) La compagnie franche des mobilisés de l'Aisne s'était portée à Neuville-Saint-Amand. La 5ᵉ compagnie du 3ᵉ bataillon du 24ᵉ restait en grand'garde à 1 kilomètre du faubourg. A Homblières, se trouvaient la 2ᵉ compagnie franche des mobilisés de l'Aisne et peut-être un demi-bataillon du 46ᵉ *bis* de mobiles.
(2) Le régiment des reîtres saxons était seul armé de la carabine.
(3) Rapport du général Derroja.
(4) Journal de marche.

2ᵉ chasseurs, que précédait une compagnie, puis par le bataillon Poilpré (3ᵉ bataillon du 44ᵉ mobiles), qui descendait en bataille obliquement vers le Pontchu, le colonel Aynès marcha sur le Raulieu. Ce mouvement était soutenu par les batteries Bocquillon et Gaigneau, en action, vers 11 heures, entre la batterie Collignon et la route de La Fère (1).

De l'autre côté du vallon, l'artillerie de la division saxonne venait d'ouvrir le feu au Cornet-d'Or, et devant elle, sur les pentes, deux compagnies de chasseurs allemands $\left(\frac{1,\ 3}{12^{e}\ \text{chasseurs}}\right)$ marchaient aussi sur le Raulieu, dont elles occupaient les vergers, au moment où le 75ᵉ en prenait possession au Nord.

Les chasseurs allemands se replièrent alors sur le Pontchu, d'où ils tiraillèrent contre les mobiles.

Bientôt, les deux pièces du Cornet-d'Or étaient renforcées par la 1ʳᵉ batterie à cheval, par les trois autres pièces de la 2ᵉ batterie ; celles-ci, assaillies de front par les batteries qui secondaient la brigade Aynès, d'écharpe par celles du moulin de Tous-Vents, se reportèrent à l'Est, et contre le village d'Itancourt. Elles y préparèrent l'attaque de la Neuville-Saint-Amand, dont le colonel Aynès avait renforcé les défenseurs avec une compagnie du 1ᵉʳ bataillon du 75ᵉ. Gardant les quatre autres en réserve, avec la 2ᵉ compagnie *bis* du 2ᵉ génie, il avait envoyé deux compagnies (2) du 2ᵉ bataillon du 75ᵉ à la ferme qui est à l'Ouest de la Neuville, le reste du 75ᵉ au Raulieu.

---

(1) La batterie Bocquillon était un peu en arrière et à gauche de la batterie Collignon ; la batterie Gaigneau était un peu en arrière et à gauche de la batterie Bocquillon.

(2) 4ᵉ et 5ᵉ compagnies. Les documents concernant le 75ᵉ ne sont pas assez précis pour que l'exactitude de cette répartition puisse être affirmée.

Ce poste avantageux, formé de bâtiments importants, qu'entouraient d'épaisses haies ou des murs solides, dominait le ravin du Pontchu; aussi les mobiles du Gard, assez éprouvés par leur première rencontre avec les chasseurs allemands, s'étaient-ils embusqués aux abords, derrière des remblais formés par des betteraves entassées. A leur droite, le 2ᵉ chasseurs, toujours couvert par une compagnie, restait en soutien de la batterie Gaigneau.

C'est à midi et demi seulement que les Allemands reprirent l'offensive. Le IIᵉ bataillon du *86ᵉ* avait une compagnie déployée contre la Neuville $\left(\frac{7}{86}\right)$, deux autres en réserve $\left(\frac{5,8}{86}\right)$, la quatrième dans Itancourt $\left(\frac{6}{86}\right)$. Une compagnie de chasseurs marchait sur la ferme à l'Ouest de la Neuville, deux autres, suivies de la quatrième, prenaient le Raulieu pour objectif; en arrivant à 200 mètres des Français, une violente mousqueterie les rejeta sur le Pontchu et le petit bois à l'Est.

Mais le brave Aynès fut alors mortellement frappé d'une balle au front. Aussi modeste qu'instruit, aussi simple qu'héroïque, il était nécessaire à ses troupes; privées de son appui leur moral devait défaillir.

La compagnie du 75ᵉ, très isolée à la Neuville-Saint-Amand, n'avait d'ailleurs pas résisté à l'assaut qui se préparait, elle se retirait vers le faubourg d'Isle (1).

Se voyant tournés, les défenseurs du Raulieu se réfugièrent d'abord dans les bâtiments, où les chasseurs allemands, qui reprenaient l'offensive, les cernèrent, firent 100 prisonniers, et d'où ils rejetèrent le reste sur Saint-Quentin.

---

(1) Les Allemands disent avoir fait 40 prisonniers à la Neuville-Saint-Amand. (Major Kunz.)

Restaient les défenseurs de la ferme à l'Ouest de la Neuville. A leur tête se trouvait le capitaine Patry, qui donne un saisissant tableau de cet épisode (1), en même temps qu'un exemple des inconvénients que présente l'occupation des maisons isolées sous le feu de l'artillerie :

« Nos pertes, minimes jusqu'alors, devenaient de plus en plus sérieuses ; mon camarade Fernandez, qui commandait la 4ᵉ compagnie, est atteint d'un éclat d'obus à l'épaule ; son lieutenant est blessé au visage ; mon lieutenant fortement contusionné s'était déjà retiré ; la direction devenait difficile. Je faisais tous mes efforts pour rassurer les hommes que cet ouragan de fer et de feu commençait à apeurer. Je les suppliais de ne pas tirer, de conserver leurs cartouches pour résister à l'attaque de l'infanterie, qui ne pouvait tarder. Peine inutile ! Ils tiraient toujours sans rien voir ; répondre au bruit par le bruit leur procurait une satisfaction qui les occupait.

« Je vais jeter un coup d'œil sur mes tirailleurs du dehors ; ils ne souffrent pour ainsi dire pas de la canonnade qui passe par-dessus leurs têtes ; mais, au moment où je rentre dans la cour, un obus éclatant dans le hangar met le feu aux fourrages. En quelques minutes, le hangar est en feu, et l'incendie gagne les autres bâtiments. Alors les hommes perdent la tête ; ils abandonnent leurs postes et se précipitent, en désordre, vers la porte restée ouverte. Je les préviens pour tâcher de les arrêter, mais je suis vite débordé, et la course folle, échevelée, commence vers Saint-Quentin. »

Cette débandade fut accélérée par trois pièces de la 2ᵉ batterie à cheval, postées à la sortie Ouest de la

---

(1) *La guerre telle qu'elle est.*

Neuville, et par une compagnie du *86*ᵉ; mais, à leur tour, les assaillants reculèrent; les pièces retraversèrent même la vallée : car, résistant à la contagion de la fuite, le 2ᵉ chasseurs couvrait toujours la batterie du lieutenant de vaisseau Gaigneau, dont le feu d'écharpe était fortifié par une section du capitaine Bocquillon.

Peu après, les reîtres saxons escortèrent deux pièces de la 2ᵉ batterie à cheval, entre le Raulieu et Saint-Quentin; prises en flanc par l'artillerie française, de front par un retour offensif que le commandant Tramond dirigeait du faubourg d'Isle avec les débris du 75ᵉ, ils regagnèrent le Pontchu.

En résumé, à 1 h. 1/2, les batteries Gaigneau et Bocquillon, couvertes par le 2ᵉ chasseurs, occupaient toujours les mêmes positions (1). Le commandant Tramond tenait les faubourgs, en particulier la ferme Saint-Lazare, avec quelques gardes mobiles du Gard, et les restes du 75ᵉ. Devant lui, une compagnie du *86*ᵉ allemand était au Mesnil, trois autres gardaient la Neuville-Saint-Amand; à leur gauche le *12*ᵉ chasseurs était au Raulieu; les reîtres entouraient le Pontchu avec deux pièces, précédant le reste de la division saxonne retirée au Nouveau-Monde.

Considérant ses forces comme insuffisantes, le général de Lippe attendait.

Son intervention n'avait guère soulagé la division Barnekow, dont la situation restait incertaine.

De ce côté, se trouvaient, vers 11 h. 1/2, le 2ᵉ bataillon du 24ᵉ déployé en entier, le 17ᵉ chasseurs, que précédaient deux compagnies (3ᵉ et 5ᵉ), le 20ᵉ chasseurs, engagé en avant des batteries Marx et Beauregard (2),

---

(1) Rapports du général Derroja et des chefs de batteries.
(2) Le 20ᵉ chasseurs était alors en entier à l'Ouest de la voie ferrée. (Journal de marche.)

enfin trois compagnies du 43ᵉ, à l'heure où, maîtres du plateau qui s'étend de Giffécourt à la cote 108, ils poursuivaient de leurs feux les débris du IIᵉ bataillon du *69ᵉ*.

Au IIᵉ bataillon du *29ᵉ*, la 5ᵉ compagnie était toujours engagée contre Contescourt, la 6ᵉ se tenait sur la voie ferrée au Nord-Ouest d'Essigny, la 8ᵉ s'abritait plus au Nord, sous le pont de la voie ferrée. Le moment semblait donc venu pour les Allemands d'engager de nouveaux renforts. En première ligne s'avança le Iᵉʳ bataillon du *29ᵉ*, dont deux compagnies se déployèrent (1ʳᵉ et 4ᵉ) à droite du chemin de fer; deux autres (2ᵉ et 3ᵉ) suivaient, soutenues elles-mêmes par deux compagnies de fusiliers (9ᵉ et 10ᵉ) du même régiment.

La *32ᵉ* brigade s'arrêtait au Nord d'Essigny, des deux côtés de la chaussée.

Sans attendre leurs adversaires, les chasseurs du 17ᵉ s'élancèrent à la baïonnette, et dispersèrent presque complètement la 1ʳᵉ compagnie du *29ᵉ*, dont 4 officiers et 44 hommes furent tués, pris ou blessés.

La 4ᵉ compagnie du *29ᵉ* appuie alors contre la voie ferrée pour se grouper avec la 8ᵉ; elles sont rejointes sous le pont, ou aux alentours, par les 2ᵉ et 3ᵉ; mais prises en flanc par le 20ᵉ chasseurs et par le 43ᵉ, elles sont immobilisées.

Une partie de la 2ᵉ compagnie du *29ᵉ* couronne néanmoins le plateau, où elle se maintient avec les 9ᵉ et 10ᵉ qui poursuivent de leurs feux le 24ᵉ de ligne, le 17ᵉ chasseurs, repoussés à leur tour dans le vallon le Pontchu-Grugies.

Pendant que la fusillade continue entre Français et Allemands embusqués dans les haies, derrière les abris de la voie ferrée, et en avant de la sucrerie, le général Derroja profite du temps d'arrêt; il appelle le 1ᵉʳ bataillon du 65ᵉ à la place du 17ᵉ chasseurs, dont quatre compagnies sont alors envoyées, avec le 1ᵉʳ bataillon du

Nord, au colonel Fœrster pour répondre à de pressantes demandes de renfort (1).

Il était environ midi; à cette heure, les hauteurs de la ferme Patte tombaient au pouvoir des Allemands.

On sait, en effet, que le détachement Bœcking (*41ᵉ* régiment, moins deux compagnies restées avec le général de Gœben, batteries $\frac{3, \text{III}}{1}$, deux escadrons du 2ᵉ uhlans de la Garde) était parti pour Contescourt à 10 h. 1/2. Prenant les devants avec la cavalerie, son chef avait trouvé le bataillon $\frac{\text{I}}{19}$ aux prises avec la brigade Gislain, et s'était rendu compte des dispositions à prendre. Aussi, à 11 h. 1/2, les batteries $\frac{3, \text{III}}{1}$ purent-elles accabler la batterie Chastang en ouvrant le feu à côté de celle du Vᵉ corps (2). Quelques instants plus tard, deux compagnies du Iᵉʳ bataillon du *41ᵉ* $\left(\frac{2, 3}{41}\right)$ marchaient sur Contescourt, deux autres $\left(\frac{1, 4}{41}\right)$ sur la ferme Patte, le IIᵉ bataillon suivait, enfin les deux compagnies du bataillon de fusiliers $\left(\frac{9, 12}{41}\right)$ venaient en troisième ligne, aussi sur Contescourt (3).

A la vue de cette avalanche, le général Lecointe, qu'accompagnait toujours le colonel de Gislain, fit

---

(1) Ce renfort était demandé par le général Lecointe. (Rapports du général Derroja et du colonel Fœrster.)

(2) Le capitaine Chastang était blessé.

(3) Les compagnies $\frac{10, 11}{41}$ avaient été retenues par le général de Gœben. Le Iᵉʳ bataillon du *19ᵉ* et la compagnie $\frac{5}{29}$ prenaient aussi part à l'attaque; celle-ci rejoignait ensuite son bataillon.

demander (1) au colonel Fœrster de le renforcer, pour lui permettre de se dégager; il prit en même temps une décision bien tardive, celle de retirer sa droite sur les hauteurs de Giffécourt. La batterie Chastang y fut établie près du moulin; et en avant, sur la crête, le capitaine Pichat déployait deux compagnies du 18ᵉ chasseurs (2), conservant les trois autres en réserve; à la droite du 18ᵉ chasseurs, le 3ᵉ bataillon de Somme-et-Marne tenait avec deux compagnies la partie Sud du village, que protégeaient, en avant, les trois premières compagnies, portées jusqu'à Castres et à l'Écluse.

« Ordre fut donné (3), en même temps, aux commandants des tirailleurs et des réserves, engagés au Sud de Contescourt, de se retirer lentement en défendant le terrain pied à pied; de traverser la vallée et de se rallier derrière les bataillons déjà établis sur les hauteurs de Giffécourt. »

Cette retraite commençait au moment où le colonel Fœrster invitait le commandant Brunot (4), à renforcer la brigade Gislain.

Son bataillon d'infanterie de marine était, on le sait, au Sud de Grugies, derrière les batteries; il détacha la

---

(1) Rapports des colonels Fœrster et de Gislain. Le colonel Fœrster dit, dans son rapport, que cette demande de renforts lui parvint à midi.

(2) La 3ᵉ compagnie avait sa gauche au chemin de Grugies à Séraucourt; la 4ᵉ compagnie s'étendait presque perpendiculairement à la 3ᵉ, jusqu'à Giffécourt; les 2ᵉ, 5ᵉ, 6ᵉ restaient en colonnes de pelotons derrière la 3ᵉ; la 7ᵉ avait appuyé à gauche pour se joindre au 20ᵉ chasseurs. (Journal de marche.)

(3) Rapport du colonel de Gislain.

(4) Le commandant Brunot dit, dans sa Relation, qu'il se dirigea vers la ferme Patte à 11 heures environ; l'appréciation du colonel Fœrster, qui indique midi, paraît plus exacte. Le commandant Brunot ajoute que l'effectif de son bataillon était réduit à 460 hommes.

compagnie H à la gauche du 18ᵉ chasseurs (1), déploya les compagnies I, J et, suivi des deux autres, marcha, aux sons de la charge, sur les hauteurs de la ferme Patte, que le 91ᵉ, et les mobiles de Somme-et-Marne, avaient déjà abandonnées pour refluer sur Contescourt et sur Castres; acharnées à leur poursuite, les deux compagnies de droite du *41ᵉ* (2) redescendaient également vers l'Ouest; aussi, en arrivant sur les crêtes, l'infanterie de marine ne trouvait-elle plus devant elle que les réserves allemandes, à 300 mètres, au Sud de la ferme Patte.

Mais le combat se poursuivait à Contescourt et à Castres, où les quatre compagnies du *41ᵉ* (Iᵉʳ bataillon), soutenues par les fusiliers (9ᵉ et 12ᵉ compagnies), faisaient refluer devant elles les mobiles, le 91ᵉ, bientôt confondus dans une course désordonnée vers Giffécourt (3).

Témoin de cette débandade, fusillé de front et de flanc, le commandant Brunot se retira vers Grugies avec les compagnies I, J. Accompagnée à droite par la compagnie K, la compagnie L se dirigea vers le petit bois au Sud-Est de Giffécourt.

Il était 1 heure 1/2.

Du côté des Allemands, le Iᵉʳ bataillon du *19ᵉ* passait en réserve (4); deux compagnies du *41ᵉ* (1ʳᵉ et 4ᵉ) se plaçaient, en avant de la ferme Patte, des deux côtés du chemin de Contescourt à Grugies; le IIᵉ bataillon du *41ᵉ*

---

(1) L'ordre en avait été transmis par un officier d'état-major. (Relation du commandant Brunot.)

(2) Le major Kunz prétend, d'après les Historiques, que les Allemands firent 300 prisonniers à la ferme Patte ou aux abords; d'autre part, la Relation du commandant Brunot affirme que, lorsqu'il arriva sur la hauteur, la ferme Patte était évacuée par les Allemands.

(3) Les Allemands firent 300 prisonniers à Contescourt et à Castres.

(4) Ce bataillon, composé de Polonais, avait perdu 285 hommes sur 820. (Major Kunz.)

les suivait; quatre compagnies $\left(\dfrac{2^e, 3^e, 9^e, 12^e}{41}\right)$ occupaient les lisières de Castres.

Derrière cette infanterie, les trois batteries de Bœcking et de Hymmen entraient en action à la cote 103; elles y étaient renforcées par les deux batteries lourdes du Ve corps qu'escortaient deux compagnies $\left(\dfrac{7^e, 8^e}{19}\right)$ de la division de réserve. Les troupes du prince Albert venaient, en effet, d'être rappelées au Nord-Ouest d'Essigny, pour couvrir la *31e* brigade, rassemblée après un nouvel échec.

Elle était aux prises, comme on l'a déjà vu, vers midi, avec les brigades Pittié et Fœrster.

Le long de la voie ferrée, cinq compagnies (1) faisaient face au 20e chasseurs et au 43e; à leur droite, une partie de la 2e compagnie, les 9e et 10e du *29e* tenaient la hauteur à l'Est de la tranchée, que le 17e chasseurs avait abandonnée pour se rassembler. En attendant que le 65e eût fait sentir son action sur la voie ferrée, le colonel Pittié avait déployé les 2e et 3e bataillons du Nord, l'un à droite du 2e bataillon du 24e, l'autre à gauche. Deux efforts successifs se produisirent alors, à une demi-heure d'intervalle. Tous deux s'arrêtèrent à 50 mètres des tirailleurs prussiens, embusqués derrière la crête et que protégeait à droite la batterie $\dfrac{V}{8}$, renforcée depuis un instant par la batterie $\dfrac{VI}{8}$. Comprenant néanmoins qu'il se maintiendrait difficilement sans engager la *32e* brigade, le général de Barnekow avait donné l'ordre, vers midi, à la batterie $\dfrac{6}{8}$ de rejoindre la

---

(1) $\dfrac{2, 3, 4, 8}{29}$, $\dfrac{8}{69}$.

batterie $\frac{V}{8}$ vers la cote 108, à deux compagnies du 70e (3e et 4e), de secourir le 29e sur sa droite, pendant que deux compagnies du 40e (10e et 11e) renforceraient le groupe établi, à gauche, autour du pont de la voie ferrée.

A cette heure, le 65e prenait déjà pied sur le remblai, repoussait les Allemands, puis reculait à son tour devant les deux compagnies du 40e.

Mais le mouvement du 65e n'avait pas été isolé; derrière lui venait le 7e bataillon du Pas-de-Calais (1), que prolongeait à gauche le 6e. Ce dernier déployait trois compagnies entre le 46e mobiles et le 24e de ligne à droite.

L'attaque est reprise; le 29e (2e, 3e, 4e, 9e et 10e compagnies), le 70e (3e et 4e compagnies) sont chassés du plateau; tous ces groupes confondus, mêlés, se rallient maintenant à l'Ouest d'Essigny, sous la protection de quatre compagnies restées sur la voie ferrée (2); ils conservent comme dernière réserve intacte deux compagnies de fusiliers du 29e (11e et 12e).

Ce mouvement de recul s'était communiqué à la batterie $\frac{5}{8}$ qui perdait deux officiers, 29 hommes; elle s'abritait derrière la route d'Essigny à Saint-Quentin, pendant que les autres, protégées, sur leur droite, par la division Lippe, en arrière par la brigade de cavalerie de réserve et le 9e hussards, restaient toujours à la cote 108.

---

(1) Le 5e bataillon du Pas-de-Calais était alors en réserve en arrière des batteries, sur la route de Chauny, à droite du 1er bataillon du 43e et du 2e chasseurs à pied. (Journal de marche.)

(2) $\frac{8}{29}$, $\frac{8}{69}$, $\frac{10, 11}{40}$.

De 1 h. 1/2 à 4 heures. — Bien que le général de Barnekow eût encore à sa disposition non seulement les troupes du prince Albert, appelées au Nord-Ouest d'Essigny, mais encore la plus grande partie de la *32⁰* brigade, le combat était si violent à gauche, et si menaçant devant lui, qu'il n'eut pas l'idée de déborder l'aile gauche du 22ᵉ corps, en soutenant la division Lippe, dont il apprenait bientôt le succès.

Il continua donc à engager successivement ses bataillons sur l'étroit espace où sa division s'épuisait, depuis quatre heures, en efforts impuissants.

Le IIᵉ bataillon du *40⁰* s'avance d'abord sous une grêle de balles ; deux compagnies déployées progressent néanmoins, prennent même pied sur le plateau, s'accrochent à la voie ferrée et repoussent les mobiles du Nord et le 65ᵉ.

Le colonel Pittié fait alors avancer la 2ᵉ compagnie du 1ᵉʳ bataillon du 24ᵉ encore en réserve, reporte toute sa brigade en avant et couronne le plateau.

A sa droite, combattent toujours le 20ᵉ chasseurs, le 43ᵉ, puis deux compagnies du 2ᵉ bataillon du 44ᵉ mobiles, jusqu'alors en réserve ; ensuite viennent les compagnies I, J (1), K, la compagnie L avec le 18ᵉ chasseurs, et plus loin enfin le 3ᵉ bataillon de Somme-et-Marne, dans les formations précédemment indiquées.

Giffécourt est traversé par les débris du 101ᵉ mobiles, du 91ᵉ de ligne ; le 1ᵉʳ bataillon du Nord est en entier à Grugies ; à Gauchy arrive le 17ᵉ chasseurs. Mais les 30 pièces allemandes de la ferme Patte écrasent d'abord la batterie Chastang, la forcent à reculer jusqu'à Grugies, où le commandant Zédé la place entre le village et

---

(1) Une fraction de la compagnie J était en avant de Grugies. La compagnie H s'était retirée jusqu'à l'Est de Grugies, en suivant la voie ferrée. (Relation du commandant Brunot.)

le chemin de fer ; les chasseurs, qui entourent le moulin de Giffécourt, sont à leur tour balayés et rejoignent la batterie Chastang ; quant au 3ᵉ bataillon du 101ᵉ, il se rallie devant Grugies pour traverser ensuite la voie ferrée, et se diriger en arrière du moulin à Tous-Vents.

Arrivent, sur ces entrefaites, le général Farre et le général Lecointe (1) ; ils donnent l'ordre au commandant Brunot de rallier son bataillon au Sud de Grugies.

Tous ces corps ont vaillamment combattu ; ils ont repoussé trois fois les Allemands, qui débouchaient de Castres ; mais la pluie de projectiles des 30 pièces de la ferme Patte a mis fin à la résistance ; maintenant, dans Giffécourt, ne restent plus que des mobiles, des fantassins isolés, et contre eux s'avancent les quatre compagnies prussiennes qui tenaient Castres $\left(\frac{2,3,9,12}{41}\right)$, suivies de deux compagnies du IIᵉ bataillon du 41e (6ᵉ et 7ᵉ) ; à leur droite, une autre (4ᵉ) prend Grugies pour direction ; le reste du IIᵉ bataillon (5ᵉ et 8ᵉ) prolonge la ligne pour atteindre la sucrerie (2).

Il est 2 h. 1/2 ; ici, la décision se prépare ; mais, au centre, la brigade Pittié lutte et menace encore.

A 2 heures, les fusiliers du 70ᵉ (3), qui n'avaient pas été engagés, tentaient un nouvel effort sur le plateau. Deux compagnies en première ligne, à l'Est de la

---

(1) Relation du commandant Brunot.

(2) La compagnie $\frac{1}{41}$ restait en soutien de l'artillerie. Les deux compagnies $\frac{10,11}{41}$, restées précédemment avec le général de Gœben, arrivaient aussi à l'Est de Castres. (Major Kunz.)

(3) Le bataillon $\frac{F}{70}$ tout entier ; l'ouvrage du Grand État-Major prussien indique les compagnies $\frac{3,4}{70}$ comme ayant pris part à cette attaque, mais le major Kunz considère cette participation comme douteuse.

chaussée, la traversent, dépassent les batteries, enlèvent le mamelon, où les arrête le feu des Français embusqués derrière des amas de fumier ou de betteraves.

Pour tenir tête aux vigoureuses contre-attaques partielles que la brigade Pittié tente à cinq reprises, le général de Barnekow fait encore avancer, à 2 h. 1/2, deux compagnies du *40ᵉ* (1), mais sans parvenir à progresser.

Sur ces entrefaites, le colonel de Bœcking continuait à pousser ses troupes; il occupait Giffécourt sans effort et illuminait la hauteur, au Sud-Est, du feu puissant de ses trente bouches à feu. Leur objectif était la sucrerie, que flanquait à droite l'infanterie de marine, rassemblée en partie derrière les talus de Grugies; dans les bâtiments refluaient le 20ᵉ chasseurs et la 7ᵉ compagnie du 18ᵉ chasseurs, couvrant ainsi les batteries Beauregard et Marx, dont l'une traversait la voie ferrée à Gauchy, pour s'établir à hauteur de la batterie Collignon, tandis que l'autre s'arrêtait près de la batterie Chastang.

Ici, c'était la présence du commandant Zédé, qui marquait un temps d'arrêt dans la retraite commencée; plus loin, derrière le moulin de Tous-Vents, c'était l'énergie du colonel de Gislain, qui réunissait encore le 2ᵉ bataillon du 91ᵉ, le 3ᵉ du 101ᵉ mobiles, le 18ᵉ chasseurs.

Le reste du 91ᵉ était à Gauchy, que protégeait, en avant, à Grugies, le 17ᵉ chasseurs, le 1ᵉʳ bataillon du Nord, et le capitaine Grimaud avec ses sapeurs. Mais déjà la confusion était grande, car à toutes les causes de démoralisation s'ajoutait la vue des progrès incessants de l'ennemi sur la rive droite de la Somme.

Presque en même temps, vers 3 h. 1/4, Grugies et la sucrerie (2) tombaient aux mains des Allemands.

---

(1) Compagnies $\frac{9, 12}{40}$.

(2) Les Allemands firent de nombreux prisonniers. A Grugies, ils

A Grugies, les cinq compagnies (1) du *41ᵉ*, qui formaient la gauche de Bœcking, trouvèrent peu de résistance ; la sucrerie aussi venait d'être abandonnée.

Les 2ᵉ, 3ᵉ, 5ᵉ compagnies du 20ᵉ chasseurs (2), le 43ᵉ, les mobiles du 44ᵉ, en retraite vers Saint-Quentin, suivaient la voie ferrée. L'infanterie de marine arrivait en arrière, au pas gymnastique (3), car aux rafales de l'artillerie s'ajoutaient les feux des deux compagnies du *41ᵉ* (4), qui descendaient de la cote 103 et ceux des huit compagnies du *29ᵉ*, du *60ᵉ*, du *40ᵉ*, qui reprenaient l'offensive des deux côtés du remblai (5).

Quelques instants plus tôt, Barnekow avait enfin réussi.

Dès qu'il eut vu l'effet produit par les batteries de Bœcking, il engagea ses dernières réserves. Appelant les deux bataillons du prince Albert (6), qui lui restaient, trois bataillons reformés de la 31ᵉ brigade (7), il prescrivit au colonel de Hertzberg, que suivait le 9ᵉ hussards, de reprendre l'attaque en première ligne, des deux côtés de la chaussée de Chauny, avec les huit

---

enlevèrent 20 officiers et 330 hommes (major Kunz), parmi lesquels une partie de la compagnie L d'infanterie de marine.

(1) 2ᵉ, 3ᵉ, 4ᵉ, 9ᵉ, 12ᵉ compagnies ; elles se rassemblèrent à Grugies avec les 1ʳᵉ, 6ᵉ, 7ᵉ compagnies, qui suivaient.

(2) Les 1ʳᵉ et 4ᵉ compagnies du 20ᵉ chasseurs avaient traversé Grugies, mais se rallièrent au bataillon à la sortie du village. (Journal de marche.)

(3) Relation du commandant Brunot.

(4) 5ᵉ et 8ᵉ compagnies.

(5) Compagnies $\frac{1/2\ 2,\ 5,\ 6,\ 8}{29}$, $\frac{8,\ 1/3\ 5}{69}$, $\frac{10,\ 11}{40}$. (Major Kunz et *Historique du Grand État-Major prussien.*)

(6) $\frac{I}{81}$, $\frac{F}{19}$, $\frac{5}{19}$.

(7) $\frac{I, F}{29}$, $\frac{5,\ 6,\ 7}{69}$.

compagnies du *40ᵉ* et du *70ᵉ* (1); un bataillon du *40ᵉ* (2) suivrait, pendant que la brigade Strantz agirait de flanc sur la gauche des Français.

A cette charge de cavalerie ne prirent part, en réalité, que deux escadrons de dragons de réserve (3), car les hussards de réserve se contentèrent de suivre à distance, et le *9ᵉ* hussards resta derrière l'infanterie.

Les deux escadrons de dragons dépassent donc au trot les tirailleurs du *40ᵉ*, les batteries, et se précipitent sur la gauche des mobiles du 46ᵉ, sur ceux du Pas-de-Calais, sur le 24ᵉ, déployés à mi-côte, au Sud du ravin le Pontchu-Grugies. Quelques groupes sont sabrés, mais d'autres sont rassemblés par les lieutenants-colonels de Laprade, Fovel, Cottin, et leur feu suffit pour les dégager (4). L'effet moral de la charge vient néanmoins s'ajouter aux attaques de l'infanterie, à la marche ininterrompue de la gauche allemande, car la brigade Pittié se retire lentement, avant 4 heures, jusqu'aux hauteurs de Tous-Vents (5).

Après avoir dépêché un officier au général en chef, le général Lecointe revint alors à Saint-Quentin pour y organiser la retraite.

Deux pièces de la batterie Belvalette envoyées de la rive droite (6) venaient de s'établir à l'Est de la route

---

(1) $\frac{F}{70}$, $\frac{9, 12}{40}$, $\frac{3, 4}{70}$.

(2) $\frac{I}{40}$.

(3) Major Kunz. Les autres escadrons de dragons étaient détachés aux escortes, etc.

(4) Les dragons ne perdirent, d'après leur Historique, que 6 hommes et 22 chevaux.

(5) Les Allemands prétendent avoir pris 10 officiers et 440 hommes sur cette partie du champ de bataille.

(6) Le rapport du lieutenant Delalé dit que cette section fut en-

de La Fère et du faubourg d'Isle (1). Cinq barricades principales, élevées avec des balles de coton, avec des matériaux de toutes sortes, barraient les faubourgs. Les deux premières avaient été établies, par ordre du général en chef, au faubourg Saint-Martin, et au Nord du pont sur le canal et de la gare ; elles étaient armées, chacune, de deux pièces de montagne, détachées, dans la matinée, de la colonne Isnard (2). Les trois autres barricades, construites par ordre du général Derroja, se trouvaient, l'une d'elles près des dernières maisons sur la route de La Fère, les deux autres au carrefour des routes de Soissons et de La Fère.

Tous ces obstacles s'ajoutaient aux inextricables embarras causés par les voitures enchevêtrées, au désordre d'une retraite commencée spontanément, sans que des ordres précis eussent été donnés pour les directions à suivre.

Des hauteurs de Tous-Vents, le colonel Pittié envoyait deux compagnies du 24ᵉ (3) vers Grugies, pour protéger la retraite des batteries Marx et Chastang, en ralentissant trois compagnies du *41ᵉ* (4), dirigées vers Gauchy. Dès que ce village fut abandonné par les Français, un

---

voyée par ordre du commandant Bodin, chef d'état-major du colonel Charon.

(1) Vers la cote 97.

(2) Le rapport du lieutenant Wishoffe dit que ces pièces furent détachées par ordre du capitaine Bournazel, de l'état-major du colonel Charon ; deux de ces pièces étaient en avant de la barricade du faubourg Saint-Martin, battant la route de Ham ; deux autres à la barricade qui barrait le pont, au faubourg d'Isle. Les servants avaient reçu l'ordre de tirer jusqu'au dernier moment. (*Souvenirs* de M. Eck, directeur du musée, témoin oculaire, et rapport du maréchal des logis commandant ces quatre pièces.)

(3) 3ᵉ et 4ᵉ compagnies du 1ᵉʳ bataillon ; ces compagnies n'avaient pas encore été engagées.

(4) 4ᵉ, 9ᵉ, 12ᵉ compagnies.

groupe de fantassins allemands (1) prit pour objectif Rocourt, pour se réunir au *8ᵉ* chasseurs après avoir traversé le canal.

Les *41ᵉ*, *19ᵉ*, *29ᵉ*, *40ᵉ*, *69ᵉ* régiments mêlés, confondus, s'avançaient de toutes parts, au son des fifres, des tambours, refoulant devant eux les débris du 22ᵉ corps.

Derrière le *41ᵉ* venait le 1ᵉʳ bataillon du *19ᵉ*. Sur Grugies s'avançaient en réserve les trois échelons de la division du prince Albert : d'abord quatre compagnies du Iᵉʳ bataillon du *81ᵉ*, puis la 5ᵉ compagnie du *19ᵉ*, enfin, les fusiliers du *19ᵉ*.

Sur les hauteurs de Raulieu, le général de Lippe sortait de son inaction ; ses deux régiments de uhlans arrivaient avec neuf pièces à la Neuville-Saint-Amand ; les reitres suivaient la grande route avec deux pièces ; mais ces masses rétrogradaient aussitôt sous la pluie de projectiles qui leur venait de Tous-Vents. Seul, le bataillon du *86ᵉ* (2) continuait sur Saint-Lazare. Les batteries Bocquillon et Gaigneau, ramenées en arrière, sur la route de Chauny, étaient alors protégées par le capitaine Sambuc, blessé deux fois en déployant sa compagnie (3), par le 2ᵉ chasseurs que prolongeait à droite, le 1ᵉʳ bataillon du 43ᵉ, puis le 5ᵉ du Pas-de-Calais.

Au centre, la brigade Pittié reculait aussi. Les artilleurs amenaient les avant-trains et descendaient vers la ville, escortés par deux compagnies du 24ᵉ (4). Une autre compagnie de ce régiment (5) tenait la voie ferrée.

---

(1) Compagnies $\frac{6, 7}{41}$.

(2) Avec deux compagnies, déployées à droite et à gauche de la route.

(3) 2ᵉ compagnie *bis* du 2ᵉ génie.

(4) 1ʳᵉ et 5ᵉ compagnies du 1ᵉʳ bataillon.

(5) 2ᵉ du 1ᵉʳ bataillon. Les zouaves éclaireurs se tenaient aussi de ce côté.

Des feux bien dirigés, partis de là, et du moulin de Tous-Vents, dispersaient trois escadrons du 9ᵉ hussards qui faisaient mine de charger.

En arrière et à droite, le 17ᵉ chasseurs, réduit à 300 hommes, cédait aussi pas à pas, non loin du 20ᵉ, en bon ordre et au complet, et des batteries Chastang, Marx, qu'entouraient 50 ou 60 hommes de la compagnie J. Toutes ces fractions obéissaient au colonel Fœrster et au commandant Zédé.

Plus près du faubourg, l'infanterie de marine, et des isolés du 91ᵉ, cheminaient sur la voie ferrée (1); le colonel de Gislain enfin, entre la voie ferrée et le canal, dirigeait des fractions du 91ᵉ (2), du 101ᵉ mobile (3), du 18ᵉ chasseurs, et en imposait à un escadron du 2ᵉ uhlans de la Garde.

De temps en temps, ces groupes s'arrêtaient, faisaient feu, repartaient, protégeant ainsi la cohue des fuyards qui s'entassaient dans la ville.

La nuit étendait heureusement ses voiles sur cette confusion, car cinq batteries allemandes s'établissaient successivement au Sud de la Biette (4) et au Sud-Ouest de Saint-Lazare (5).

Il était 5 heures. Le colonel de Gislain se rappelait avoir entendu dire dans la journée au commandant Zédé, que le général en chef voulait une lutte acharnée, prolongée jusqu'aux extrêmes limites, qu'il n'était pas ques-

---

(1) La compagnie H rejoignait son bataillon à la gare. (Relation du commandant Brunot.)

(2) La 5ᵉ compagnie du 2ᵉ bataillon et une section de la 4ᵉ formaient arrière-garde.

(3) 1ᵉʳ et 3ᵉ bataillons.

(4) La batterie $\frac{III}{1}$ et trois batteries du Vᵉ corps.

(5) La batterie $\frac{5}{8}$.

tion de retraite, mais qu'on prendrait éventuellement la direction de Cambrai (1). Il traversa donc la ville, où le général Faidherbe se tenait sur la grande place (2), et atteignit le Catelet, à 11 heures du soir, avec le 2ᵉ bataillon du 91ᵉ, les 2ᵉ et 3ᵉ du 101ᵉ mobiles, le 1ᵉʳ bataillon du 65ᵉ, le 18ᵉ chasseurs (3).

En continuant à suivre la voie ferrée, l'infanterie de marine, le 1ᵉʳ bataillon du 91ᵉ, des mobiles du Gard, dépassèrent la gare, remontèrent jusqu'à Essigny-le-Petit, d'où un train les ramena à Cambrai.

Le colonel Fœrster, le commandant Zédé comptaient aussi se retirer sur Cambrai, en évitant de traverser Saint-Quentin (4) ; ils groupèrent les batteries Chastang, Marx, Beauregard, le 20ᵉ chasseurs, une partie de la compagnie J et du 18ᵉ chasseurs, le 2ᵉ bataillon du 43ᵉ, quelques mobiles du Gard, des isolés du 91ᵉ, 2,000 ou 3,000 hommes en tout, traversèrent Harly, Rouvroy, Morcourt, Remaucourt, et s'arrêtèrent entre Bohain et le Cateau (5).

Des isolés avec deux batteries, celle du lieutenant de vaisseau Gaigneau, et probablement celle du capitaine Bocquillon (6), s'écartèrent un peu de cette direction, en imposèrent à la division de cavalerie saxonne réunie à la Neuville (7), poussèrent à la faveur de la nuit jusqu'à Homblières et revinrent à Bohain par Fonsomme et Essigny (8).

---

(1) *Souvenirs* du général de Gislain.
(2) Journal de marche du 101ᵉ mobiles.
(3) 2ᵉ, 5ᵉ, 7ᵉ compagnies.
(4) Rapport du colonel Fœrster, rédigé par le commandant Zédé.
(5) Le 20ᵉ chasseurs se rendit à Haucourt. (Journal de marche.)
(6) Il est probable que les deux pièces de la batterie Belvalette, en action à gauche de la route de La Fère, prirent aussi cette direction.
(7) Major Kunz.
(8) *Souvenirs* de M. Eck, conservateur du musée Lécuyer, et de M. Lemaire, maire du Catelet, témoins oculaires.

Seul, le général Derroja groupa, à peu près, sa division au Nord du Canal avant de l'engager sur la route du Cateau. Resté ensuite près de la gare, il se prodiguait derrière les barricades en y rassemblant quelques isolés ; le commandant Richard, aide de camp du général Faidherbe, le secondait aussi, comme tant d'autres, mais les événements se précipitaient en dominant ces efforts et ces volontés.

Au Sud de Saint-Quentin, la fusillade se rapprochait en effet de plus en plus, car le IIIe bataillon du *19e* régiment, deux compagnies du *86e*, venues par la route de La Fère, débordaient la ferme Saint-Lazare.

Le Ier bataillon du *81e* et deux compagnies du *19e* (1) n'avaient pas dépassé la Biette, mais quatre compagnies du *41e* et du *81e* (2) occupaient la gare, d'où ils fusillaient les dernières fractions de la 1re division, le 46e mobiles, le 2e chasseurs.

Le général Derroja fit alors éteindre les réverbères, improviser rapidement de nouveaux obstacles et, à la lueur des incendies, regagna ses troupes auxquelles s'étaient joints le 1er bataillon du 43e, réduit à 7 officiers et 143 hommes ; 700 mobiles du Gard, dont plus de 100 marchaient pieds nus (3) ; le bataillon Huré, de Somme-et-Marne ; 50 ou 60 hommes de l'infanterie de marine.

Aussi, lorsque le général en chef s'aboucha, comme il le dit lui-même, avec le général Lecointe, pour adopter les routes de Cambrai et du Cateau comme lignes de retraite, il se bornait à approuver un fait accompli.

Dans toutes les directions, les hommes marchaient pêle-mêle, tenant toute la largeur de la route ; beaucoup

---

(1) 5e et 9e compagnies du *19e*.

(2) Les compagnies $\frac{3}{81}$ et $\frac{4, 9, 12}{41}$.

(3) Le lieutenant-colonel Lemaire et le bataillon Dô faisaient partie de ce groupe. (Journal de marche.)

tombaient épuisés, s'égaraient dans les fermes, dans les hameaux; ainsi le 91e mobiles ne comptait plus qu'une quarantaine d'hommes et quelques officiers en arrivant à Bohain; le 17e chasseurs n'atteignit pas cette localité; le 44e mobiles, réduit à 200 hommes, poussa jusqu'à Busigny; des batteries allaient jusqu'au Cateau.

Après le départ de la division Derroja, après les dernières résistances du 23e corps, le *41e* régiment allemand occupa la ville en se groupant sur les places, sur les routes de Cambrai, du Cateau, de Remicourt, avec le Ier bataillon du *40e*, le IIe bataillon du *29e* et cinq autres compagnies des *29e*, *69e* et *40e* régiments (1).

Quant au gros de la division Barnekow, elle restait en réserve au Pire-Aller.

« Il faut, en effet », a dit le maréchal de Moltke (2), « une volonté bien forte, une volonté sourde à la pitié pour imposer de nouveaux efforts, de nouveaux dangers à des troupes qui, pendant douze heures, ont marché, combattu et souffert. Si même le général victorieux est doué de cette volonté, la poursuite dépendra encore des conditions du succès. On ne pourra guère le faire, lorsque, comme à Königgraetz, toutes les unités se sont tellement confondues qu'il faudrait des heures pour les reconstituer, ou si, comme à Saint-Quentin, on aura dû engager toutes les troupes jusqu'à la dernière réserve. »

Le repos s'imposait donc à la *16e* division; mais que dire de la cavalerie, que dire, en particulier, de ces trois régiments, de ces deux batteries de la *12e* division qui, arrivés entre la Neuville et Homblières, s'évanouissaient devant des débris, alors que leur présence à

---

(1) $\frac{1/2\,2}{29}$, $\frac{1/3\,3}{69}$, $\frac{8}{69}$, $\frac{10,11}{40}$.

(2) *Guerre de 1870-1871*, par le maréchal de Moltke.

Harly, à 3 kilomètres des points qu'ils occupaient pendant la bataille, pouvait changer en désastre la retraite du 22ᵉ corps?

Les pertes de toute la cavalerie allemande engagée sur la rive gauche de la Somme n'avaient cependant pas dépassé 27 hommes et 51 chevaux. Dans l'infanterie, au contraire, certains corps étaient fortement éprouvés ; le Iᵉʳ bataillon du *19ᵉ* perdait 35 p. 100 de son effectif. Près de la voie ferrée, au centre de la lutte, le IIᵉ bataillon du *69ᵉ* avait été réduit de 25 p. 100, les fusiliers du *70ᵉ* de 27 p. 100. Du côté des Français, c'est aussi sur cette partie du champ de bataille que nous trouvons les plus fortes pertes ; le 20ᵉ chasseurs avait eu 4 officiers et 120 hommes mis hors de combat ; le 91ᵉ mobiles, 9 officiers, 423 hommes, bien que le 5ᵉ bataillon n'eût pas donné ; les deux bataillons du 24ᵉ, 10 officiers, 388 hommes.

L'artillerie était moins éprouvée : 6 officiers, 54 hommes, 41 chevaux pour les Français ; 5 officiers, 79 hommes, 98 chevaux pour les Allemands.

Au total, sur la rive gauche de la Somme, la journée du 19 janvier avait coûté aux vainqueurs 58 officiers, 1399 hommes tués ou blessés, et au 22ᵉ corps, 75 officiers, 1881 hommes, sans compter près de 5,000 prisonniers ou disparus (1).

---

(1) Voir le détail des pertes aux pièces annexes.

XVIII

La bataille de Saint-Quentin sur la rive droite de la Somme.

La bataille jusqu'à 11 *heures du matin.* — Pendant la nuit du 18 au 19 janvier, la brigade Isnard, et la plus grande partie du 23ᵉ corps, s'étaient réunies dans Saint-Quentin. Seuls, les mobilisés de la division Robin restaient à Holnon (1ᵉʳ voltigeurs), à Francilly et à Sélency (1ʳᵉ brigade), à Fayet (2ᵉ brigade) (1); ceux du Pas-de-Calais à Lempire et à Ronsoy, où le général Pauly était avisé, à minuit et demi, qu'il devait se trouver le lendemain, « de grand matin (2), » à Bellicourt, pour y attendre de nouveaux ordres.

Dès que le général Paulze d'Ivoy eut reçu les instructions du grand quartier général (3), il chargea la division Robin « d'occuper les villages de Fayet, Sélency, Francilly, de pousser devant elle un solide bataillon dans le bois d'Holnon, et de garnir par ses tirailleurs tous les bouquets de bois en avant (4) »; il fit ensuite prendre les armes au reste de son corps d'armée, dans le faubourg Saint-Martin, à 7 heures du matin,

---

(1) La batterie Benoit cantonnait à Sélency; les deux autres à Saint-Quentin. (Rapports des capitaines.)
(2) Notice du général Pauly.
(3) Voir, page 79, le texte de ces instructions.
(4) Rapport du général Paulze d'Ivoy.

et l'engagea sur la route de Vermand et sur la voie romaine, pour le déployer à gauche de la division Robin, jusqu'à la route de Savy.

La brigade Isnard, qui le précédait (1), occupa le bois de Savy et la hauteur à l'Est, d'après les indications des officiers de l'état-major. « J'avais avec moi », écrit le colonel Isnard, « les trois bataillons du 73e, les deux bataillons du régiment des Ardennes, le bataillon mobilisé de Dunkerque. Celui du 24e et mon artillerie, retardés par un encombrement à la sortie du faubourg Saint-Martin, ne m'avaient pas encore rejoint. A 9 heures du matin, j'étais en position de la manière suivante : à gauche et à 300 mètres de Francilly, en première ligne, les trois bataillons du 73e ; en deuxième ligne, le 2e bataillon de mobiles des Ardennes et le bataillon de mobilisés ; sur ma droite, en avant de Francilly, l'autre bataillon de mobiles. Quatre compagnies étaient en tirailleurs dans les bois. Comme mon artillerie n'arrivait pas et que le combat commençait, je demandai une batterie ; le chef d'état-major m'envoya alors celle du capitaine Halphen, qui prit position à ma gauche. J'avais à ma gauche, et sur les crêtes qui dominent la route de Savy, le régiment de mobilisés du lieutenant-colonel Regett ; j'avais à ma droite, dans le village de Francilly, le régiment de mobilisés du lieutenant-colonel Loy (2). »

---

(1) « La brigade Isnard sera mise sous les ordres du général Paulze « d'Ivoy pour renforcer sa 1re division.
« Saint-Quentin, 19 janvier.
              « Par ordre :
                « Farre. »

Le général Paulze d'Ivoy rajouta au bas de cet ordre :
« La brigade Isnard partira immédiatement par la route de Ver-
« mand. » (Archives de la Guerre).

(2) Ces renseignements, donnés par le rapport du colonel Isnard,

Ce dernier avait reçu, à 6 heures du matin, un avis du chef d'état-major de la division Robin, ainsi conçu : « L'ennemi approche ; faites prendre les armes, et portez-vous en avant du village, sur les hauteurs (1). »

Le colonel Loy envoyait donc son 1er bataillon dans le bois de Savy. Pendant que le 1er bataillon de voltigeurs surveillait la direction de Vermand, en se portant au Nord d'Holnon, le 3e voltigeurs s'arrêtait dans Holnon même, la batterie Benoit au Sud du village ; les 2e et 3e bataillons du régiment du lieutenant-colonel Loy restaient à Francilly (2).

En avant de Fayet, les 1er et 3e bataillons du 4e régiment de mobilisés, le 1er du 3e, se rapprochaient de l'ennemi, en faisant face à Fresnoy et au moulin Conti. Tout le reste de la 2e brigade se rassemblait au moulin Mennechet, sauf le 2e bataillon du 4e régiment, auquel on confiait la garde du convoi pour le ramener vers Cambrai (3).

Derrière ce rideau, la division Payen débouchait de Saint-Quentin en suivant la voie romaine, et le chemin qui la double au Nord. La batterie Belvalette se dirigeait vers Fayet (4) ; l'artillerie de réserve se rassemblait

---

concordent avec les journaux de marche et les rapports du commandant Plaideau, du lieutenant-colonel Giovanelli, etc..... Toutefois, au début, le bataillon du 40e se trouvait derrière les deux bataillons du 3e de ligne, qui envoyaient chacun deux compagnies dans le bois de Savy. Le bataillon Plaideau, fort de 405 hommes, avait laissé une compagnie en grand'garde près de Saint-Quentin, sur la route de Vermand.

(1) Le lieutenant-colonel Loy n'a pas reçu d'autres ordres pendant toute la journée du 19. (Rapport du lieutenant-colonel Loy.)

(2) Une compagnie du 2e bataillon était adjointe au 1er.

(3) La 5e compagnie du 2e bataillon du 4e régiment restait en soutien de l'artillerie au moulin Mennechet.

(4) La batterie Dieudonné ne reçut l'ordre de se rendre à Fayet qu'à 10 heures.

près du moulin de Rocourt. Tels étaient les emplacements vers 9 heures du matin (1).

Dans le faubourg Saint-Martin, se tenait le général Faidherbe; il y apprit probablement alors que le général Lecointe n'avait pas reçu ses ordres; il dut se rendre compte aussi que la division du Bessol restait sur la rive gauche, par suite de l'impossibilité de franchir la Somme en aval de Saint-Quentin, et par suite de l'offensive des Allemands sur Contescourt. Mais modifia-t-il alors ses dispositions primitives, en prescrivant au général Paulze d'Ivoy d'étendre la gauche du 23ᵉ corps jusqu'au canal Crozat? Ou bien le déploiement d'une partie de la division Payen, entre la route de Savy et la Somme, fut-il une conséquence de l'initiative personnelle du général Paulze d'Ivoy? Rien ne permet de l'affirmer.

Sur la route de Vermand, la fusillade crépitait déjà, car le 1ᵉʳ voltigeurs, arrêté à la maison de garde au Nord du bois d'Holnon, y était aux prises avec la gauche de l'armée allemande.

Partie à 7 h. 1/2 de Pœuilly, l'avant-garde de la division combinée du Iᵉʳ corps, confiée au lieutenant-colonel de Pestel, comprenait deux escadrons du 5ᵉ uhlans, trois du 7ᵉ, deux bataillons du 1ᵉʳ régiment (2), les fusiliers du 44ᵉ, deux batteries (3).

Le gros de la colonne suivait sous les ordres du major de Bock, soit deux escadrons du 14ᵉ uhlans,

---

(1) L'escadron du 11ᵉ dragons s'était dirigé vers Roupy. Le 2ᵉ escadron du 7ᵉ dragons marchait à 8 heures sur Vermand; les 3ᵉ et 4ᵉ vers l'aile droite de l'armée. (Journaux de marche.)

(2) Le IIᵉ et les fusiliers.

(3) $\frac{V}{1}$ et quatre pièces de la batterie $\frac{1 \text{ à cheval}}{VII}$.

le 4e régiment, deux bataillons du 44e (1), trois batteries (2).

A la gauche de la division du Ier corps, les sept escadrons (3) et les deux pièces de la brigade Dohna avaient pour mission d'observer les points de passage de Maissemy, Pontruet, Pontru, et de s'avancer par ce dernier point.

A la droite, la division Kummer suivait la route de Beauvois à Étreillers. Elle comprenait d'abord cinq pelotons du 7e hussards, deux bataillons du 65e, une batterie (4).

Le gros, sous le général de Strubberg, se composait du reste du 7e hussards et du 33e d'infanterie (5), du Ier bataillon du 65e, d'une batterie (6), du 28e d'infanterie, que suivaient deux bataillons du 68e (7), le 8e chasseurs, la 2e compagnie de pionniers, deux batteries (8), les fusiliers du 68e, enfin l'artillerie de corps (sept batteries).

Sur la route de Ham, trois escadrons, quatre bataillons, deux batteries, formaient réserve, sous les ordres

---

(1) Ier et IIe, sans les compagnies $\frac{3 \text{ et } 4}{44}$, détachées à Vermand et aux convois.

(2) Les batteries $\frac{\text{IV}, 4, 6}{1}$.

(3) 8e cuirassiers, un escadron du 5e uhlans, deux escadrons du 14e uhlans, deux pièces de $\frac{1 \text{ à cheval}}{\text{VII}}$.

(4) $\frac{\text{II et F}}{65}$, la batterie $\frac{1}{8}$.

(5) Ier et IIIe bataillons.

(6) La batterie $\frac{1}{8}$.

(7) Ier et IIe bataillons.

(8) Les batteries $\frac{2, \text{II}}{8}$.

du colonel de Bœcking (1). Mais, par suite de l'envoi de ce détachement à la division Barnekow, le général de Gœben ne disposera plus des moyens nécessaires pour produire un effort immédiat sur les lignes de retraite de son adversaire. Il a adopté un groupement qui lui permet de prendre l'offensive sur les deux rives, alors qu'il avait intérêt, non pas à repousser le 22ᵉ corps, mais à le retenir au contraire au Sud de Saint-Quentin, pour le rejeter ensuite avec le reste de l'armée du Nord vers l'Est, dans une direction où la poursuite de la cavalerie aurait produit de décisives conséquences.

C'est sur la route de Vermand que s'engagea le combat. Après avoir enlevé quelques hommes débandés, à Vermand, ou aux alentours, la cavalerie allemande s'arrêtait au moulin de Villecholles, et signalait la présence des Français dans le bois d'Holnon, contre lequel se déployaient aussitôt les fusiliers du 44ᵉ, soutenus par les dix pièces de l'avant-garde, en action à la cote 123, au Sud de Maissemy ; ils repoussèrent les mobilisés du bois (2), s'emparèrent de la partie Nord d'Holnon, puis, à 9 h. 1/2, de Sélency, d'où ils rejetèrent le 1ᵉʳ et le 3ᵉ voltigeurs sur Francilly et à l'Est de Sélency.

Au Sud de Sélency, deux compagnies du 4ᵉ bataillon des mobiles du Nord (3) qui avaient été détachées, comme on le verra plus loin, de la division Payen, entraient en ligne ; le 1ᵉʳ bataillon des Ardennes, posté d'abord à l'Ouest de Francilly, se retirait vers l'Est ; la

---

(1) *41ᵉ* régiment, deux escadrons du *2ᵉ* uhlans de la Garde, un escadron du *9ᵉ* hussards, les batteries $\frac{3, III}{1}$.

(2) Le 1ᵉʳ bataillon de voltigeurs, qui occupait le bois d'Holnon, s'établissait alors aux moulins au Nord de Sélency et à Sélency même, où s'arrêtait aussi le 3ᵉ voltigeurs.

(3) 4ᵉ et 5ᵉ compagnies.

batterie Benoit s'arrêtait à l'Est de Francilly, où les mobilisés se préparaient à la défense en barrant les routes; mais aucune disposition normale ne pouvait être adoptée par ces troupes irrégulières, dont les effectifs ne devaient guère dépasser 1000 hommes par régiment, dans la matinée du 16 janvier (1).

Sur plusieurs points leur résistance fut néanmoins louable.

Les voltigeurs du 1er bataillon, notamment, ne s'étaient retirés de Sélency jusqu'à un rideau de saules, au Sud de Fayet, qu'après avoir perdu 7 officiers, 292 hommes tués, blessés ou disparus.

De Francilly sortait aussi une compagnie (2), qui, en arrivant à Sélency, fut prise de front par les fusiliers allemands, de flanc par d'autres tirailleurs (3) envoyés d'Holnon.

Sur ce dernier point, le lieutenant-colonel de Pestel laissait les fusiliers du 1er régiment, mais il avait fait avancer le IIe bataillon de ce régiment pour renforcer les fusiliers du 44e; à droite, deux compagnies occupaient les dernières maisons de Sélency; à gauche, deux autres prenaient pour objectif le moulin Conti, où des fractions du 3e bataillon du 4e régiment de mobilisés signalaient leur présence par une active fusillade.

A ce moment le 3e bataillon du 24e (4), retardé dans les faubourgs, arrive devant Sélency. Son chef, le commandant Morlet demande au lieutenant Wishoffe le concours

---

(1) Le 3e régiment de mobilisés ne comptait plus que 800 hommes. (Journal de marche.)

(2) Une compagnie du 2e bataillon de mobilisés.

(3) La compagnie $\frac{5}{1}$. La compagnie $\frac{7}{1}$ était à la sortie Est de Sélency.

(4) La 5e compagnie de ce bataillon était en grand'garde sur la route de Guise. Pendant cet engagement, le 24e perdait son commandant et 4 officiers; il ne reparaissait plus de la journée.

de ses pièces (1); l'une d'elles (2) parvient à ouvrir le feu sur la route, malgré l'inexpérience des servants, mais les Allemands, qui débouchent inopinément du village, l'entourent et s'en emparent.

Bien que les mobilisés eussent évacué, en même temps, le moulin Conti (3), cette offensive partielle des Allemands fut arrêtée par le lieutenant-colonel de Pestel (4). Il attendait le gros de la division, mais surtout l'effet de ses 28 pièces. En action à droite et à gauche du moulin Conti (5), elles ne trouvaient, à ce moment, à 10 h. 1/2, devant elles, que les quatre pièces de montagne du lieutenant Wishoffe (6), à hauteur de Bois-des-Roses, et la batterie du lieutenant Belvalette. Celui-ci n'avait pu établir que cinq de ses pièces sur la hauteur, contre la ferme de Cepy (7); quant aux batteries de montagne de la Seine-Inférieure, réunies au moulin Mennechet, elles y étaient trop éloignées pour participer à la lutte (8).

Ce qui avait aussi ralenti l'ardeur du lieutenant-colonel de Pestel c'étaient les brigades Michelet et Delagrange qu'il voyait déboucher de Saint-Quentin.

Sur l'ordre du général Paulze d'Ivoy, la première

---

(1) Le lieutenant Wishoffe, qui commandait les dix pièces de la colonne de Cambrai, venait de recevoir l'ordre du capitaine Bournazel, de l'état-major, de détacher quatre de ses pièces de montagne dans le faubourg d'Isle. (Voir les pièces annexes.)

(2) Une pièce de 4 de campagne.

(3) Le moulin Conti était alors occupé par la compagnie $\frac{6}{1}$.

(4) Les compagnies $\frac{10, 11}{44}$ furent replacées en réserve à Holnon.

(5) Dix-huit pièces étaient au Nord-Est du moulin Conti, le reste au Sud.

(6) La 2e pièce de campagne avait été laissée à l'entrée de Saint-Quentin.

(7) A l'Est de Fayet.

(8) Rapports des capitaines.

s'arrête en réserve au Sud de Bois-des-Roses, où le colonel du 48ᵉ mobiles appuie le 9ᵉ bataillon du Nord ; à gauche de ce régiment viennent les fusiliers marins, leur 3ᵉ bataillon à droite ; tout ce qui reste du 19ᵉ chasseurs, cent hommes commandés par un lieutenant, garde la batterie Halphen.

Dans la brigade Delagrange, le 6ᵉ bataillon du Nord se forme à gauche des marins, le 5ᵉ prend pour direction l'Épine-de-Dallon, où il doit se déployer jusqu'au canal ; deux compagnies du 4ᵉ bataillon avaient été envoyées sur Francilly et Sélency, la 2ᵉ compagnie reste avec la batterie Halphen, deux autres enfin, les 1ʳᵉ et 3ᵉ, vont s'engager bientôt dans la partie méridionale du bois de Savy, avec les débris du 24ᵉ chasseurs, 250 hommes commandés par le capitaine Joxe. A gauche du 24ᵉ chasseurs, doit se placer le 33ᵉ, ses 4ᵉ et 5ᵉ compagnies formant un groupe à droite, les autres, sous le capitaine Audibert, marchant sur la Bergère ; puis le 65ᵉ à l'Épine-de-Dallon. Mais il faut du temps pour que ce déploiement s'achève, car il n'est pas loin de 11 heures lorsque les premières fractions de la brigade Delagrange dépassent la batterie Halphen, en descendant les pentes qui mènent sur la route de Ham.

De ce côté, un engagement de cavalerie venait de préluder à la mêlée générale.

L'escadron du 11ᵉ dragons ayant fait feu, de Roupy, sur l'avant-garde de la 15ᵉ division, qui débouchait d'Étreillers (1), « un des escadrons du 7ᵉ hussards reçut l'ordre de lui couper la retraite en gagnant la route de

---

(1) Ce récit est reproduit textuellement d'après *La campagne de l'armée du Nord*, de Pierre Lehautcourt, auquel ces détails ont été fournis par un témoin oculaire. Ils concordent avec les récits allemands et avec le Journal de marche du 11ᵉ dragons. Le lieutenant-colonel Baussin fut blessé dans cette rencontre, où les Allemands ne perdirent, disent-ils, que 1 officier, 1 homme et 3 chevaux.

Ham; il descendit rapidement par le vallon qui va de Savy à la route ; à ce moment, le lieutenant-colonel Baussin, qui se trouvait à Roupy, fut averti du mouvement des hussards et donna l'ordre de se retirer ; deux pelotons seulement furent prévenus et suivirent la route de Ham pour gagner l'Épine-de-Dallon. Les deux autres restèrent déployés en avant de Roupy, faisant le coup de feu sur l'infanterie prussienne qui passait à grande distance sur le chemin d'Étreillers à Savy ».

« Le temps était brumeux ; en arrivant sur la croupe à l'Est de la Bergère, les deux pelotons qui se retiraient entendirent la sonnerie française du demi-tour; ils y obéirent et se trouvèrent en face d'un parti de cavalerie qu'ils prirent pour l'autre moitié de l'escadron ; c'étaient les hussards prussiens qui les chargèrent aussitôt ; nos dragons étaient haut l'arme, prêts à se déployer en tirailleurs; ils firent feu ; la charge n'en passa pas moins sur 60 dragons; 30 dont 2 officiers furent mis hors de combat. L'escadron prussien revint, après ce dernier choc, sur les deux pelotons demeurés à Roupy, qui cherchaient à s'échapper du côté de Savy; ils furent accueillis, en défilant devant le village, par le feu du 65ᵉ régiment, et ne purent atteindre les lignes françaises qu'après des pertes sérieuses. »

Vers 10 heures, le IIe bataillon du 65e sort de Savy avec deux compagnies qui s'avancent, en première ligne, contre la partie méridionale du bois, et s'en emparent facilement, car quelques tirailleurs du 6ᵉ mobilisés la défendent seuls; trois batteries de la 15e division ouvrent le feu successivement à hauteur du moulin, au Nord-Est du village (1), mais elles ont à lutter d'abord

---

(1) La batterie $\frac{1}{8}$ se plaçait à droite de la batterie $\frac{1}{8}$; à 10 h. 1/2, la batterie $\frac{\text{II}}{8}$ se plaçait à gauche de $\frac{1}{8}$.

avec la batterie Halphen, puis avec le 24ᵉ chasseurs. Celui-ci renforce les mobilisés et arrête les assaillants qui sont fusillés de flanc et à gauche par les défenseurs du grand bois.

Les deux compagnies du IIᵉ bataillon du *65ᵉ* qui suivent en réserve, se tournent alors de ce côté, les fusiliers du *65ᵉ* les prolongent sans succès à gauche, tandis qu'à droite le Iᵉʳ bataillon et une compagnie de fusiliers du *33ᵉ* font face au 33ᵉ français sur la croupe qui descend vers l'Épine-de-Dallon.

De part et d'autre, la lutte est acharnée, mais le général de Kummer est d'autant moins capable de renforcer sa première ligne que trois bataillons (1) de la *30ᵉ* brigade et deux batteries ont été désignés, à 10 h. 1/2, par le général de Gœben pour constituer la réserve de l'armée, en remplacement du détachement Bœcking envoyé sur la rive gauche. Ils arrivent très fatigués à Roupy et s'y reposent en attendant deux autres batteries à cheval qui entreront en ligne vers midi (2).

Grâce à la décision prématurée du général de Gœben, d'envoyer sa réserve sur la rive gauche de la Somme, trois bataillons français, auxquels les mobilisés du colonel Regett ne prêtaient qu'un faible secours, suffisaient donc pour arrêter momentanément l'ennemi au Sud-Est de Savy, sur une étendue de près de trois kilomètres. Il est juste d'ajouter que la *15ᵉ* division était à peine engagée lorsque le général en chef avait modifié ainsi la répartition de ses forces, et que le combat s'annonçait, au contraire, comme devant être particulièrement acharné au Sud de Saint-Quentin.

Au centre, également dans le grand bois de Savy, et

---

(1) Le *8ᵉ* chasseurs, les bataillons $\frac{\text{I, II}}{28}$, les batteries $\frac{2}{8}$, $\frac{1 \text{ à cheval}}{8}$.

(2) Deux batteries à cheval de l'artillerie de corps.

devant Francilly, les efforts de l'ennemi étaient momentanément suspendus ; à la gauche, les 28 pièces allemandes à court de munitions, éprouvées non seulement par la fusillade, mais encore par le tir précis de la batterie Dieudonné (1), qui se plaçait vers 10 h. 1/2 sur la croupe au Sud-Est de Fayet, étaient ramenées à l'Ouest de Holnon en attendant l'arrivée de leurs caissons réapprovisionnés.

De 11 heures à midi. — Bien que la préparation de l'attaque fût donc incomplète, le colonel de Massow, qui remplaçait le général de Memerty, blessé la veille, se décidait à reprendre la lutte vers 11 h. 1/2.

Les troupes à sa disposition étaient ainsi réparties : celles de l'avant-garde, dont on a suivi le déploiement, occupaient encore Sélency, le moulin Conti et Holnon (2) ; celles du gros formaient deux groupes principaux, l'un près des moulins au Nord de Sélency, l'autre à Holnon, où se trouvaient le IIe bataillon, les fusiliers du 4e régiment (3) ; au moulin de Conti, se préparaient en première ligne, le Ier bataillon du 4e régiment (4), et

---

(1) La batterie Dieudonné avait été envoyée sur la droite dès que le mouvement des Allemands se fut dessiné vers le moulin Conti.

(2) Ces troupes étaient ainsi réparties : $\frac{5, 7, 8}{1}$ à Sélency ; $\frac{6}{1}$ au moulin Conti ; $\frac{9, 11}{1}$ à Sélency ; $\frac{10, 12}{1}$ sur la lisière Sud d'Holnon ; $\frac{F}{44}$ en réserve au Sud-Ouest d'Holnon.

(3) La compagnie $\frac{10}{4}$ à la lisière Sud d'Holnon ; $\frac{11}{4}$ déployée à 250 mètres dans la direction de Francilly ; $\frac{9, 12}{4}$ en réserve au Nord-Ouest d'Holnon, avec le bataillon $\frac{II}{4}$.

(4) La compagnie $\frac{1}{4}$ entre les deux moulins ; $\frac{2}{4}$ derrière le moulin Conti ; $\frac{3, 4}{4}$ en arrière de Sélency.

plus au Nord, six compagnies des Ier et IIe bataillons du *44ᵉ* (1).

C'est à ce moment que le major de Bock exécuta l'ordre qu'il avait reçu d'attaquer Fayet avec l'infanterie du gros de la division Massow. Il ne disposait que des six compagnies du *44ᵉ*, car le *4ᵉ* régiment qu'il comptait voir suivre, avait été retenu à son insu dans les localités occupées. Mais, fait curieux, deux compagnies (2) s'avancèrent d'abord seules en avant des moulins; aussi les obus à balles des batteries Belvalette et Dieudonné les dispersèrent-elles sans délai.

Alors, deux compagnies du IIe bataillon se déployèrent à leur tour, deux autres formèrent renfort aux ailes, et toutes se dirigèrent contre la lisière Ouest du village de Fayet, derrière lequel s'était retiré le 3ᵉ bataillon du 4ᵉ régiment de mobilisés. Mais, dans la rue principale, se trouvaient les deux premières compagnies du 1er bataillon du 3ᵉ régiment; la 3ᵉ gardait le cimetière; les 4ᵉ et 5ᵉ se tenaient en avant des maisons.

Sans se préoccuper du tir incertain des mobilisés, les Allemands les abordèrent à courte distance, firent un feu rapide, et s'élancèrent aussitôt; ici et là on se battit à la baïonnette, mais les 3ᵉ et 5ᵉ compagnies de mobilisés, entourées, furent prises (3), pendant que les autres refluaient en désordre sur la route de Cambrai.

Au moulin Mennechet, le reste de la division Robin faisait encore bonne contenance; ses salves en imposaient à l'ennemi; d'autres groupes tenaient encore le château de Fayet, et le bois voisin, où le feu des batteries

---

(1) $\frac{3}{44}$ était détachée aux convois; $\frac{4}{44}$ à Vermand.

(2) Les compagnies $\frac{1,\ 2}{44}$.

(3) Journal de marche du colonel Chas.

Lannoy et Montégut contribuait à les protéger (1). Quant aux batteries Belvalette et Dieudonné, elles venaient de se retirer, l'une pour se réapprovisionner au faubourg Saint-Jean, l'autre parce que les deux premières compagnies du 44ᵉ s'étaient rapprochées à 200 mètres en reprenant l'offensive au Sud de Fayet (2).

Vers midi, la route de Cambrai semblait donc sérieusement menacée. Heureusement qu'au Nord les sept escadrons et les deux pièces de Dohna s'étaient laissés arrêter par le faible détachement qu'ils y avaient rencontré.

Après avoir traversé le Verguier, ils avaient atteint Bellenglise, au moment où le convoi de la division Robin suivait la chaussée sous l'escorte du 2ᵉ bataillon du 4ᵉ régiment de marche. La fière contenance des mobilisés, embusqués derrière le pont du canal de Saint-Quentin, plus que l'escarpement des berges du canal, détermina le général Dohna à faire demi-tour.

Sans utiliser ses pièces, ni quelques cavaliers armés du chassepot, il retourna donc à Maissemy, pour former l'aile gauche de Grœben à Fresnoy.

Quatre autres escadrons, deux du 5ᵉ uhlans, deux du 7ᵉ, avaient été groupés près de ce village et à Gricourt, d'où un escadron partait aussi pour Bellenglise. Sur ce dernier point ses éclaireurs signalèrent la brigade du Pas-de-Calais.

Le général Pauly venait de faire preuve, en effet, d'une initiative qu'on ne saurait trop louer. « Conformément à l'ordre qui m'avait été donné », disait-il plus tard dans son rapport, « j'ai quitté Ronsoy le 19,

---

(1) C'est à ce moment seulement que ces batteries ouvrirent le feu entre le bois de Fayet et la route de Cambrai. (Rapports des capitaines Lannoy et Montégut.)

(2) Le capitaine Dieudonné avait été grièvement blessé et ses pièces s'étaient abritées en arrière de la croupe.

de grand matin, pour me rendre à Bellicourt. J'y suis resté de 9 heures à 11 heures, pour laisser aux hommes le temps de se reposer et de déjeuner; puis ne recevant pas d'ordres, mais entendant une vive canonnade, je me suis dirigé sur le champ de bataille. »

Arrivé à hauteur de Bellenglise, il apprend la présence des cavaliers prussiens, fait fouiller le village, mais continue sur Fayet où on le verra déboucher en temps opportun.

Pendant qu'à cette heure, vers midi, le général de Gœben, en relation avec les différentes parties de l'armée par des officiers de son état-major, attendait, vers Roupy, l'entrée en ligne de sa nouvelle réserve, le général Faidherbe se tenait au faubourg Saint-Martin, où il avait encore près de lui la batterie Belleville, la batterie de 12 Jacquemin (1), et des groupes plus ou moins compacts formés par le 46ᵉ *bis* de mobiles (2), par des douaniers, par une faible partie du bataillon de reconnaissance, et par des débandés en grand nombre. Le rapport du grand prévôt dit à ce sujet : « Pendant toute la matinée, les 25 gendarmes de la prévôté, disséminés dans les différentes rues de la ville, et aidés par quelques dragons, ont ramassé, dans les maisons, des militaires appartenant à tous les corps, mais presque tous cependant aux régiments de mobiles ou de mobilisés. Il y en avait beaucoup trop. On réussit néanmoins à en débarrasser la ville, et vers midi, il ne restait plus que les militaires attachés aux services de l'intendance, ou les non-valeurs. »

De midi à 1 h. 1/2. — Tandis que la droite du

---

(1) La batterie Rolland était commandée le 19 janvier par l'enseigne Jacquemin.

(2) Un demi-bataillon de ce régiment se trouvait probablement à Homblières.

23ᵉ corps abandonnait Fayet ; son centre occupait toujours Bois-des-Roses, Francilly, le bois de Savy, où la fusillade intermittente se prolongeait sans produire de résultats jusqu'à 1 h. 1/2 environ ; mais à gauche, la brigade Delagrange allait céder au puissant effort de la division Kummer, secondée, sur la route de Ham, par la nouvelle réserve de la Iʳᵉ armée.

Bien que deux batteries (1) de l'artillerie de corps fussent venues s'établir, vers midi, à l'Est du chemin de la Bergère à Savy, les trente pièces en action de ce côté n'avaient pas arrêté d'abord l'élan du capitaine Joxe et de ses braves chasseurs, qui refoulaient deux compagnies du *65ᵉ* (2), en s'emparant de la partie méridionale du bois de Savy.

Il est vrai que le général Paulze d'Ivoy recevait un précieux renfort ; la batterie Belleville et trois pièces de 12 de la réserve (batterie Jacquemin) étaient mises à sa disposition.

Il établissait donc la batterie Belleville sur la croupe au Sud-Est de la cote 138, puis la faisait appuyer un instant plus tard à droite pour placer la demi-batterie de l'enseigne Martin (3).

Après avoir pénétré dans le petit bois de Savy, une partie du 24ᵉ chasseurs dirigeait ses feux, au Sud, contre le Iᵉʳ bataillon du *33ᵉ*, qu'elle prenait en flanc, pendant que deux compagnies du 33ᵉ français (4), l'attaquaient de front.

Ces efforts, secondés par deux compagnies de mo-

---

(1) Les batteries $\frac{III, IV}{8}$.

(2) Les compagnies $\frac{5, 7}{65}$, qui furent rassemblées au moulin de Savy.

(3) Rapports des capitaines. Les trois pièces de 12 que commandait l'enseigne Martin faisaient partie de la batterie Jacquemin.

(4) 4ᵉ et 5ᵉ compagnies.

biles (1), sont d'abord couronnés de succès; le Ier bataillon du *33*[e] se retire ; mais, soudain, survient à gauche le Ier bataillon du *65*[e] (2). Il s'engage à son tour et s'empare du bois après une lutte acharnée, pendant laquelle le régiment du lieutenant-colonel Regett s'est replié sur Saint-Quentin.

A la place des mobilisés, tout ce qui reste du 24e chasseurs vient se reformer sur les hauteurs, à gauche du 73e.

Aux chasseurs se joignent des fractions du 33e (3), du 65e, 350 hommes en tout (4), car, à gauche, sur la route du Ham, ces faibles forces ont plié devant la réserve allemande que commande le major Bronikowski.

Celui-ci a déployé le Ier bataillon du *28*[e], avec deux compagnies en première ligne, sur la chaussée ; il a d'abord pris possession de la Bergère sans y trouver grande résistance ; il a ensuite établi ses deux batteries (5) au Sud de la route ; il se prépare maintenant à attaquer l'Épine-de-Dallon et Dallon même, où restent les trois premières compagnies du 33e, des fractions du 65e et probablement le 5e bataillon du Nord en partie.

Mais avant de suivre les résultats de cette entreprise, il faut voir ce qui s'était passé de midi à 1 h. 1/2 à l'aile droite du 23e corps.

---

(1) Les 1re et 3e compagnies du 4e bataillon du Nord.

(2) La 3e compagnie du *33*[e] se joignit au 1er bataillon du *65*[e]. Les trois autres compagnies du *33*[e] se retirèrent à Savy et furent relevées par les compagnies $\frac{10,\ 12}{33}$. (Major Kunz.)

(3) Les débris des 4e et 5e compagnies.

(4) Journal de marche du 24e chasseurs. Les deux compagnies des mobiles du 4e bataillon avaient en partie disparu.

(5) Les batteries $\frac{1 \text{ à cheval et } 2}{8}$.

Dès que le général Paulze d'Ivoy eut compris le danger dont il était menacé par la perte du Fayet (1), il donna l'ordre à la brigade Michelet, maintenue jusqu'alors en réserve, de reprendre le village à tout prix.

En même temps, le colonel Charon replaçait la batterie Dieudonné sur la croupe au Sud-Ouest de Cépy, appelait la batterie Dupuich, les trois dernières pièces du lieutenant Jacquemin et préparait la contre-attaque, que favorisait le terrain.

Un vallon abrité remonte, en effet, du Bois-des-Roses sur Fayet; c'est dans cette direction que se ployèrent le 9e bataillon du Nord, conduit par le lieutenant-colonel Degoutin, puis, en arrière et à gauche, le 7e bataillon du Nord avec deux bataillons de marins (2), pendant que le reste de la brigade, dirigé par le lieutenant-colonel Michelet, c'est-à-dire le 2e bataillon de marins et le 8e du Nord, réduit à 300 hommes depuis la veille (3), fixait l'ennemi par une vigoureuse offensive sur la ligne Séleney, moulin de Conti.

Le major de Bock venait de recevoir le secours de deux batteries réapprovisionnées (4), qui s'établissaient au Sud-Ouest du moulin Conti; il jugea néanmoins prudent de rappeler le IIe bataillon du 44e de Fayet et l'arrêta à hauteur des moulins, face à Gricourt et au Nord, avec trois compagnies en première ligne.

Pendant ce temps, le lieutenant-colonel Degoutin se

---

(1) Rapport du général Paulze d'Ivoy.

(2) La formation de ces bataillons n'est pas exactement connue; 50 hommes du 1er voltigeurs et 60 hommes du 24e chasseurs, dispersés dans la ville de Saint-Quentin et ralliés par le lieutenant Laurent, prirent aussi part à l'attaque; ces derniers, sur l'ordre personnel du général Faidherbe. (Journaux de marche.)

(3) Rapport du commandant Guillemot.

(4) Les batteries $\frac{IV, V}{1}$.

rapproche de Fayet; son cheval est tué sous lui; ses troupes sont assaillies par les projectiles d'artillerie, mais rien n'arrête leur élan; le 9ᵉ bataillon pénètre dans le village au Nord, le 7ᵉ bataillon, et les marins au Sud et à l'Est; les maisons reprises sont crénelées, mises en état de défense; des groupes de fusiliers marins, entraînés par leur ardeur, se jettent de flanc, à la baïonnette, sur deux compagnies du *44ᵉ* (1), que le lieutenant-colonel Michelet attaque de front et qui perdent 2 officiers, 81 hommes (2).

Pour les dégager, le général de Grœben porte en avant, sur leur droite, les troupes qu'il a sous la main en première ligne.

Cinq compagnies s'avancent donc de Séleney, du moulin Conti (3), en suivant la route de Vermand, font plier celles du commandant Guillemot (8ᵉ bataillon du Nord), épuisées par une lutte acharnée, attaquent enfin Bois-des-Roses, que les marins défendent avec énergie; mais ceux-ci sont trop peu nombreux (4); ils finissent par abandonner les bâtiments, sous la protection du 6ᵉ bataillon du Nord, que le commandant Jacob, chef d'état-major de la division Payen, vient d'envoyer en renfort et qui s'arrête au Sud de Bois-des-Roses, après avoir perdu 60 hommes.

---

(1) Les compagnies $\frac{1, 2}{44}$.

(2) Major Kunz.

(3) A droite se trouvait la compagnie $\frac{4}{4}$; sur la chaussée, deux sections de $\frac{7}{1}$; à gauche, $\frac{2}{4}$, $\frac{6}{1}$; en arrière, arrivait de Vermand la compagnie $\frac{4}{44}$. (Major Kunz.)

(4) D'après le rapport du commandant Colombier, du 6ᵉ bataillon du Nord.

De 1 h. 1/2 à 3 heures. — Vers 1 h. 1/2, la situation est donc celle-ci :

Les Français tiennent toujours Fayet. Toute leur artillerie est en action sur les positions qui ont été indiquées. Au Sud de Bois-des-Roses, face au Nord, le 6ᵉ bataillon de mobiles, des groupes de marins, et, à leur gauche, le 8ᵉ bataillon du Nord, échangent une fusillade intermittente avec les compagnies allemandes qui viennent de sortir du moulin Conti et de Sélency et qui occupent les bâtiments appelés Bois-des-Roses.

A la gauche du 8ᵉ bataillon, le lieutenant-colonel Giovanelli conserve une partie du 1ᵉʳ bataillon des Ardennes, trois compagnies du 2ᵉ bataillon (1), que prolonge le 73ᵉ de ligne. La batterie Halphen est toujours gardée par le bataillon Plaideau, le 19ᵉ chasseurs et une compagnie de mobiles.

Dans le bois de Savy, trois compagnies de mobilisés (2), quatre du 73ᵉ, deux du 2ᵉ bataillon des Ardennes, tiennent tête, avec des alternatives diverses, aux six compagnies du 65ᵉ (3).

Entre le bois et Francilly, le commandant Levezier (4) déploie le reste de son bataillon autour de la batterie Benoit.

Dans Francilly, mis sommairement en état de défense, sont les 2ᵉ et 3ᵉ bataillons de mobilisés, le 3ᵉ voltigeurs réduit à 53 hommes, une compagnie du 1ᵉʳ bataillon des Ardennes, des mobiles du 4ᵉ bataillon du Nord (5), peut-être aussi quelques marins et soldats du 3ᵉ de ligne

---

(1) La 3ᵉ, puis la 4ᵉ compagnie de ce bataillon avaient été engagées dans le bois de Savy.

(2) 2ᵉ, 7ᵉ, 8ᵉ compagnies du 1ᵉʳ bataillon du 1ᵉʳ régiment.

(3) Les fusiliers du 65ᵉ et les compagnies $\frac{6, 8}{65}$.

(4) Commandant le 1ᵉʳ bataillon de mobilisés.

(5) Ce qui restait des 4ᵉ et 5ᵉ compagnies du 4ᵉ bataillon du Nord.

égarés à Francilly pour s'y abriter. Tous ces hommes entassés, en partie découragés, sans instruction, sans autre direction que celle de leur initiative personnelle, seront incapables de s'y maintenir. Sur Saint-Quentin refluent déjà de nombreux isolés (1).

Du côté des Allemands, le général de Gayl, arrivé à midi de Ham, avait pris le commandement de la division combinée du Ier corps (2), et la direction des attaques à droite. Il allait donc porter son principal effort sur Francilly, et renoncer à Fayet, dont la prise aurait à elle seule suffi pour amener de décisifs résultats. Dans la matinée, le bataillon allemand envoyé isolément de ce côté, n'avait pas été soutenu ; plus tard on le rappelait ; c'était la répartition générale des forces qui causait en partie ces inconséquences, car le général de Gœben après avoir recommandé de progresser vers les lignes de retraite de l'ennemi, engageait sa réserve générale ailleurs dès 10 heures du matin, et la remplaçait par une nouvelle réserve qu'il envoyait encore à droite.

C'est donc sur Francilly que se dirigent les efforts de la division combinée. A 1 h. 1/2, les fusiliers et le IIe bataillon du 1er régiment (3) déployés sur une ligne, sortent d'Holnon et de Sélency, au son des tambours. Le village de Francilly est entouré au Nord, à l'Est et à l'Ouest, puis enlevé après de courts engagements partiels. A ce moment arrive au galop le lieutenant-colonel Giovanelli, mais ni prières, ni menaces (4), ne

---

(1) Rapport du grand prévôt.

(2) Le général de Gayl, qui commandait précédemment la 1re division d'infanterie en Normandie, remplaçait le général de Memerty, blessé le 18 janvier.

(3) De droite à gauche, les compagnies $\frac{12}{1}$, $\frac{10}{1}$, $\frac{1/2\,8}{4}$, $\frac{9}{1}$, $\frac{5}{1}$, $\frac{11}{1}$, $\frac{8}{1}$, une section de $\frac{7}{1}$. (Major Kunz.)

(4) Rapport du lieutenant-colonel Giovanelli.

peuvent arrêter les fuyards aux abords du chemin creux qui abrite la direction de Saint-Quentin.

Presque en même temps, les mobilisés du commandant Levezier, les mobiles des Ardennes plient devant les fusiliers du 44ᵉ et deux compagnies du 4ᵉ régiment (1) qui laissent Francilly à gauche, puis sont arrêtées par la batterie Halphen, par la brigade Isnard déployée. Le commandant Morazzani fait aussi face à l'ennemi avec le 3ᵉ bataillon de mobilisés, ralentit la poursuite par un feu rapide, et permet à la batterie Benoît de se dégager en n'abandonnant qu'un caisson ; mais le mouvement de recul des défenseurs de Francilly a pour conséquence la perte des bois de Savy.

Ici, les six compagnies du 65ᵉ allemand participaient depuis deux heures à un combat dont il est difficile de suivre les péripéties, mais dans lequel fondaient successivement quatre compagnies des 1ᵉʳ et 2ᵉ bataillons du 3ᵉ de ligne, puis quatre compagnies du 2ᵉ bataillon des Ardennes ; le commandant Verzeau ayant été mortellement frappé en les dirigeant, le commandant Algay le remplaçait avec le reste du 1ᵉʳ bataillon du 3ᵉ de ligne ; il reprenait possession du bois, puis cédait à son tour, lorsque le capitaine Collard partait en renfort avec la dernière compagnie du 2ᵉ bataillon des Ardennes ; « allez à la baïonnette ; coûte que coûte gardez le bois », lui avait dit le colonel Isnard ; mais les flancs de la position étant débordés, il fallut se résigner à l'abandonner. Cet engagement, dans lequel la plus grande partie du 73ᵉ et du régiment des Ardennes s'étaient laissés entraîner, montre à quel point les combats de bois peuvent faire fondre les unités, combien leur direc-

---

(1) Les compagnies $\frac{10, 11}{4}$. Deux compagnies de fusiliers et une du 4ᵉ régiment s'avançaient en première ligne.

tion est pénible, et quel avantage il y a, par conséquent, à obtenir la solution par des mouvements de flanc.

Ce qui restait du 73ᵉ (1) se rallia avec quelques mobiles, autour du 40ᵉ, face à Francilly et au bois.

A leur gauche, les 350 hommes du 24ᵉ chasseurs, du 33ᵉ, du 65ᵉ se trouvaient dans une situation d'autant plus critique que le Iᵉʳ bataillon du 28ᵉ venait d'enlever l'Épine-de-Dallon (2), et que le IIᵉ poursuivait de ses feux les trois compagnies du 33ᵉ, le 65ᵉ, en retraite sur Œstres avec quelques mobiles du Nord.

C'est sous la protection de 64 bouches à feu que la division combinée, celle du général de Kummer, et la réserve de la Iʳᵉ armée, se portaient maintenant en avant, car deux nouvelles batteries venaient d'ouvrir le feu au Sud d'Holnon (3).

Il n'était que 3 heures; le général de Gœben pouvait encore profiter d'une heure et demie de jour pour compléter sa victoire. Quant au général Faidherbe, décidé à poursuivre la lutte jusqu'à ses dernières limites, il avait fait élever des barricades par la 1ʳᵉ compagnie *bis* du 3ᵉ génie, dans le faubourg Saint-Martin, sur les routes d'Amiens, de Cambrai, de Vermand ; il s'était ensuite rendu dans le faubourg d'Isle, y avait appelé la 2ᵉ compagnie de dépôt du 3ᵉ génie pour y préparer les mêmes défenses, et rentrait à 3 heures dans Saint-Martin, après

---

(1) Le 73ᵉ avait perdu 800 hommes dans le bois. (Journal de marche du 73ᵉ.)

(2) Deux compagnies de ce bataillon avaient attaqué de front ; une autre tournait l'Épine-de-Dallon par la droite ; la 4ᵉ suivait en réserve. (Major Kunz.)

(3) Quatre pièces de la batterie $\frac{1 \text{ à cheval}}{\text{VII}}$, qui s'étaient retirées à Holnon pour se réapprovisionner, et la batterie $\frac{4}{8}$, de l'artillerie de corps.

avoir chargé le général Farre de porter ses instructions au général Lecointe (1).

Dans les faubourgs se pressaient déjà les fuyards ; « dès 2 h. 1/2, ces groupes avaient extraordinairement grossi ; de toutes parts arrivaient des mobiles, des mobilisés, des soldats de la ligne débandés, que les gendarmes et les dragons éclaireurs s'efforçaient en vain de renvoyer au combat (2) ».

C'est alors que survint un événement imprévu, dû à l'initiative du général Pauly ; sa brigade de mobilisés énergiquement conduite, débouchait sur les flancs de la division combinée. Cette intervention allait avoir pour conséquence de permettre aux fractions des brigades Isnard et Michelet, rassemblées au Sud du Bois-des-Roses, de prendre encore possession de ce point d'appui et d'obliger le général de Gayl, qui s'avançait victorieusement sur le plateau, à suspendre sa marche pour appuyer plus à gauche.

De 3 heures jusqu'à la nuit. — Mais, avant d'entrer dans le détail de ces faits, il faut rappeler qu'avant 3 heures, les fusiliers du *44*[e] allemand (3) progressaient déjà entre Francilly et le bois, pour prendre pied sur le sommet du plateau ; ils étaient secondés à gauche par sept compagnies du *1*[er] régiment (4), et en arrière par les dix pièces

---

(1) Déposition du général Faidherbe devant la commission d'enquête.

(2) Rapport du grand prévôt.

(3) Avec la compagnie $\frac{10}{4}$. Les compagnies $\frac{8, 11}{4}$ restaient dans Francilly.

(4) En première ligne, de droite à gauche, se trouvaient les compagnies $\frac{5, 8}{1}$; en arrière, une section de $\frac{7}{1}$ et plusieurs groupes de $\frac{6}{1}$ et

d'Holnon, par les trente pièces de Savy ; enfin, à leur droite, les tirailleurs engagés dans le bois se ralliaient sur la lisière, en avant de laquelle n'allait pas tarder à déboucher la 29ᵉ brigade déployée.

Aussi les brigades Isnard et Delagrange, désorganisées par ce long combat, se rapprochaient-elles pas à pas de Saint-Quentin. Leurs lignes de tirailleurs, composées d'unités confondues, suffisaient néanmoins encore pour ralentir l'ennemi, et permettre à la batterie Halphen, gardée par ses soutiens, de s'arrêter, de faire feu et de repartir.

A l'extrême gauche, le général Paulze d'Ivoy lui-même postait la batterie Belleville, et les trois pièces de 12, à l'Ouest du moulin de Rocourt (1). C'est à son énergie que le général Faidherbe venait de confier la défense des abords du faubourg Saint-Martin, avant de se rendre à la droite du 23ᵉ corps.

Sur la route de Vermand, le commandant Guillemot se trouvait au Sud de Bois-des-Roses, en arrière, par conséquent, des brigades Isnard et Delagrange lorsque leur retraite commençait. N'écoutant que son ardeur, suivi par 300 hommes du 8ᵉ bataillon du Nord, par trois compagnies du 6ᵉ, par une compagnie du 3ᵉ bataillon de marins (2), il s'élança sur Bois-des-Roses et sur le petit bois qui prolonge ces bâtiments à gauche.

Devant lui, dans les fermes, se tenaient une compagnie du 44ᵉ, plus au Nord, trois compagnies du

---

des 4ᵉ et 44ᵉ régiments. En deuxième ligne, venaient à droite $\frac{11, 12}{1}$; à gauche, $\frac{9, 10}{1}$. (Major Kunz.)

(1) Rapports du général Paulze d'Ivoy et des capitaines. Ces batteries se trouvaient sur l'emplacement actuel de l'Orphelinat.

(2) Rapport du commandant Guillemot.

138 LA GUERRE DE 1870-1871.

4ᵉ régiment (1), deux compagnies du 1ᵉʳ régiment (2), d'autres unités encore ; toutes cédèrent à l'effet de cette contre-attaque soudaine, et se retirèrent en désordre sur le moulin Conti (3).

L'attaque de la brigade Pauly venait de se produire entre Gricourt et Fayet ; il est donc fort probable que la situation critique des Allemands de ce côté favorisa l'offensive du commandant Guillemot. Celui-ci s'arrêta, d'ailleurs, lorsque les sept compagnies du 1ᵉʳ régiment, celles du 44ᵉ, qui marchaient comme on l'a vu au Sud-Ouest de Fayet, eurent fait un demi-à-gauche dans sa direction. Il prit, à son tour, la route de la ville, mais sans être suivi, car la division combinée était alors attirée par les événements de la gauche.

Voici ce qui s'était passé vers Fayet :

Le commandant de l'escadron allemand, posté à Bellenglise, ayant signalé la brigade Pauly vers 2 heures, tout le régiment de uhlans s'était réuni au Sud de Pontruet, où les hommes armés de la carabine mirent pied à terre ; mais leur tir à grande distance ne fut pas secondé par les deux pièces de Dohna, réclamées en vain, et les mobilisés continuèrent sans se laisser distraire par cette diversion. Ils croisèrent sur la route quatre bataillons et l'artillerie de la division Robin (4), qui jugèrent inutile de les suivre, et rencontrèrent plus loin, en arrière du Fayet, les 1ᵉʳ et 3ᵉ bataillons du 4ᵉ régiment de marche, qui prolongèrent leur droite.

---

(1) Les compagnies $\frac{4}{44}$, $\frac{2}{4}$, $\frac{4}{4}$, $\frac{5}{4}$.

(2) Les compagnies $\frac{6}{1}$, $\frac{7}{1}$ et des groupes de $\frac{1.2}{41}$.

(3) Major Kunz.

(4) Le 3ᵉ régiment de marche, le 2ᵉ voltigeurs, les batteries Lannoy et Montégut ; celles-ci ne furent plus employées de la journée. (Rapports des capitaines.)

Dans Fayet se trouvaient encore les troupes de la brigade Michelet.

Prévenu, le colonel de Massow plaça le IIe bataillon du 44e sur une ligne, à hauteur du moulin Conti, le renforça avec deux compagnies du 4e (1); il put aussi concentrer le tir de vingt bouches à feu (2) sur la masse des mobilisés du général Pauly, parce que, du côté de Cépy, les trois pièces du lieutenant Jacquemin s'étaient retirées, avec les troupes du commandant Guillemot, pour s'établir à l'Ouest du moulin de Rocourt, et que la batterie Belvalette fut rappelée à 4 h. 1/2 par le général Paulze d'Ivoy (3).

Il faut donner la parole maintenant au général Pauly, dont le récit concorde trop avec les rapports allemands pour que sa véracité soit douteuse.

« Arrivé à trois kilomètres environ du village de Fayet, je me suis croisé avec la division Robin, qui paraissait se diriger sur Cambrai et qui a quelque peu ralenti sa marche. A hauteur du village, je quittai la route et je dirigeai mes troupes sur l'ennemi, dont un

---

(1) Les compagnies $\frac{6, 7}{4}$.

(2) La batterie $\frac{IV}{1}$, renforcée presque aussitôt par les batteries $\frac{4, 6}{1}$ qui arrivaient réapprovisionnées d'Holnon, et les deux pièces de la brigade Dohna.

(3) Deux pièces de la batterie Belvalette avaient été envoyées à 3 heures dans le faubourg d'Isle. Lorsque les quatre autres pièces de la batterie Belvalette furent rappelées par le général Paulze d'Ivoy, elles devaient se placer à l'Ouest du moulin de Rocourt; mais elles ne purent s'y rendre et furent entraînées par les troupes en retraite sur Cambrai, où elles arrivèrent le 20, dans la matinée.

Les trois pièces du lieutenant Jacquemin rejoignirent, à l'Ouest du moulin de Rocourt, celles de l'enseigne Martin.

La batterie Dieudonné restait donc seule au Sud-Est de Fayet. (Rapports des capitaines.)

corps, infanterie et cavalerie, que je distinguais parfaitement à mon extrême droite, menaçait la route de Cambrai.

« Je donnai l'ordre au commandant Garreau, du bataillon de chasseurs, de se déployer en tirailleurs et de se porter en avant.

« Après lui, le lieutenant-colonel Poupart, avec ses trois bataillons, le 1er marchant en bataille, et les autres en colonnes par pelotons à distance entière.

« J'ordonnai, en même temps, au lieutenant-colonel Choquet, qui tenait la gauche de la colonne, de faire face à droite, de se porter en avant, et de déployer sa première compagnie en tirailleurs, de manière à former une ligne continue depuis la route jusqu'au village de Fayet, en ayant soin d'observer le corps ennemi qui menaçait notre droite.

« Nous avons marché dans cet ordre.

« Aussitôt que mes troupes ont été aperçues, un feu d'artillerie très meurtrier a été dirigé contre elles. Les premiers obus ont tué un capitaine et quelques hommes, et produit un désordre dans les rangs. J'ai fait tous mes efforts pour les retenir, et n'ai pu y parvenir d'une façon complète.

« Néanmoins le bataillon Garreau a continué à se porter en avant, ainsi que le 1er bataillon du 1er régiment (colonel Poupart) déployé en tirailleurs.

« Pendant que je m'occupais de rétablir l'ordre et faisais mes efforts pour porter mes troupes en avant, le commandant Garreau a eu la cuisse traversée par une balle.

« A la suite de cette blessure, il paraît que le bataillon a perdu contenance et s'est replié derrière un bosquet qui se trouvait un peu sur la droite. Je n'ai pu voir ce qu'il devenait ensuite.

« Le 1er bataillon du 1er régiment (commandant Capelle), qui était déployé en tirailleurs, a continué à se porter en avant, et parvenu à un chemin creux (1), situé à environ 250 mètres des batteries prussiennes, et parallèlement à elles, s'y est établi, et a engagé une fusillade des plus vives, qui a duré presque jusqu'à 5 h. 1/2, heure à laquelle je lui ai prescrit de se replier vers le village de Fayet, qu'il n'a abandonné qu'à la nuit close, alors que le village était en feu.

« Pendant ce temps, je me suis efforcé de former en bataille le 3e bataillon du même régiment et de le porter en avant. Je l'ai conduit jusqu'à environ 50 mètres du chemin creux, en lui ordonnant de se lancer à la baïonnette sur les batteries prussiennes, avec l'intention de le faire précéder du 1er bataillon qui était dans le chemin.

« La canonnade et la fusillade sont devenues tellement meurtrières, que le 2e bataillon, sur lequel je comptais pour soutenir les deux autres a eu un moment d'hésitation et de désordre qui a compromis l'opération.

« Quant au corps d'armée qui nous menaçait sur notre droite, nous voyant toujours en position pour le recevoir, il a sans doute jugé prudent de se maintenir à distance. Cependant un certain nombre de cavaliers se sont présentés, au moment où les tirailleurs du bataillon Capelle se repliaient sur le village de Fayet, et ont été repoussés (2). »

---

(1) Ce chemin creux est celui qui conduit de Fayet à Fresnoy.
(2) Le général Pauly terminait son rapport en citant pour leur belle conduite le lieutenant-colonel Poupart, les commandants Capelle, Garreau, Breton. Dans une notice historique postérieure, le général Pauly fixe les pertes de sa brigade à 146 officiers, sous-officiers et soldats. Il rappelle que 300 hommes seulement étaient armés du fusil modèle 1866 et que tout le reste de l'armement se composait de vieux fusils à percussion.
Le 3e bataillon du 4e régiment de mobilisés du Nord perdit 5 ou 6 hommes dans cet engagement. (Journal de marche.)

Ce corps d'armée, dont parle le général Pauly, c'étaient les quatorze escadrons allemands réunis entre Fresnoy et Gricourt; ils assistèrent impassibles à la lutte qui se déroulait sous leurs yeux sans songer même à occuper le pont de Bellenglise sur les derrières des mobilisés, sans songer à inquiéter leur retraite quand elle se produisit à 6 heures.

Cinq bataillons, plus ou moins complets, de la division du Ier corps s'étaient en effet tournés vers Fayet, car le général de Grœben faisait avancer, en première ligne, deux compagnies du 4e régiment (1), puis le IIe bataillon du 1er, suivi des fusiliers; à gauche de Sélency se groupaient encore quatre compagnies (2).

Lorsque cette masse se rapprocha du village en flammes, le IIe bataillon du 44e (3) en prenait possession. Il n'y trouva que des morts et des blessés, car ses défenseurs, les marins, les mobiles des 7e et 9e bataillons, la brigade Pauly; les deux bataillons de mobilisés du Nord suivaient le mouvement général qui se produisait alors sur la route de Cambrai. Ils arrivèrent dans cette ville le lendemain matin vers 5 heures, sans avoir été inquiétés ni par la cavalerie, ni par la division Grœben, à ce point déprimée par ses efforts successifs que son chef s'estimait heureux de ne pas avoir à faire face à de nouvelles agressions.

L'heureuse diversion de la brigade Pauly avait donc limité l'effort de la gauche allemande. Mais les débris des brigades Isnard, Delagrange et Michelet, arrêtés devant la ville, s'y trouvaient assaillis vers 4 h. 1/2

---

(1) Les compagnies $\frac{2, 5}{4}$.

(2) Les deux tiers de la compagnie $\frac{7}{1}$, les compagnies $\frac{3, 8}{4}$, $\frac{12}{44}$.

(3) Les compagnies $\frac{5, 6, 8}{44}$.

par la division Kummer et le détachement Bronikowski.

A l'Ouest du moulin de Rocourt se tenaient toujours la batterie Belleville et celle de 12 maintenant au complet (1).

Entre les routes de Cambrai et de Vermand, les colonels Isnard et Castaigne réunissaient des marins, le 8ᵉ bataillon du Nord, le 73ᵉ.

Les quatre pièces de montagne du lieutenant Wishoffe faisaient feu sur la route de Vermand (2).

A la briqueterie de la Chapelle s'arrêtait le capitaine Joxe avec ses chasseurs.

Autour du moulin de Rocourt, et sur la hauteur à l'Ouest, étaient confondus le 19ᵉ chasseurs, le lieutenant-colonel Giovanelli, avec des mobiles des Ardennes, les lieutenants-colonels Regett, Loy, avec des mobilisés, le commandant Patoux avec les 2ᵉ, 4ᵉ, 5ᵉ compagnies du 4ᵉ bataillon du Nord, une partie du 46ᵉ *bis* de mobiles, des compagnies de reconnaissance ; enfin à l'extrême gauche, à Rocourt, tout ce qui restait du 33ᵉ, du 65ᵉ, du 5ᵉ bataillon du Nord.

Dans Saint-Quentin, les batteries Belvalette et du Finistère cherchaient en vain à se ravitailler, et le grand prévôt, aidé de ses gendarmes, parvenait difficilement à faire sortir de la ville des groupes dont il évaluait l'effectif à 2,000 hommes.

Sur le plateau, la 29ᵉ brigade allemande s'avançait au Nord du chemin de Savy ; le 65ᵉ régiment déployait

---

(1) La demi-batterie de 12, placée à droite, avait d'abord quitté sa position primitive au Sud de Cépy pour reculer d'un kilomètre et s'arrêter au Nord de Bagatelle, d'où elle battait la voie romaine. (Rapport du lieutenant Jacquemin.)

(2) La deuxième pièce de campagne de la batterie Wishoffe avait été abandonnée plus à l'Ouest, près de la route de Vermand, où les Allemands la trouvèrent.

dix compagnies ; trois bataillons en ligne ou en colonnes de compagnies, le prolongeaient au Sud (1).

Sous la protection de cette infanterie, quarante-huit pièces étaient venues s'établir successivement de Francilly à Dallon (2).

Aussi le lieutenant-colonel de Kameke concentrait-il le tir de ces bouches à feu sur les bandes de tirailleurs français qui se retiraient lentement vers la batterie de 12, vers la batterie Belleville, criblée d'obus et de balles, et dont les avant-trains, les caissons gisaient renversés à côté des attelages de trait (3).

Sur la route de Ham, le détachement du major Bronikowski avait enlevé Œstres avant 4 heures. C'est là que succombait le capitaine Basset, du 33e, à peine guéri de quatre blessures reçues à Gravelotte.

Maintenant, c'est à Rocourt que le capitaine Audibert a reporté le combat ; mais il y est assailli de front par le 8e chasseurs, avec deux compagnies en première ligne ; par trois compagnies du 28e sur la chaussée, et le long du canal par trois autres que suivent et viennent successivement renforcer deux autres bataillons (4).

Aussi, à 4 h. 1/2, les défenseurs du village se retirent-ils derrière la barricade du faubourg Saint-Martin, avec la 1re compagnie *bis* du 3e génie.

Le général Paulze d'Ivoy fit alors rétrograder l'artillerie, car « la nuit s'avançait à grands pas », dit-il, mais comme il avait reçu l'ordre de défendre à outrance la route de Roupy, il appela de ce côté tout ce dont il

---

(1) A gauche, le bataillon $\frac{\text{II}}{68}$; à droite, les bataillons $\frac{\text{I, III}}{33}$.

(2) Les batteries $\frac{\text{I, II, III, IV}}{8}$, $\frac{1, 3}{8}$, $\frac{2, 3 \text{ à cheval}}{8}$.

(3) Rapport du capitaine Belleville.

(4) Les compagnies $\frac{5, 8}{28}$, $\frac{3, 4}{33}$; le bataillon $\frac{\text{III}}{33}$.

pouvait encore disposer, le 6ᵉ bataillon du Nord, une partie du 73ᵉ, et les posta face à Rocourt, au Sud du moulin.

A ce moment, le général Faidherbe rentrait aussi à Saint-Quentin. Il revenait de la route de Cambrai, où il avait assisté, vers 4 heures, à l'offensive de la brigade Pauly.

« C'est là », disait-il plus tard devant la commission d'enquête, « que j'eus, au milieu de mon état-major, avec le général Farre et le colonel Charon, la conversation racontée plus ou moins exactement par le capitaine de Courson dans son livre (1).

« Il était évident que nous allions être rejetés sur Saint-Quentin ; seulement j'espérais que cela n'aurait lieu qu'à la nuit, qui allait venir dans une heure. « Que « faire, nous demandions-nous ? » Pour moi, j'étais convaincu que mes troupes harassées par deux jours de

---

(1) Voici la conversation à laquelle le général Faidherbe faisait allusion :

« Le chef d'état-major du 23ᵉ corps s'étant présenté devant le Général « en chef :

« — Mon Général, jusqu'ici nous avons arrêté l'ennemi, mais cela « ne peut pas durer ; nous allons être cernés, que faut-il faire ?

« — Réapprovisionner les cartouchières et les caissons, répondit le « général Faidherbe, et tenir bon.

« — Mais nous serons refoulés dans Saint-Quentin, mon Général.

« — Je le sais bien, Colonel.

« — Et que ferons-nous après ?

« — Nous recommencerons la lutte demain.

« — Mais, mon Général, alors c'est Sedan ?

« — Pas du tout ; nous brûlerons nos cartouches, nous ferons sauter « le matériel et, quand nous n'aurons plus de munitions, nous nous « défendrons à la baïonnette. On ne se rendra pas.

« — Est-ce votre dernier mot, mon Général ?

« — Oui ; les journaux se moquent de nous et disent que nous nous « replions toujours ; eh bien, cette fois, nous ne nous replierons pas. » (*Opérations de l'armée française du Nord.*)

marches forcées et deux jours de combats, étaient incapables de tenter une retraite ; qu'il serait impossible de les mettre en marche. D'un autre côté, je repoussais absolument l'idée d'une capitulation.

« Sans rien conclure, je rentrai en ville pour retourner au 22ᵉ corps. Peut-être l'aurais-je trouvé en état de détacher quelques bataillons pour renforcer le 23ᵉ sur la route de Ham ? Grand fut mon étonnement de trouver le 22ᵉ corps traversant la ville en pleine retraite.

« La retraite était donc possible ! Arrêtant le mouvement pour m'aboucher avec le général Lecointe, j'adoptai la retraite sur Cambrai et le Cateau, et j'expédiai mon premier officier d'ordonnance (1), ainsi qu'un maréchal des logis choisi, pour porter l'ordre au 23ᵉ corps de se mettre en retraite sur Cambrai. Je vis défiler la plus grande partie du 22ᵉ corps, puis, la nuit tombant, je suivis le mouvement sur la route du Cateau, et ne pouvant plus me tenir à cheval, je montai dans un tilbury qu'une personne voulut bien mettre à ma disposition.

« Mon officier d'ordonnance, après avoir cherché pendant trois quarts d'heure le commandant du 23ᵉ corps, en avant de la ville, le trouva dans le faubourg Saint-Martin, qui se défendait encore, grâce à sa barricade. »

C'était la brigade Gislain que le général Faidherbe avait rencontrée en rentrant à Saint-Quentin. Elle fut aussitôt suivie sur la route de Cambrai par toute l'artillerie qu'escortaient 500 hommes de la brigade Isnard, par le 8ᵉ bataillon du Nord, par tout ce qui se trouvait entre la Chapelle et le faubourg Saint-Jean, et, plus tard, à hauteur de Fayet, par la brigade Isnard et les bataillons de la brigade Michelet qui y avaient combattu. Seuls,

---

(1) Le lieutenant de la Molère.

l'artillerie de la division Robin, le 3ᵉ régiment de marche, le 2ᵉ voltigeurs prirent par Lesdins, Fresnoy, le Cateau, d'où ils rejoignirent, en partie, Cambrai dès le lendemain. Ce furent des courants dans lesquels vinrent se fondre les corps enchevêtrés par l'obscurité.

Quant au général Paulze d'Ivoy, il ne reçut l'ordre de retraite qu'à 6 heures.

Deux compagnies de marins, les quatre pièces (1) du lieutenant Wishoffe rentraient à La Chapelle, où elles étaient entourées et prises par les détachements du *41ᵉ* régiment allemand venus par le faubourg d'Isle.

En avant de la *29ᵉ* brigade, qui occupait alors les hauteurs de Rocourt, une compagnie avait enlevé la briqueterie à des groupes du 73ᵉ, du 24ᵉ chasseurs; une autre prenait possession du moulin.

Dans le faubourg Saint-Martin et le long du canal, le commandant Richard, le capitaine Joxe avec ses chasseurs, le capitaine Audibert du 33ᵉ, les sapeurs du capitaine Cantagrel, des mobiles des 4ᵉ, 5ᵉ et 6ᵉ bataillons tenaient tête à une partie du *28ᵉ* régiment allemand, à trois compagnies de chasseurs, à cinq autres des *33ᵉ* et *68ᵉ*. Mais derrière eux, à l'intérieur de la ville, sur les places, sur les carrefours, les régiments de Barnekow coupaient déjà la retraite.

« Je ralliai alors, dit le général Paulze d'Ivoy (2), tout ce que je pus trouver de mon corps d'armée, qui ne consistait plus qu'en débris de la division Payen ; j'en formai une seule colonne, au milieu de laquelle je me plaçai, et je me mis en route pour Cambrai. Mais les Prussiens avaient contourné Saint-Quentin par l'Est, et occupaient la sortie de la ville sur la route de Cambrai ; aussi la colonne fut-elle arrêtée, et tout ce qui

---

(1) Quatre pièces de montagne.
(2) Rapport du général Paulze d'Ivoy.

se trouvait en avant de moi dut mettre bas les armes, pendant que la queue de la colonne était attaquée, enveloppée, et enlevée par des détachements ennemis qui entrèrent en ville par la route de Roupy, dès que les troupes eurent abandonné la position que je leur avais assignée pour la nuit.

« Je n'échappai moi-même, ainsi que le général Payen et nos deux états-majors, à leur sort, que grâce à un habitant de la ville qui nous conduisit, par une petite rue détournée, rejoindre la route de Cambrai, en dehors de Saint-Quentin. »

Cette victoire complète, mais non décisive, puisque l'armée du Nord était prête à rentrer en ligne quinze jours plus tard, coûtait 98 officiers et 2,360 hommes tués, blessés ou disparus à l'armée allemande, dont 40 officiers et 961 hommes aux troupes engagées sur la rive droite de la Somme. L'armée du Nord perdait en tout 126 officiers, 3,258 hommes tués ou blessés, et plus de 11,000 hommes prisonniers ou disparus.

Après avoir suivi toutes les phases de la bataille, on a l'impression que si l'armée française s'est dérobée à l'étreinte qui la menaçait, ce sont les dispositions du général en chef allemand qui ont largement contribué à ce résultat.

Admettons, en effet, qu'on ait laissé les divisions Lippe, Barnekow, et celle du prince Albert, sur la rive gauche de la Somme, par suite des renseignements qui signalaient la plus grande partie de l'armée du Nord entre l'Oise et la Somme ; admettons aussi que le général de Gœben n'ait pas voulu se contenter de rejeter ses adversaires vers l'Est, mais ait cherché à les entourer. Pourquoi, alors, n'avait-il pas renforcé son aile gauche pour prendre possession sans délai des routes de Saint-Quentin à Cambrai et au Cateau ? Il le pouvait, car la réserve de l'armée, engagée sur la route de Ham, la 29ᵉ brigade, partie de Tertry pour Étreillers, suffisaient avec l'artillerie de corps pour résister à une offensive éventuelle des Français entre la Somme et le bois de Savy.

La *30ᵉ* brigade, cantonnée le 18 au soir au Nord-Ouest de Tertry, aurait alors suivi la division combinée du Iᵉʳ corps à Vermand. A midi, elle aurait soutenu l'attaque du major de Bock sur Fayet, en produisant, de ce côté, une irrésistible poussée.

Peut-être le général de Gœben avait-il eu un instant l'idée d'opérer ainsi, car son ordre pour le 19 janvier prescrivait à la division Kummer de s'avancer par les routes d'Étreillers et de Vermand.

Mais plus tard, dans la matinée du 19, il s'exagéra évidemment l'importance du combat livré sur la rive gauche de la Somme, lorsqu'il y engagea sa réserve.

Il est vrai que, de ce côté, les dispositions du général de Barnekow ne tenaient pas compte des diverses éventualités possibles, car son détachement de flanc, engagé vers Grand-Séraucourt, le reliait imparfaitement au reste de l'armée. Peut-être aurait-il mieux atteint ce but en dirigeant toute la division du prince Albert de Saint-Simon sur Contescourt, en suivant lui-même, avec sa division, la route de Jussy à Essigny, en chargeant le général de Lippe de garder la route de La Fère.

Quelle que fût d'ailleurs la répartition de l'armée allemande, le général Faidherbe ne pouvait espérer être également fort sur les deux rives de la Somme. Aussi avait-il primitivement décidé qu'une division du 22ᵉ corps resterait seule sur les hauteurs de Gauchy à la Neuville-Saint-Amand.

Il est certain qu'en principe on conçoit mieux la bataille ainsi.

Si la division Derroja n'avait pas été éprouvée par les contremarches de la veille, elle aurait pu, en effet, suffire avec un chef aussi énergique, avec toute l'artillerie du 22ᵉ corps, pour se maintenir jusqu'au soir sur les hauteurs de Grugies au Raulieu. En arrière, le génie aurait détruit ceux des ponts qui n'étaient pas nécessaires pour une retraite préparée.

Mais, sur la rive droite, le général Faidherbe aurait alors eu plus d'avantages à ne pas déployer la division du Bessol entre Savy et la Somme ; il l'aurait précieusement réservée, n'en détachant que l'indispensable pour constituer une réserve partielle sur la route de Ham, tandis que la brigade Michelet remplissait le même rôle à droite.

Plus tard, après avoir conservé toutes ses positions, le général Faidherbe aurait engagé le reste de la division du Bessol, une brigade au moins, sur la route de Ham, vers Roupy, pour y chercher la victoire par un effort décisif.

Avec l'armée du Nord solide comme à Bapaume, cette combinaison pouvait réussir ; avec l'armée du Nord telle qu'elle existait le 19 janvier, en présence de la Iʳᵉ armée concentrée, aucune solution ne pouvait donner l'espoir du succès, une seule s'imposait donc : la retraite immédiate, sinon jusqu'aux places fortes, du moins jusqu'à la ligne Bellenglise—Lesdins, où le canal de Saint-Quentin aurait couvert le front et les flancs de l'armée, en offrant l'avantage d'un précieux obstacle.

XIX

Fin de la campagne.

Grâce aux efforts déployés dans la nuit du 19 au 20 janvier, certains corps de l'armée du Nord, ceux qui se retiraient vers le Cateau, franchirent plus de 40 kilomètres. A Cambrai, les fortifications offraient un abri momentané. Aussi de nombreux trains purent-ils être immédiatement organisés pour compléter l'évacuation et répartir les troupes dans les localités dont les noms, télégraphiés aux commandants d'armes, furent affichés de toutes parts dans les mairies.

L'ordre du général en chef était ainsi conçu :

Cambrai, 20 janvier.

« Les troupes de l'armée seront cantonnées aux environs des places ci-après désignées, au fur et à mesure de leur arrivée. Elles seront dirigées sur ces places par convois de chemins de fer ou par étapes. »

22ᵉ CORPS.

« Quartier général, Cambrai. Division Derroja, Arras. Division du Bessol, Cambrai. Brigade Pauly, Valenciennes. »

23ᵉ CORPS.

« Quartier général, Lille. Division Payen, Lille. Division Robin, Douai. Brigade Isnard, Saint-Omer. »

« Cavalerie, Cambrai, Arras.
« Artillerie, au quartier général de chaque division.
« Artillerie de réserve, Lille.
« Parc, Douai.
« Génie, au quartier général de chaque division.
« Compagnie de réserve du génie, Lille.
« Trésor, postes, télégraphes, Lille. »

Ces dispositions ne furent pas contrariées parce que le général de Gœben, voulant éviter le bivouac, avait retiré ses troupes en arrière du champ de bataille et remis la poursuite au lendemain.

Que toute l'infanterie eût un impérieux besoin de repos, nul n'en doute, mais que les quatorze escadrons restés à Gricourt, en spectateurs impassibles, aient renoncé à l'apanage des vainqueurs, rien d'autre ne peut l'expliquer qu'une immense lassitude morale.

La division combinée restait donc, le 10 au soir, à Fayet, Holnon, Sélency, Francilly; la *15ᵉ* division ne laissait qu'un bataillon au faubourg Saint-Martin, tandis qu'un bataillon et l'artillerie de corps étaient ramenés à Étreillers, le reste à Savy.

Le détachement Bronikowski cantonnait à Rocourt, à l'Épine-de-Dallon.

Sur la rive gauche de la Somme, une grande partie de la *32ᵉ* brigade revenait à Essigny, à Urvillers; la *31ᵉ* brigade et la brigade Strantz restaient dans le faubourg d'Isle et à Harly; le *9ᵉ* hussards à Neuville; la division de réserve à Biette, Gauchy, Grugies, Castres, Contescourt, Grand-Séraucourt; la *12ᵉ* division de cavalerie à Vandeuil et aux environs; la réserve de l'armée à Saint-Quentin (1).

Lorsque l'armée allemande se remit en marche, le

---

(1) Major Kunz et *Historique du Grand État-Major prussien.*

20 janvier, elle le fit sans hâte, car la cavalerie de Dohna, partie à 6 heures du matin, n'arriva qu'à 4 heures du soir devant Cambrai, après avoir mis dix heures à franchir 30 kilomètres. Aussi ne rencontra-t-elle que des traînards isolés.

Les instructions du général de Gœben, données le 19 janvier à minuit, visaient d'autres résultats. «Demain», disaient-elles, «on achèvera la déroute de l'ennemi, qui paraît s'être retiré d'une part sur Cambrai, de l'autre sur Guise, et qu'il faut atteindre avant qu'il ne s'abrite derrière ses forteresses.

« Toutes les troupes devront parcourir environ 40 kilomètres; l'infanterie fera transporter, si possible, les havresacs par des voitures.

« Le général de Kummer marchera sur Cambrai; le général de Barnekow par Séquehart sur Clary et Caudry, avec la *16*[e] division, celle du prince Albert, et le détachement Bœcking.

« La division de Lippe se portera sur Bohain, le Cateau.

« Je me rendrai provisoirement au Catelet, où j'arriverai à midi pour y attendre les rapports. »

Ces rapports lui firent connaître qu'à gauche, la brigade Dohna avait rétrogradé sur Ribécourt par Masnières, après avoir été arrêtée par la fusillade, en vue des faubourgs de Cambrai; qu'à la suite d'une marche pénible, les divisions de Gayl et Kummer n'avaient pu dépasser, l'une Rumilly, l'autre les environs de Lempire; qu'à droite, Barnekow avait lancé la brigade Strantz (1) par Serain sur Ligny; que la *16*[e] division demeurait à Clary; que Lippe dirigeait deux colonnes

---

(1) La brigade Strantz avait été renforcée par le 2e uhlans de la Garde et le 4e escadron du *9*[e] hussards.

Le détachement Bronikowski restait à Saint-Quentin.

sur Bohain et sur Guise; mais que, nulle part, les Français n'avaient été aperçus en masse.

Le général de Gœben devait renoncer à l'espoir de les rejoindre (1). Il se borna donc à arrêter, le 21 janvier, la division Kummer sur la ligne Masnières—Marcoing; celle de Barnekow sur la ligne Béthencourt-Caudry; à l'Est de Cambrai, une colonne mixte atteignait Solesmes; à l'extrême droite, l'avant-garde de la division Lippe arrivait au Cateau en poussant des patrouilles vers Landrecies.

Comprenant alors qu'il n'avait ni la mission, ni les moyens de réduire les places, le général allemand décidait de faire reposer ses troupes, avant de les ramener sur la Somme.

La journée du 22 janvier fut, par suite, consacrée à étendre les cantonnements; la *15e* division appuya vers Bapaume avec un groupe de l'artillerie de corps et le *8e* cuirassiers; le corps de Grœben resta au Sud de Cambrai; la *16e* division occupa Clary et Prémont; la division saxonne resta à l'Est de la voie ferrée et se sépara des quatre bataillons de la *16e* brigade renvoyés à La Fère (2).

Ces mouvements n'avaient pas tous été signalés au grand quartier général de Cambrai; mais on y était assez bien renseigné pour craindre l'investissement de la place, et des menaces vers Landrecies.

Aussi, le 20, toutes les troupes de la division du Bessol, qui n'avaient pas rejoint, furent-elles dirigées sur Douai; seuls, le 18e chasseurs, l'infanterie de marine, le 91e, la batterie Bocquillon s'établirent en grand'gardes au Sud de Cambrai; à Landrecies, la garnison devait être renforcée par le 3e bataillon du 75e,

---

(1) *Historique du Grand État-Major prussien.*
(2) *Ibid.*

une batterie de la garde mobile et un bataillon de garde nationale mobilisée de Saint-Quentin (1).

Ces dispositions prises, le général Faidherbe partit avec son chef d'état-major pour Lille, où le Ministre de la guerre venait d'arriver (2). Dans ses conversations avec Gambetta, il admit la possibilité de rentrer en campagne dans dix jours, mais ne dissimula pas, qu'à son avis, la lutte devenait impossible et ne pourrait se prolonger au delà d'un mois (3).

Véritable héritier de l'indomptable patriotisme révolutionnaire de 1794, Gambetta espérait encore : « Malgré nos revers passagers, » disait-il (4), « ce qui grandit, c'est le sentiment de la dignité française, c'est l'horreur de l'asservissement étranger ; si chacun avait, comme moi, cette conviction, cette passion profonde, ce n'est pas des semaines et des mois qu'il faudrait compter pour l'anéantissement des armées envahissantes : la ruine de la Prusse serait immédiate ; car, que pourraient 800,000 hommes, quelle que soit la puissance de leur organisation, contre 38 millions de Français résolus et ayant juré de vaincre ou de périr. »

---

(1) Le 3ᵉ bataillon du 75ᵉ, venu du Quesnoy, avait trois compagnies et un effectif de 420 hommes. La 4ᵉ batterie du 3ᵉ régiment de garde nationale mobile et le 2ᵉ bataillon des mobilisés de l'Aisne venaient de Maubeuge.

(2) *Le colonel de Villenoisy au Général en chef.*

Lille, 21 janvier.

« M. Gambetta vient d'arriver ; il désire que sa présence ne modifie « en rien vos projets. »

Gambetta avait télégraphié le 18 janvier à M. Testelin qu'il comptait se rendre dans le Nord ; il lui avait demandé la voie la plus rapide à suivre. (Dépêches et discours de Léon Gambetta.)

(3) Déposition du général Faidherbe devant la Commission d'enquête.

(4) Discours prononcé à Lille le 22 janvier.

Mais, hélas! le Comité de Salut public n'existait plus ; aucun écho ne répondait à cette passion profonde, à cette conviction qu'une grande nation n'est vaincue que lorsqu'elle l'avoue.

Dès le 23 janvier, Gambetta se rembarquait à Calais.

Ce jour fut aussi celui du bombardement de Landrecies, du dernier épisode de la campagne.

Le capitaine de frégate Cossé disposait à Landrecies des 4e et 7e batteries de garde nationale mobile du Nord, d'une compagnie du génie mobilisée de l'Aisne, du 2e bataillon de mobilisés, que venait renforcer, à midi, le 3e bataillon du 75e.

Avertie de l'approche de l'ennemi, la garnison occupait, vers 1 heure de l'après-midi, ses postes de combat sur les remparts.

A sa rencontre, s'avançaient le IIe bataillon du *41e*, un escadron, une batterie venus du Cateau, sous les ordres du lieutenant-colonel de Hullessem, puis une autre colonne formée du *12e* chasseurs, d'un escadron, d'une batterie et conduite par le général Krug de Nidda.

Celui-ci traversait Catillon-sur-Sambre, déployait ses tirailleurs, vers 1 h. 1/2, à 600 mètres des glacis, faisait ouvrir le feu à sa batterie, au Sambreton.

Peu après, le IIe bataillon du *41e* débouchait le long de la voie ferrée, occupait la gare, pénétrait dans le faubourg du Quesnoy, pendant que la batterie qui l'accompagnait, entrait en action au Grimpet, à 1350 mètres des remparts.

L'artillerie de la place, les tirailleurs embusqués répondaient avec énergie, mais les projectiles allemands atteignaient simultanément l'arsenal, l'église, les maisons avoisinantes, et la situation devenait critique, lorsqu'à 5 heures, le feu cessa de part et d'autre ; l'ennemi, étonné par cette résistance, sans artillerie suffisante pour la surmonter, renonçait à son entreprise ; il battait en retraite (1).

Dès le lendemain, toute la Ire armée, couverte par le corps de Grœben, se retirait, peu à peu, sur la Somme. Elle y occupait, le 29 janvier, les positions suivantes :

La *12*{e} division de cavalerie et le *41*{e} régiment : Saint-Quentin ;

La division du Ier corps : Vermand, Roisel ;

La *16*{e} division, la *3*{e} brigade de cavalerie de réserve : sur la chaussée Bray, Montdidier ;

La division de réserve et la brigade de cavalerie de la Garde : Chaulnes ;

L'artillerie de corps : Warfusée, Villers-Bretonneux ;

La *15*{e} division : Acheux, Villers-Bocage ;

La *7*{e} brigade de cavalerie : Boyelles ;

Deux bataillons, deux escadrons, une batterie : Picquigny.

A l'armée du Nord, on profitait de cette suspension des hostilités pour compléter les effectifs, les munitions, les vivres et les équipages ; la division du Bessol revenait définitivement à Cambrai (2) ; quelques mutations se produisaient dans le haut commandement (3) ; le 3e bataillon du 24e était réparti entre les deux premiers ; le 1er bataillon du 65e passait à la brigade Delagrange et

---

(1) Pertes des Français : 1 soldat du 75e et 1 brigadier de la 4e batterie tués ; quelques hommes blessés légèrement.

Pertes des Allemands : 11 hommes du IIe bataillon du *41*{e} tués ou blessés.

(2) Le 27 janvier.

(3) Le colonel Isnard remplaçait le général Robin ; le colonel Lallement succédait au général Pauly, qui se retirait à la suite de démêlés avec le commandant supérieur à Valenciennes ; le colonel Pittié succédait au colonel Aynès ; le colonel Cottin au colonel Pittié ; le lieutenant-colonel Tramond au colonel Cottin.

était remplacé à la division Derroja par le 1er bataillon du 33e ; les dragons, groupés à Arras, Douai, Bouchain (1) combinaient leurs reconnaissances avec celles de l'infanterie ; c'est ainsi que, dès le 24, la brigade Pittié s'avançait, avec une batterie, d'Arras à Rœux.

On se préparait donc à rentrer en campagne lorsque survint, le 29 janvier, la nouvelle de l'armistice (2).

« Pour en régler les détails, » raconte le colonel de Villenoisy (3), « le général Faidherbe me prescrivit d'aller à Amiens avec l'ingénieur Matrot et M. Courmeaux destinés à m'assister comme interprètes.

« Je partis le 30 janvier pour Arras, d'où une voiture me conduisit à Amiens.

« Le général de Gœben m'y reçut très courtoisement, s'exprima en termes obligeants pour le général Faidherbe, qui avait tiré grand parti, disait-il, des troupes de nouvelle levée, et me fit donner lecture des conditions de l'armistice par le chef d'état-major Buncke.

« Je discutai sur la situation faite à Abbeville, dont on exigeait la remise ; je demandai des moyens de communications avec Bordeaux, au moins par les sémaphores de la côte entre Boulogne et le Havre ; enfin, je réclamai la conservation de Fumay occupé par la garnison de Givet.

---

(1) Deux escadrons à Arras, deux à Douai, un à Bouchain.

(2) *Guerre au général Faidherbe, à Lille.*

Bordeaux, 29 janvier, 2 h. 10 soir.

« Un armistice de vingt et un jours vient d'être conclu par le gou-
« vernement de Paris. Veuillez, en conséquence, suspendre immédia-
« tement les hostilités, en vous concertant avec le chef des forces
« ennemies en présence desquelles vous vous trouvez. Vous vous confor-
« merez aux règles pratiquées en pareil cas, etc..... »

(3) Relation du général de Villenoisy.

« Le général de Gœben était disposé à nous donner satisfaction pour Abbeville, mais l'armistice de Versailles stipulait que la totalité du département de la Somme resterait aux Allemands et ne nous accordait que dix kilomètres autour de Givet.

« Je lui demandai alors s'il laisserait porter nos réclamations à Versailles et à Paris.

« Il y consentit et me remit un laissez-passer que je confiai à Matrot.

« Matrot arriva à Paris, vit M. Jules Favre, le mit au courant de la situation, et fut amené par lui à Versailles, où il assista à son entretien avec M. de Bismarck.

« Jules Favre n'obtint rien, et le 3 février le général Faidherbe transmettait au colonel Babouin l'ordre de replier la garnison d'Abbeville en arrière de la Canche. »

Dès le 31 janvier, le colonel de Villenoisy avait signé la convention réglant les détails de l'armistice (1) ; mais sur plusieurs points les Allemands s'étaient déjà avancés pour se donner les avantages du *statu quo*.

Le général Lecointe télégraphiait notamment, le 1ᵉʳ février, de Cambrai : « Hier, les Prussiens ont occupé Epehy, Gouzeaucourt, Metz-en-Couture. Je leur ai envoyé deux parlementaires pour les rappeler à l'observation des conventions de l'armistice. Je n'ai pas encore de réponse. S'ils ne reculent pas, j'ai l'intention de marcher sur eux. J'ai dû porter la 2ᵉ division en avant de Marcoing, Ribécourt, Havrincourt. »

C'est en exécution de cette décision que la 1ʳᵉ brigade cantonnait à Anneux, Graincourt, Flesquières ; la 2ᵉ à Havrincourt, Ribécourt, Marcoing ; les éclaireurs Jourdan à Masnières.

Mais ces troupes rentrèrent le 2 février à Cambrai

---

(1) Voir cette convention aux pièces annexes.

pour une revue du général en chef, et cantonnèrent, le 5, dans les localités fixées par les stipulations de l'armistice (1).

Le général Faidherbe ayant été mandé, sur ces entrefaites, à Bordeaux, fit valoir la nécessité de sa présence à Lille, et désigna son chef d'état-major pour le remplacer.

Le général Farre se mettait donc en route le 9, porteur du rapport suivant, qu'il devait soumettre au Gouvernement :

Lille, 5 février 1871.

« Les forces militaires des deux départements du Nord et du Pas-de-Calais se composent :

« 1° D'une armée active (22e et 23e corps) montant en ce moment à 25,000 hommes, dont un tiers de troupes, un tiers de mobiles, un tiers de mobilisés, armée qui possède 16 bonnes batteries de campagne ;

« 2° Des garnisons de quinze places fortes, composées de mobilisés, infanterie et artillerie, au nombre de 55,000 hommes environ.

« Ces quinze places fortes exigeraient 80,000 hommes pour faire une bonne défense.

« Si l'on suppose que la guerre recommence après l'armistice, il faut admettre que les Prussiens enverront au moins 80,000 à 100,000 hommes contre le Nord avec de puissants trains de siège, rendus disponibles à Paris.

« En présence de ces forces, l'armée du Nord ne pourra pas tenir la campagne ; elle devra se disséminer dans les places, dont les garnisons se trouveraient ainsi portées aux chiffres suffisants.

« Il est à croire que les forces prussiennes se partageraient alors en deux armées de 40,000 à 50,000 hommes chacune.

---

(1) Voir ces cantonnements aux pièces annexes.

« L'une entreprendrait la conquête du groupe des places fortes maritimes : Boulogne, Calais, Gravelines, Saint-Omer, Bergues et Dunkerque ; l'autre la conquête des places de la partie orientale : Arras, Douai, Lille, Cambrai, Valenciennes, etc.

« Suivant le système des Prussiens, ils bombarderaient ces villes, dont les populations voudraient se rendre, sans doute après cinq ou six jours.

« En conséquence la résistance collective des villes de l'Est des deux départements, ne me paraît pas devoir durer beaucoup plus d'un mois.

« Le groupe des villes maritimes peut résister plus longtemps, peut-être six semaines, à cause des inondations et de l'appui qu'elles tirent du voisinage de la mer.

« Si au lieu de se rendre après quelques jours de bombardement, les populations se défendaient jusqu'à la dernière extrémité, je pense que le temps de la résistance pourrait être doublé.

« Je dois dire que je ne crois pas ma seconde hypothèse admissible. Si un commandant de place voulait se défendre à outrance, il pourrait avoir pour lui les troupes régulières, une partie des mobiles, et le peuple qui ne possède rien, et dont le patriotisme pourrait être surexcité ; mais il aurait contre lui presque toute la bourgeoisie, la garde nationale sédentaire et, sans doute, les mobilisés.

« Si la guerre devait continuer, il serait donc bon de la soutenir dans le Midi et l'Ouest de la France, en tirant de la région du Nord une dizaine de bonnes batteries de campagne aguerries et habituées à tenir tête aux Prussiens. On pourrait peut-être en tirer encore 6,000 à 8,000 hommes de l'armée active ; mais l'énergie et par suite la durée de la défense des places en seraient réduites d'autant. »

FAIDHERBE.

Ces idées furent adoptées, car l'ordre de diriger le 22ᵉ corps sur la presqu'île du Cotentin arriva le 16 février, et, du 17 au 25, 16,000 hommes d'infanterie, 60 bouches à feu s'embarquèrent successivement à Dunkerque (1).

Restaient dans le Nord six batteries, trois compagnies du génie, cinq escadrons et six brigades d'infanterie celles du 23ᵉ corps, la cinquième formée par les mobilisés du Pas-de-Calais, la sixième par la colonne d'Abbeville (2).

Avec d'aussi faibles ressources, le général Faidherbe ne pouvait songer à entreprendre une campagne active; il comptait donc les replier sur les groupes fortifiés de Lille et de Dunkerque, conserver celui-ci sous ses ordres immédiats, confier Lille au général Desaint de Marthille, et protégé par les inondations, relié par mer avec l'Angleterre, prolonger encore le dernier acte de sa résistance.

---

(1) Voir, aux pièces annexes, la situation générale de l'armée et des places à la date du 15 février.

Les modifications apportées à la composition du 22ᵉ corps étaient celles-ci :

Le général Farre accompagnait le général Lecointe, comme chef d'état-major, et était remplacé par le colonel de Villenoisy.

La réserve d'artillerie, sous les ordres du commandant Pigouche, comprenait les batteries Gaigneau, Beauregard, Belleville, Montégut; celle-ci pourvue de pièces de 4 de campagne.

Toutes les batteries avaient deux lignes de caissons.

Le parc contenait 36 caissons d'infanterie.

On embarqua, en tout, 260 voitures d'artillerie attelées. Il y avait une ambulance, mais pas de convois, ni de voitures de bagages d'officiers.

A la 2ᵉ division, le capitaine Lesur remplaçait le capitaine Chastang; une batterie de 8, commandée par le capitaine Benoit, remplaçait la batterie Beauregard.

La compagnie du génie Grimaud partait seule.

(2) Ordre du 15 février.

Quelles que soient les critiques de détail qu'aient suggérées les opérations de l'armée du Nord, il est certain que rien de plus ne pouvait être accompli par elle.

Au début, l'effort des organisateurs fut immense ; leur œuvre fut magique ; mais deux faibles corps d'armée ne suffisaient pas pour débloquer Paris.

On a prétendu que le général Faidherbe pouvait agir sur les lignes de communication de l'ennemi ; avec des détachements isolés, peut-être ; mais engager l'armée dans la région de l'Est, sans espoir de la ravitailler en vivres et en munitions, n'aurait été qu'une entreprise chimérique.

Le général Faidherbe devait donc forcément se borner à attirer vers lui, le plus possible, les forces ennemies, pour dégager les théâtres d'opérations principaux.

Ce but il l'atteignit en livrant quatre batailles en deux mois. Elles furent acharnées, et si souvent incertaines, qu'une impression nette, indiscutable se dégage : si la garde nationale mobile avait été armée, solidement encadrée et instruite, le sort de la campagne eût été tout autre, malgré l'organisation ennemie, malgré la démoralisation causée par les premiers désastres.

Cette constatation suffit à la mémoire du général Faidherbe, à la gloire de son armée ; elle justifie toutes nos espérances.

TABLE DES MATIÈRES

	Pages.
XV. — Marche de l'armée du Nord sur Saint-Quentin, du 14 au 17 janvier...	1
XVI. — Combats de Beauvois et de Vermand...	36
XVII. — La bataille de Saint-Quentin sur la rive gauche de la Somme...	77
XVIII. — La bataille de Saint-Quentin sur la rive droite de la Somme...	113
XIX. — Fin de la campagne...	151

CARTES.

Carte d'ensemble de la région du Nord, au 1/320,000°.
Emplacement des troupes le 15 janvier, au 1/200,000°.
Emplacement des troupes le 16 janvier, au 1/200,000°.
Emplacement des troupes le 17 janvier, au 1/200,000°.
Combats de Beauvois et de Vermand, au 1/50,000°.
Emplacement des troupes le soir du 18 janvier, au 1/80,000°.
Bataille de Saint-Quentin, au 1/50,000°.

Paris. — Imprimerie R. Chapelot et C°, 2, rue Christine.

DOCUMENTS ANNEXES.

CHAPITRE XV.

JOURNÉE DU 14 JANVIER.

a) **Journaux de marche.**

22ᵉ CORPS.

Marche sur Albert. Départ à 8 heures.

Quartier général et génie...............	La Boisselle.

1ʳᵉ DIVISION.

Par la grande route de Bapaume à Albert.

Quartier général......................	Albert.
67ᵉ de marche........................	Ibid.
Un bataillon du 91ᵉ mobiles.............	Ibid.
Batterie Bocquillon.....................	Ibid.
2ᵉ chasseurs..........................	Ovillers.
Batterie Montebello....................	Ibid.
Deux bataillons du 91ᵉ mobiles...........	Pozières.
Services administratifs..................	Ibid.
17ᵉ chasseurs.........................	Contalmaison.
68ᵉ de marche........................	Ibid.
Batterie Collignon.....................	Ibid.
46ᵉ mobiles..........................	Bazentin-le-Petit.

2ᵉ DIVISION.

Le détachement de Bucquoy-Puisieux et celui d'Achiet-le-Petit se rejoignent à Miraumont et suivent jusqu'à Albert la route parallèle au chemin de fer, par Beaucourt, Hamel, Mesnil, Martinsart.

Quartier général.........................	Albert.
1re brigade, sauf un bataillon du 44e mobiles.	*Ibid.*
Batteries Marx et Beauregard..............	*Ibid.*
18e chasseurs............................	Aveluy.
91e de ligne.............................	*Ibid.*
Batteries Chastang et mixte de marine......	*Ibid.*
Mobiles de Somme-et-Marne................	Bécourt.
2e bataillon du 44e mobiles, l'intendance et les services administratifs...............	La Boisselle.

23e CORPS.

Cantonnements de la division Payen (Journaux de marche des corps).

Brigade Michelet : Martinpuich (19e chasseurs), Courcelette.
Brigade Delagrange : Le Sars et Warlincourt (47e mobiles). Un bataillon est en flanc-garde à gauche de l'abbaye d'Eaucourt.

2e brigade de mobilisés.

Départ pour Bapaume. Le bataillon du Cateau reste à Bapaume; les six autres bataillons cantonnent à Ligny-Thilloy.

b) **Organisation et administration.**

Ordre de l'armée.

Albert, 14 janvier.

Les deux batteries mixtes de réserve, attachées provisoirement aux divisions du 22e corps, feront retour au grand quartier général, sous les ordres directs du lieutenant-colonel Charon.

FARRE.

Ordre de l'armée.

Albert, 14 janvier.

La compagnie du génie, capitaine Grimaud, est attachée à la 2e division du 22e corps.

La compagnie Sambuc est attachée à la 1re division du 22e corps.

Le parc fera retour au grand quartier général sous les ordres directs du colonel Milliroux.

FARRE.

Le Général en chef au Général commandant l'artillerie, à Douai.

Lille, 14 janvier.

Organisez immédiatement, avec artilleurs mobilisés de la Somme, détachement de 4 officiers, autant que possible anciens sous-officiers d'artillerie, qu'on pourra nommer sous-lieutenants à titre de l'armée auxiliaire, 2 brigadiers, 6 hommes à pied, 30 hommes habitués à conduire les chevaux et 12 attelages à quatre harnachés, avec un attelage de derrière en plus. Ce détachement est destiné à former parc de la colonne mobile de Cambrai. L'envoyer aussitôt que possible à Cambrai, où il recevra des ordres du colonel Isnard.

Le Général en chef au Général commandant l'artillerie, à Douai.

Lille, 14 janvier.

Organisez, je vous prie, d'urgence avec artillerie des mobilisés de la Somme, et envoyez à Douai deux détachements devant former parcs des deux corps d'armée. Ces deux détachements comprendront chacun 12 attelages à quatre harnachés, 1 attelage à deux de derrière, également harnaché, et, comme personnel, 1 lieutenant, 2 maréchaux des logis, 2 brigadiers, 10 canonniers à pied, 15 canonniers habitués à conduire et soigner les chevaux. Prière de faire savoir lorsque ce parc sera prêt, pour que je puisse avertir le colonel Charon.

Le Général en chef au colonel Isnard, à Masnières.

Lille, 14 janvier.

Le général Séatelli reçoit l'ordre de vous délivrer toutes munitions d'infanterie que vous demanderez, ainsi que deux caissons de munitions de 4 de campagne. A votre retour, vous trouverez à Cambrai un parc formé avec quatre caissons pour munitions d'artillerie et six caissons pour munitions d'infanterie.

c) Opérations.

Le général Derroja, commandant la 1re division du 22e corps, à M. le Général de division, commandant le 22e corps.

14 janvier.

Mon général,

J'ai l'honneur de vous rendre compte qu'à mon arrivée à Pozières, j'ai reçu l'ordre de M. le général commandant en chef de faire une reconnaissance vers Albert, dans le but d'opérer en même temps que la division du Bessol. Cette reconnaissance, avec laquelle a marché le général en chef, m'a conduit jusqu'à Albert, où j'ai reçu l'ordre de cantonner les bataillons qui m'accompagnaient. La 1re division occupe, par suite, les cantonnements suivants :

Quartier général de la division.............	Albert.
67e de marche........................	*Ibid.*
1er bataillon du 91e mobiles...............	*Ibid.*
Batterie Bocquillon......................	*Ibid.*
2e bataillon de chasseurs à pied..........	Ovillers.
Batterie Montebello.....................	La Boisselle.
Deux bataillons du 91e mobiles...........	Pozières.
Le convoi............................	*Ibid.*
Le colonel commandant la 2e brigade.......	Contalmaison.
17e bataillon de chasseurs................	*Ibid.*
24e de ligne.........................	*Ibid.*
Batterie Collignon......................	*Ibid.*
46e mobiles..........................	Bazentin-le-Petit

Le général Farre m'a dit que la journée de demain serait consacrée à des reconnaissances, et que les troupes sous mes ordres iraient probablement, en tout ou en partie, dans la direction de Bray.

Ordre du général Farre.

Albert, 14 janvier.

Demain, les diverses reconnaissances, indiquées ci-après, seront exécutées après la soupe du matin; on partira à 8 heures.

La 1re division du 22e corps prendra la route de Bray et reconnaîtra les positions de l'ennemi sur les bords de la Somme, entre Hem et Suzanne. Cette division laissera une demi-brigade à la garde des cantonnements. Cette division se bornera à de simples démonstrations, sans engager un combat sérieux. La 2e division du même corps prendra la route d'Acheux, se portera par Bouzincourt jusqu'à Hédeauville, fera deux kilomètres environ sur la route d'Hédeauville à Amiens, viendra rejoindre la route de Pont-Noyelles à Albert, en passant par Millencourt ou Laviéville, et rentrera par cette dernière route. Elle laissera une demi-brigade à la garde des cantonnements, dont deux bataillons à Albert.

Dans le 23e corps, une brigade de la division Payen fera une promenade militaire jusqu'à Albert, en passant par Contalmaison et Bécourt, et en rentrant par la grande route.

La division Robin fera une promenade militaire sur la route de Bapaume à Albert, jusqu'à 7 ou 8 kilomètres de Bapaume.

Un rapport très sommaire sera établi par chaque commandant de division, et sera transmis au général en chef par les généraux commandant les corps d'armée.

Demain, les deux escadrons de cavalerie d'Albert feront une grande reconnaissance le long du chemin de fer, vers Corbie.

Les deux escadrons de Ligny feront également une reconnaissance dans la direction de Péronne.

22ᵉ CORPS.

2ᵒ DIVISION.

Le Chef d'état-major au Colonel commandant la 2ᵉ brigade.

Vous voudrez bien faire partir demain matin deux bataillons de votre brigade, pris à votre choix, et deux pièces de 4, qui devront être rendus, à 8 heures très précises, en avant d'Albert, sur la route d'Acheux.

Les hommes seront sans sacs, et devront avoir mangé la soupe avant de marcher.

23ᵉ CORPS.

2ᵒ DIVISION.

Ordre.

Bapaume, 14 janvier.

Par ordre du général en chef, à 8 heures précises du matin, les troupes exécuteront les reconnaissances suivantes :

Le 1ᵉʳ régiment de marche partira d'Achiet, après y avoir laissé un bataillon, passera par Bucquoy, Puisieux, Miraumont, laissera à Miraumont une garde sérieuse pour la protection du travail du chemin de fer, et rentrera à Achiet-le-Grand par la route directe d'Achiet-le-Petit.

Le 6ᵉ de marche partira de Biefvillers, se dirigera par Avesnes sur Bapaume, de Bapaume sur Saint-Aubin, Beugnâtre, Bancourt, Mory, Béhagnies, Bihucourt, et rentrera à Biefvillers.

La 2ᵉ brigade (3ᵉ et 4ᵉ régiments de marche), commandée par le colonel Amos, se dirigera sur le Sars, route d'Albert, poussera jusqu'à Pozières, entrant dans ce village avec le plus grand ordre, et reviendra par Martinpuich et Ligny.

Le bataillon de voltigeurs nᵒ 1 prendra la route de Bancourt, Bertincourt, le Transloy, Bapaume.

Le bataillon de voltigeurs n° 3 passera par Frémicourt, Beugny, Bertincourt, et reviendra par Bancourt.

Le bataillon de voltigeurs n° 2 restera à la disposition du capitaine du génie pour les travaux de terrassements.

Dans chaque cantonnement, il sera laissé des troupes à la garde des bagages : à Achiet-le-Grand, un bataillon ; à Biefvillers, un bataillon ; à Thilloy et à Ligny, les 2es bataillons des 3e et 4e régiments de marche ; à Bapaume, deux compagnies des voltigeurs n° 1 et deux compagnies des voltigeurs n° 3.

Pendant les reconnaissances, les troupes restées aux cantonnements seront sous les armes aux postes de combat.

Les grand'gardes ne seront pas relevées.....

Les bagages et les caissons attelés resteront dans les villages.

Un rapport détaillé sera établi par chaque chef de corps.

Le chef d'état-major,

ASTRÉ.

L'ingénieur en chef Bertin au Général en chef.

Douai, 14 janvier.

Par votre dépêche d'hier, vous me demandez si les grandes inondations de la Scarpe et de l'Escaut causeraient de graves dégâts.

Je ne puis répondre à cette question qu'en ce qui concerne la première de ces rivières. L'Escaut est placé dans les attributions de M. Lermoyen, actuellement à Cambrai. Lui seul pourra vous renseigner sur ce point.

Les inondations de la vallée de la Scarpe atteindraient des terres qui sont en général ensemencées. Elles y causeraient naturellement un préjudice assez grave, surtout si la submersion devait se prolonger au delà des semailles du printemps.

Je crois, en outre, devoir vous faire connaître que pour tendre ces inondations il y a des travaux préparatoires à faire. Vous avez à côté de vous un officier du génie qui a été chargé, il y a quelques années, d'étudier la question, et voici le résumé de son travail :

Le premier bief d'inondation s'étend depuis le fort de la Scarpe jusqu'à l'écluse de Lalaing. Il nécessite la construction de deux digues, comportant le mouvement de 53,000 mètres cubes de terre.

Le deuxième bief d'inondation s'étend depuis le bief de Lalaing jusqu'à l'écluse de Marchiennes. Il n'exige que des barrages de cours d'eau de peu d'importance.

Le troisième bassin se termine à l'écluse de Saint-Amand. Les digues à construire auraient ensemble une longueur de 1430 mètres et exigeraient 14,000 mètres de terre.

Le quatrième bief se termine à Thun, et n'entraîne que des barrages de peu d'importance.

Lorsque le général Bourbaki était à Lille, j'ai eu l'honneur de l'entretenir du grand rôle que les inondations du Nord, appuyées par nos places fortes, pouvaient jouer pour la constitution d'une armée destinée à venir au secours de Paris. Cette armée, qui eût été dans une position retranchée inexpugnable, qui aurait pu se ravitailler par mer, qui dans sa marche sur la capitale eût rencontré peu d'obstacles naturels sérieux, cette armée, dis-je, me semblait dans de meilleures conditions que celle de la Loire.

Le Général en chef au Ministre de la guerre, à Bordeaux; au Commissaire de la défense; au Préfet et au colonel de Villenoisy, à Lille (D. T.).

Albert, 14 janvier, 10 heures soir.

Aujourd'hui 14, l'avant-garde de l'armée du Nord est entrée dans Albert, évacué par les Prussiens. Nous avons fait quelques prisonniers.

Le Général en chef au colonel de Villenoisy et au Directeur des fortifications, à Lille; au Préfet de Lille; à l'Ingénieur en chef, à Douai, et à l'Ingénieur en chef, à Cambrai (D. T.).

Albert, 14 janvier, 10 heures soir (n° 1411).

Pour motifs à moi connus, il faut tendre immédiatement les grandes inondations des camps retranchés de la Scarpe et de l'Escaut. Que dès demain on pose les poutrelles de barrage, et qu'on commence les digues de retenue, avec toutes les ressources dont peuvent disposer le service du génie, les services des ponts et chaussées, et même les administrations locales, par réquisition, ou tout autre moyen. Ne rien négliger pour que l'obstacle devienne efficace dans le plus bref délai; étudier, en même temps, l'emplacement d'épaulements pour défendre par le canon les passages les plus dangereux.

FAIDHERBE.

Le général Farre au colonel de Villenoisy, à Lille (D. T.).

Albert, 14 janvier, 11 h. 52 soir. Expédiée à 11 h. 55 (n° 1420).

Répondez le plus tôt possible à ma demande de renseignements précis sur les ouvrages d'art à l'Est de Paris; l'ennemi utilise-t-il sérieusement la voie de Tergnier à Compiègne?

Le Lieutenant-Colonel commandant la colonne mobile de Cambrai au colonel de Villenoisy, à Lille (D. T.).

Masnières, 14 janvier, 1 h. 20. Expédiée à 1 h. 55 (n° 1339).

Situation d'effectif.

24e de ligne	745	hommes.
73e de marche : 1er bataillon............	543	—
73e de marche : 2e bataillon............	537	—
73e de marche : 3e bataillon............	556	—
Mobiles des Ardennes : 1er bataillon......	1,075	—
Mobiles des Ardennes : 2e bataillon.......	547	—
Mobilisés de Dunkerque.................	595	—

Artillerie : deux pièces de 4 de campagne, et huit pièces de montagne.

Je suis cantonné à 8 kilomètres de Cambrai, à Masnières, Marcoing et Crèvecœur; faut-il faire pointe sur Fins, ainsi que je vous l'ai écrit il y a deux heures?

Le colonel de Villenoisy au colonel Isnard, à Masnières (D. T.).

Lille, 14 janvier, 10 h. 46 matin (n° 7532).

La marche de Faidherbe sur Albert va faire évacuer Fins, où vous ne trouveriez personne.

Allez surprendre à Saint-Quentin 1500 Saxons qui se gardent mal. Autant sont dans la banlieue; ils ont 9 canons. Vous reviendrez par Guise pour en surprendre d'autres.

Nous occupons Bohain.

Le colonel de Villenoisy au colonel Isnard, à Masnières (D. T.).

Lille, 14 janvier, 1 h. 9 soir (n° 7547).

Il serait fort utile de surprendre Saint-Quentin, où il y a beaucoup de vivres, et où on veut lever une forte réquisition en argent. Vous pourriez appeler à vous un bataillon des mobiles du Nord du colonel Vintimille, que je préviens.

Vous trouverez à votre retour sous Cambrai un parc d'artillerie et des munitions.

Le colonel Isnard au colonel de Villenoisy, à Lille (D. T.).

Masnières, 14 janvier, 1 h. 45. Expédiée à 2 h. 6 soir (n° 4361).

Suivant instructions du général en chef, je partirai demain pour faire une tournée par Saint-Quentin, Guise et Bohain. Des munitions le plus tôt possible pour mon infanterie et mon artillerie. J'en ai le besoin le plus urgent.

Le colonel de Vintimille au colonel de Villenoisy, à Lille (D. T.).

Busigny, 14 janvier, 7 h. 25 soir.

Je suis à Busigny avec deux bataillons, complètement à la disposition du colonel Isnard.

Faut-il me porter en avant dans la direction de Saint-Quentin ou attendre ici?

Répondez-moi.

Le Général en chef au colonel Isnard, à Masnières (D. T.).

Lille, 14 janvier, 10 h. 47 soir. Expédiée à 11 h. 50 (n° 7610).

Vintimille est à Busigny avec deux bataillons; dites-lui s'il doit aller à Bohain ou à Saint-Quentin, pour vous joindre?

Renseignements.

Le Sous-Préfet de Doullens au Général commandant supérieur, à Arras, et au Préfet de la Somme (D. T.).

Doullens, 14 janvier.

Trois colonnes prussiennes, infanterie et peu d'artillerie, venant d'Amiens et Franvillers, ont couché cette nuit à Albert, leur effectif total est de 7,000 à 8,000 hommes.

Querrieux est occupé fortement.

JOURNÉE DU 15 JANVIER.

a) Journaux de marche.

22e CORPS.

Reconnaissances. — Départ à 8 heures.

La 1re division va jusqu'à Bray-sur-Somme, reconnaît les positions de l'ennemi entre Etinehem et Suzanne et revient à Albert.

La 2e division passe par Bouzincourt, Hédeauville, suit pendant deux kilomètres la route d'Hédeauville à Amiens et revient par Millencourt et Laviéville.

La brigade active des mobilisés du Pas-de-Calais, comprenant six bataillons et un peloton d'éclaireurs à cheval, est attachée au 22e corps. Elle quitte Arras à 7 h. 1/2 et vient s'établir, en passant par la route de Bucquoy, à Anthuile (trois bataillons et le peloton d'éclaireurs), Thiepval (un bataillon) et Mesnil (deux bataillons).

La 2e batterie mixte de marine quitte la 2e division et rentre au quartier général.

La compagnie du génie Sambuc, attachée à la 1re division, se rend de La Boisselle à Albert.

La compagnie du génie Grimaud, attachée à la 2e division, se rend d'Arras à Bapaume.

23e CORPS.

2e brigade de mobilisés.

Séjour à Ligny-Thilloy.
Reconnaissance dans la direction d'Albert.

b) Organisation et administration.

Le commandant Queillé au général Séatelli, à Cambrai.

Lille, 15 janvier.

Le détachement destiné à former le parc de réserve de la colonne Isnard est parti à 3 heures de Douai ; les caissons de munitions d'infanterie et d'artillerie sont partis cette nuit de Lille ; que l'officier commandant le détachement réunisse le tout et avertisse le colonel Isnard de son arrivée à Cambrai.

Le commandant Queillé au Major général et au colonel Charon, à Albert.
Lille, 15 janvier.

Les deux détachements pour parcs des 22ᵉ et 23ᵉ corps : 1 lieutenant, 2 sous-officiers, 2 brigadiers, 25 conducteurs, 10 servants, 10 attelages à 4, 1 attelage de derrière pour chaque détachement, partiront demain de Douai, vers 1 heure de l'après-midi, à destination d'Albert.

Le Général en chef au Ministre de la guerre, à Bordeaux.
Lille, 15 janvier.

C'est progressivement que l'on a pu réunir les éléments de la garde mobile qui ont servi à former des bataillons, souvent très divers dans leur effectif et leur composition.

Nous avons été contraints de les modifier profondément pour constituer les trois régiments portant les nᵒˢ 46, 47 et 48 avec les neuf premiers bataillons du Nord.

Plus tard, on a pu former avec les bataillons, 10, 11 et 12 un nouveau régiment qui a pris provisoirement le nᵒ 48 *bis*, et, par une lettre du 9 de ce mois, je vous ai prié d'approuver cette formation, ainsi que celle d'un régiment constitué avec les débris des bataillons de la Somme et de la Marne ; tous ces régiments sont composés de trois bataillons de cinq compagnies, à 150 hommes chacune ; augmenter cet effectif serait dépasser la limite de surveillance des chefs.

Les hommes continuant d'arriver ont rempli les cadres des compagnies excédantes, et on a pu rapidement, sans appauvrir les dépôts, former un autre régiment semblable aux précédents : le 46ᵉ *bis*. De plus, les débris des bataillons de l'Aisne servent en ce moment à former un autre régiment, et ceux des Ardennes vont servir à en former un autre encore.

Je vous ai adressé les expéditions des ordres concernant ces diverses formations ; l'ordre relatif au 48ᵉ *bis* ne paraissant pas vous être parvenu, je vous en adresse une autre expédition.

Veuillez avoir la bienveillance d'approuver ces formations et de m'informer des numéros définitifs qu'il faut leur donner, si vous n'approuvez pas les numéros actuels.

Le Ministre de la guerre au Général commandant en chef, à Lille (D. T.).

Bordeaux, 15 janvier (n° 1509).

Vous me demandez les numéros de deux régiments d'infanterie de marche pour les corps que vous formez ; prenez les n°s 83 et 84 ; vous me dites que le 25ᵉ bataillon de marche de chasseurs à pied sera en ligne dans quelques jours ; je vous avais indiqué comme disponible le n° 24 ; mais comme j'ai formé à Auxonne le 25ᵉ bataillon de marche de chasseurs, donnez le n° 26 au bataillon que vous avez formé, s'il est distinct du 24ᵉ.

Le général Treuille de Beaulieu au colonel de Villenoisy et au général Farre, à Albert (D. T.).

Douai, 15 janvier, 8 h. 50 matin. Expédiée à 8 h. 52 (n° 1429).

Il me manque des harnais pour former la batterie de 4 demandée pour Arras.

Elle sera servie par la 1ʳᵉ batterie de la Somme et pourra partir de Douai dès que j'aurai le harnachement nécessaire ; pouvez-vous m'en faire envoyer de Lille ?

Le Ministre de la guerre au Général commandant les 22ᵉ et 23ᵉ corps, à Lille.

Bordeaux, 15 janvier, 10 heures matin. Expédiée à 1 h. 40 soir (n° 1524).

Les membres du Gouvernement de la Défense nationale ont signé, à la date du 12 janvier, un décret ainsi conçu :

Art. 1ᵉʳ. — Il sera formé dans le régiment étranger un nouveau bataillon qui prendra le n° 6.

Art. 2. — Ce bataillon aura six compagnies ; il s'administrera séparément, jusqu'à nouvel ordre, et sera commandé par un chef de bataillon français.

Art. 3. — Le cadre des officiers sera constitué comme il suit : 1 chef de bataillon, 1 capitaine adjudant-major, un capitaine-major, 1 lieutenant faisant fonctions de trésorier et d'officier d'habillement, 6 capitaines, 6 lieutenants, 6 sous-lieutenants.

Art. 4. — Le capitaine-major et le sous-lieutenant chargé des détails administratifs seront français.

Art. 5. — Procédez immédiatement à l'organisation de ce bataillon à Douai.

DIRECTION D'ARTILLERIE DE DOUAI.

Situation des armes existant dans les places de la Direction à la date du 15 janvier.

DÉTAILS DES MOUVEMENTS.	ARMES SE CHARGEANT PAR LA CULASSE.				CARABINES A PERCUSSION.	FUSILS à PERCUSSION		MOUSQUE-TONS A PERCUSSION		PISTOLETS DE CAVALERIE.	SABRES							LANCES HAMPÉES.
	Carabines transformées par la culasse.	FUSILS									d'adjudant	de troupes à pied.	modèle 1854 de réserve.	modèle 1854 de dragons.	de ligne.	légère.	de canonnier monté.	
		modèle 1866.	d'infanterie et de voltigeurs transformés par la culasse.	de dragons transformés par la culasse.		d'infanterie et de voltigeurs	de dragons.	d'artillerie modèle 1849.	de gendarmerie.									
5 janvier, il existait...	2	405	877	257	2,013	4,876	2,779	384	3,412	6,375	15	4,644	729	72	944	27	1,525	1,224
Entrées depuis le 5 janvier....	42	1,081	509	52	457	578	694	8	7	1,427	»	410	»	»	242	6	4	»
Totaux.....	44	1,486	1,386	309	2,470	5,454	3,470	392	2,419	7,502	15	5,054	729	72	1,183	33	1,529	1,224
Sorties depuis le 5 janvier...	»	1,250	200	»	143	90	192	»	3	74	»	»	»	»	27	26	474	»
15 janvier, il existe...	14	236	4,486	309	2,327	5,364	3,278	392	2,446	7,428	15	5,054	729	72	4,156	7	1,355	1,224

Ordre de l'armée.

La compagnie du génie, capitaine Mangin, est attachée à la 1re division du 23e corps.

Contrairement à l'ordre du 14 janvier courant, six prolonges resteront affectées au parc de la 1re division du 23e corps.

Trois prolonges d'outils du 23e corps et deux des quatre prolonges amenées par le capitaine Grimaud, feront retour au grand quartier général pour y constituer une réserve.

c) Opérations.

Rapport du colonel de Villenoisy.

Lille, 15 janvier.

Sur la route de Reims à Laon se trouve le grand viaduc de Guignicourt, à deux étages; il suffirait d'en ruiner un. On a rétabli la voie de La Fère à Amiens; il y a vers Nesle un ouvrage à détruire.

Les routes qu'il faudrait couper sont celles de Soissons à Reims et de Soissons à Villers-Cotterets. Le tunnel de Vierzy, près de Soissons, rétabli en bois, qu'on pourrait brûler, est gardé par 600 hommes, mais le viaduc de Bellu, plus près de Soissons, n'est pas gardé. Je ne sais au juste ce qui se trouve entre Soissons et Reims; je vous le dirai en temps utile, mais il y a beaucoup à faire de ce côté.

Vos prescriptions sur le camp retranché sont fort difficiles à exécuter.

Ce camp a pour but de se défendre contre une attaque venant du Nord; la rive droite de l'Escaut domine la rive gauche; je ne crois pas qu'il rende de bons services. Des officiers vont étudier les ouvrages à faire.

Les barrages de l'Escaut, de la Sensée, seraient aisément établis près des places, mais sur la ligne du Nord, ceux de Douai à Saint-Amand, de Condé à Mortagne, exigeraient beaucoup de temps et de travail. Il est vrai qu'ils ne paraissent pas très utiles.

A-part les difficultés d'exécution que j'ai signalées et sur lesquelles je ne reviens pas, il est des points qui exigent une solution précise. L'inondation de Douai couvre la route d'Arras et gêne l'exploitation du chemin de fer; jusqu'où faut-il aller?

L'inondation de Valenciennes couvre le faubourg de Paris, menace les campagnes et les fosses à charbon; faut-il faire cela?

L'inondation de Condé se réunit à celle de Valenciennes au moyen d'un barrage intermédiaire, qui noie alors des établissements importants et une immense population.

Décidez d'après des considérations d'ordre supérieur, mais vu la température, le nombre de jours dont nous disposons et les difficultés à vaincre, je ne pense pas que l'on réussisse ni que l'on obtienne un résultat proportionné au dommage, et à l'abandon de Cambrai et des places de la Sambre.

Le colonel de Villenoisy au Général en chef, à Albert.

Lille, 15 janvier, 9 h. 30 matin.

Je crois comprendre vos motifs pour tendre les inondations, mais remarquez que la gelée les rendra inefficaces. J'exécute néanmoins vos ordres. L'ennemi utilise toutes les lignes de chemin de fer. J'ai envoyé Matrot en Belgique pour avoir de la dynamite, et deux expéditions vont se mettre en route pour s'en servir.

Vous aurez par courrier le peu de détails que j'ai sur les ouvrages d'art.

Faut-il agir sur route d'Amiens à Rouen ? Avez-vous donné des ordres directs à Isnard ou doit-il exécuter les prescriptions données par moi ?

VILLENOISY.

Le colonel de Villenoisy au Général en chef, à Albert.

Lille, 15 janvier, 10 h. 45 matin.

On s'occupe des inondations, mais les barrages à faire avec des terres gelées seront difficiles.

De plus, les études n'ont jamais été faites. Il ne faut compter que sur les inondations des places, les canaux et les rivières.

Le travail, même complet, n'empêcherait pas une marche par Saint-Pol et Béthune sur Hazebrouck.

Je vous dois ces observations, tout en exécutant vos ordres pour lesquels je requiers le concours des services intéressés.

VILLENOISY.

22e CORPS.

Le Général commandant la 2e division au Général commandant le 22e corps d'armée.

Albert, 15 janvier.

Mon général,

Conformément à l'ordre donné, la 2e division du 22e corps a

exécuté aujourd'hui une reconnaissance avec six bataillons et une batterie de 4.

J'ai suivi la route d'Albert à Hédeauville. Bouzincourt avait été évacué depuis hier soir par les Prussiens.

Une colonne d'infanterie et de cavalerie avait couché à Hédeauville et n'en était partie que ce matin.

Les renseignements pris dans cette direction confirment l'évacuation d'Acheux.

A partir d'Hédeauville, j'ai pris la route d'Amiens, que j'ai suivie jusqu'à Warloy, où les gens du pays annonçaient une troupe assez nombreuse.

Dans le trajet d'Hédeauville à Warloy, les uhlans ont échangé quelques coups de fusil avec les flanqueurs de droite; je n'ai trouvé à Warloy qu'un poste, qui s'est enfui après une décharge faite sur mon avant-garde.

De Warloy j'ai pris la route d'Hénencourt et de Millencourt. Des cavaliers prussiens se sont approchés si près de mes tirailleurs que ces derniers n'ont pas osé d'abord faire feu, les prenant pour des cavaliers français.

J'ai laissé à Millencourt les francs-tireurs du commandant Pousseur. Il me fait dire ce soir qu'il est attaqué par de la cavalerie; je ne crois pas nécessaire de lui envoyer de renfort; je l'autorise seulement à se replier sur Albert, si le nombre des assaillants augmente.

Les renseignements m'indiquent que des forces sérieuses occupent Contay et la rive droite de l'Hallue.

Beaucoup de cavaliers forment un rideau devant nous.

23ᵉ CORPS.

1ʳᵉ DIVISION.

Rapport sur la reconnaissance faite par la 1ʳᵉ brigade dans la journée du 15.

La brigade, composée du 19ᵉ bataillon de chasseurs, du régiment de fusiliers marins, du 48ᵉ régiment de garde mobile, de la batterie Dieudonné, est partie de ses cantonnements ce matin à 8 heures (Courcelette et Martinpuich) et est allée à Albert, en passant par Contalmaison et Bécourt. Le retour s'est opéré par la route directe d'Albert à Bapaume. La rentrée dans les cantonnements a eu lieu à 3 h. 1/2.

Rien à signaler, sinon l'état des routes qui sont très glissantes.

L'artillerie marchait très péniblement.

(*Sans signature.*)

Reconnaissance faite par les escadrons de Ligny.

Ligny, 15 janvier.

Mon Colonel,

Conformément à vos ordres, les deux escadrons cantonnés à Ligny, sous mes ordres, sont partis ce matin en reconnaissance, à 8 heures, dans la direction de Péronne par Flers et Gueudecourt.

(*Sans signature.*)

Reconnaissance faite par les escadrons d'Albert.

Un escadron et demi s'est dirigé sur Corbie, plaçant une pointe sur le chemin de fer, une autre fraction sur la droite, dans la direction de Pont-Noyelles ; une troisième fraction sur la gauche, la réserve à un kilomètre en arrière.

En arrivant à Heilly, nos ailes, ainsi que notre pointe, ont échangé quelques coups de fusil avec les éclaireurs prussiens.

Environ 12,000 hommes d'infanterie, deux régiments de cavalerie et six batteries sont arrivés de Pont-Noyelles et se sont formés à droite et à gauche du bois de Saint-Christophe. Il nous ont envoyé trois obus.

(*Sans signature.*)

Le général Pauly au Général commandant le 22ᵉ corps.

15 janvier.

Mon Général,

J'ai l'honneur de vous informer que je suis arrivé avec ma brigade aux trois points qui m'avaient été indiqués : Authuille (trois bataillons, un peloton d'éclaireurs à cheval); Thiepval (un bataillon), et Mesnil (deux bataillons).

Cinq de mes bataillons ayant fait 30 kilomètres hier, pour leur première journée de marche, et environ 25 aujourd'hui, par le mauvais temps, sont fatigués et, s'il n'y pas d'inconvénient, on pourrait les laisser se reposer un peu ici.

Il est urgent d'assurer le service des subsistances, mes hommes n'ayant reçu de vivres que jusqu'à aujourd'hui inclusivement.

Le Général commandant le 22ᵉ corps au général Pauly.

Il y a eu probablement une erreur dans la fixation des cantonnements que vous me dites occuper aujourd'hui. D'après les renseignements qui m'avaient été transmis par le grand quartier général, vous deviez cantonner ce soir aux villages de Puisieux, Achiet-le-Petit et Miraumont.

J'ai envoyé ce soir à Achiet-le-Petit, où je vous supposais, un gendarme porteur des instructions concernant le service des vivres, ainsi que des ordres du général en chef pour la journée de demain.

Il sera nécessaire que vous envoyiez quelqu'un à Achiet-le-Petit pour recevoir ces pièces.

C'est l'intendance de la 1re division du 22e corps qui est chargée d'assurer les vivres de votre brigade.

Le sous-intendant militaire de cette division, qui a déjà reçu des ordres à cet égard, se trouve en ce moment à Pozières, qu'il doit quitter demain matin.

Vous devrez donc vous mettre immédiatement en relation avec lui et l'informer des emplacements que vos troupes occupent, ceux-ci différant de ceux que je lui avais indiqués.

Pour vous conformer aux ordres de marche donnés par le général en chef pour la journée de demain, vous devrez rétrograder jusqu'aux trois villages de Puisieux, Achiet-le-Petit et Miraumont. Comme par ces ordres il vous était prescrit de pousser deux reconnaissances vers Mailly et vers Mesnil, vous ne vous mettrez en marche qu'à midi, en partageant votre brigade en deux colonnes : la première, comprenant les troupes que vous enverrez à Puisieux, passera par Mailly ; la seconde, comprenant les troupes marchant sur Achiet-le-Petit et Miraumont, suivra la route parallèle au chemin de fer par Hamel et Beaucourt.

Vous placerez votre quartier général à Achiet-le-Petit ; le mien sera demain à Étricourt.

Le colonel Isnard au colonel de Villenoisy, à Lille.

Masnières, 15 janvier 1871, 10 h. 15 matin.

Je vais coucher ce soir à Bellicourt. Colonel de Vintimille couchera ce soir à Méricourt. Le télégraphe s'arrête à Masnières ; toutes les munitions ne sont pas encore arrivées, le général Séatelli a promis de les envoyer dans la journée.

Le Général en chef au colonel de Villenoisy, à Lille.

Albert, 15 janvier, 4 h. 5 soir.

Faites enlever les Saxons de Saint-Quentin.

FAIDHERBE.

Le colonel de Villenoisy au colonel Isnard, à Masnières.

Lille, 15 janvier, 7 h. 14 soir. Expédiée à 7 h. 34 soir.

Général en chef me dit : « Faites enlever les Saxons de Saint-Quentin. » Voyez ce qu'il faut faire. Assurez-vous le concours de Vintimille, et gardez avec soin les approvisionnements que vous trouverez.

VILLENOISY.

Le Directeur des télégraphes au colonel Isnard, à Masnières (D. T.).

Cambrai, 15 janvier.

Je préviens le colonel de Vintimille que vos dépêches, transmises après le combat, disent : je partirai cette nuit, à 3 h. 1/2 du matin, pour aller attaquer Saint-Quentin.

Note du général Farre pour le colonel de Villenoisy.

Albert, 15 janvier.

L'armée se met en marche demain pour l'Est et sera établie le soir entre Sailly-Saillisel et Nurlu.

Le 17, elle se portera vers Saint-Quentin, en appuyant un peu sur la droite. Il faudrait que le même jour, les mobilisés de l'Aisne et la colonne Isnard soient établis à l'Est et au Nord de cette ville, de manière à couper la retraite aux troupes ennemies qui y seraient demeurées, et qui seront attaquées le lendemain.

Le 19, la marche sera continuée. On détruira en passant un ouvrage d'art sur le chemin de fer de Compiègne de manière à empêcher tout le transit de Laon à Paris, par cette voie. On se portera en même temps sur Laon.

Un coup de main sera essayé sur cette ville, en y faisant pénétrer, à l'avance, une soixantaine d'hommes vigoureux, choisis à cet effet, et dont l'officier est porteur de la présente note. Ces hommes sont envoyés à Lille pour être mis en bourgeois, armés de poignards seulement. Dès le 16, ils seront dirigés vers le département de l'Aisne pour prendre leurs dispositions en se concertant avec le préfet, et agir sur l'ordre qui leur sera envoyé quand on sera en mesure de les soutenir. Un homme sûr sera détaché au grand quartier général, près de Saint-Quentin, par cette troupe, pour lui porter l'ordre d'agir au moment voulu. La marche ultérieure sera réglée suivant les circonstances.

Le chemin de fer cessera tout service sur Albert, qui, dès demain à

10 heures du matin, sera sans protection. Un télégramme préviendra M. d'Arcangues d'arrêter le service à Achiet demain. Le jour suivant on ne dépassera pas Boisleux, et ensuite le 18, on s'arrêtera à Arras. Cette gare, et la ligne d'Arras à Douai, devront être sérieusement gardées par la garnison d'Arras, qui sera renforcée à cet effet. Il importe que le service sur cette place ne soit plus suspendu.

Les mobilisés seront échelonnés, par gros paquets, pour la protection de Saint-Quentin, de Cambrai et de la voie ferrée de cette région qu'on se préparera à remettre en service jusqu'à Tergnier ; mais le secret sera gardé à ce sujet jusqu'au 18.

Ordre de l'armée pour le 16 janvier.

Albert, 15 janvier.

Demain, 16 janvier, l'armée se mettra en marche à 7 h. 1/2 du matin, pour aller prendre les cantonnements indiqués ci-après :

22ᵉ CORPS.

Quartier général : Étricourt.

1ʳᵉ DIVISION.

Quartier général : Nurlu.

Troupes. — Nurlu, Liéramont, Guyencourt, en passant par Fricourt, Montauban, Guillemont, Sailly et Manancourt.

2ᵉ DIVISION.

Quartier général : Étricourt.

Troupes. — Manancourt, Étricourt, Équancourt, en passant par Contalmaison, Longueval, Morval, Sailly.

La brigade des mobilisés du Pas-de-Calais marchera en reconnaissance, avec la plus grande partie des troupes, vers Mailly et Mesnil, à une distance de 3 ou 4 kilomètres, et rentrera dans ses cantonnements.

23ᵉ CORPS.

Quartier général : Fins.

1ʳᵉ DIVISION.

Troupes. — Fins, Sorel, Heudicourt, en passant par Flers, le Transloy, Rocquigny.

2ᵉ DIVISION.

Sans changer ses cantonnements, surveillera la route d'Albert jusqu'à le Sars et au delà.

Convoi et réserve. — Le convoi et les réserves d'artillerie et du génie, ainsi que les parcs, se mettront en mouvement à 6 heures du matin, et se rendront à Équancourt, en passant par Pozières, Flers, le Transloy et Rocquigny. Ils seront accompagnés par un bataillon de la 2ᵉ division du 22ᵉ corps.

Cavalerie. — La cavalerie restera à l'arrière-garde ; avant de partir, elle fera deux reconnaissances, l'une dans la direction de Bouzincourt, l'autre dans la direction de Dernancourt. L'arrière-garde comprendra, en outre, un bataillon de la 2ᵉ division du 22ᵉ corps. Elle sera placée sous le commandement du colonel Barbault de la Motte, commandant la cavalerie. Cette arrière-garde suivra la même route que la 2ᵉ division du 22ᵉ corps. Elle ne partira pas avant 10 heures.

Grand quartier général : Manancourt.

Le général en chef désire qu'il y ait de bonnes troupes à l'arrière-garde. Pour arriver à ce résultat, la 2ᵉ brigade, de chaque division, marchera la gauche en tête.

P.-S. — Le général commandant le 22ᵉ corps est prié de ne communiquer au général Pauly que la partie de l'ordre concernant sa brigade.

22ᵉ CORPS.

2ᵉ DIVISION.

Ordre de marche pour la 2ᵉ brigade.

Albert, 15 janvier.

Demain, à 7 heures, la 2ᵉ brigade se mettra en marche. Les trois bataillons et les deux batteries qui sont à Aveluy se porteront sur la route d'Albert à Contalmaison, et s'arrêteront au delà de la Boisselle, à une distance telle de ce village, que toute la 2ᵉ brigade, plus le convoi qui doit être placé entre les deux brigades, ait dépassé de quelques centaines de mètres le village de la Boisselle.

Le régiment de Somme-et-Marne partira également à 7 heures de Bécourt, et viendra prendre position à la suite des autres troupes de la 2ᵉ brigade sur la route de Contalmaison, en passant par la Boisselle.

La 2ᵉ brigade prendra ses cantonnements à Équancourt.

La compagnie du génie de la division viendra prendre rang en avant de la batterie de tête de la 2ᵉ brigade.

d) Situations et emplacements.

QUARTIER GÉNÉRAL.

Situation de la 3ᵉ compagnie bis du train d'artillerie du 6 au 10 janvier.

OFFICIERS		HOMMES DE TROUPE				CHEVAUX			
pré-sents.	dé-tachés.	pré-sents.	dé-tachés.	à l'hôpi-tal.	Effectif.	d'offi-ciers.	de troupe.	dé-tachés.	Effectif.
2	»	126	83	2	103	2	96	158	254

Situation des troupes du génie.

DÉSIGNATION DES CORPS.			EFFECTIFS.			
Divi-sions.	Régi-ments.	Compagnies.	OFFICIERS.	SOUS-OFFICIERS et soldats.	CHEVAUX de selle.	CHEVAUX et mulets de trait ou de bât.
1ʳᵉ	2ᵉ	2 bis	3	156	4	12
2ᵉ	2ᵉ	2 ter	4	127	4	18
1ʳᵉ	3ᵉ	2 dépôt	4	132	3	12
»	3ᵉ	1 bis	4	220	1	12
»	3ᵉ	s/c.	»	43	»	66
		Totaux...	15	678	12	120

A Albert, le 15 janvier 1871.

Le Colonel commandant le génie de l'armée,
MILLIROUX.

Situation de la 2e division du 22e corps à la date du 15 janvier 1871.

DÉSIGNATION DES CORPS.		OFFICIERS				CHEVAUX		HOMMES DE TROUPE				CHEVAUX	
		disponibles	indisponibles	aux hôpitaux	détachés	disponibles	indisponibles	disponibles	indisponibles	aux hôpitaux	détachés	disponibles	indisponibles
1re brigade.	20e bataillon de chasseurs..	14	1	3	»	2	»	499	12	203	16	2	»
	69e de marche.............	54	»	12	»	9	»	1,485	4	256	230	5	»
	44e rég. de mobiles (Gard)..	41	1	9	1	9	»	1,694	130	229	230	»	»
	Totaux............	109	2	24	1	20	»	3,675	146	688	476	17	»
2e brigade.	48e bataillon de chasseurs..	49	»	»	»	1	»	680	»	120	171	2	»
	91e régiment d'infanterie...	30	»	8	»	3	»	1,256	»	438	220	6	»
	Régim. de Somme-et-Marne.	45	»	10	»	4	»	1,666	»	430	373	9	»
	Totaux............	94	»	48	»	8	»	3,602	»	988	764	17	»
Totaux...	1re brigade............	109	2	24	1	20	»	3,675	146	688	476	17	»
	2e brigade............	94	»	48	»	8	»	3,602	»	988	764	17	»
	Totaux généraux.......	203	2	42	1	28	»	7,277	146	1,676	1,240	34	»

Le Chef d'état-major,

ZEDÉ.

Situation de la 1re division du 22e corps à la date du 9 janvier 1871.

DÉSIGNATION DES CORPS.	OFFICIERS				CHEVAUX		HOMMES DE TROUPE				CHEVAUX	
	disponibles	indisponibles	aux hôpitaux	détachés	disponibles	indisponibles	disponibles	indisponibles	aux hôpitaux	détachés	disponibles	indisponibles
1re brigade. 2e bataillon de chasseurs...	44	»	3	»	4	»	505	»	102	»	»	»
1er et 2e bataillons du 75e...	33	»	5	»	5	»	1,463	55	180	9	2	»
1er bataillon du 65e...	43	»	3	»	4	»	570	2	110	42	3	»
94e mobiles...	40	»	1	»	4	»	4,782	»	834	»	»	»
2e brigade. 17e chasseurs...	13	»	4	»	3	»	785	121	»	3	»	»
68e régiment d'infanterie de marche...	31	»	2	»	10	»	4,493	5	239	»	»	»
46e mobiles...	33	3	21	»	3	»	4,730	277	228	4	5	»
Artillerie. 1re batterie bis du 15e...	3	»	»	»	6	»	417	»	49	»	101	6
2e principale du 15e...	3	»	»	»	6	»	125	6	»	»	»	»
3e batterie bis du 12e...	3	»	»	»	4	»	123	6	7	»	140	»
Troupe d'administration...	14	»	»	»	8	»	498	»	4	»	185	»
TOTAUX...	200	3	49	»	50	»	8,680	471	4,723	450	531	6

Bapaume, le 12 janvier 1871.

Le Chef d'état-major,
JARRIEZ.

Situation de l'artillerie de la 2ᵉ division du 22ᵉ corps à la date du 14 janvier 1871.

NUMÉROS DES BATTERIES.	OFFICIERS				CHEVAUX		HOMMES DE TROUPE				CHEVAUX		OBSERVATIONS.
	disponibles.	indisponibles.	aux hôpitaux.	détachés.	disponibles.	indisponibles.	disponibles.	indisponibles.	aux hôpitaux.	détachés.	disponibles.	indisponibles.	
2ᵉ batterie *ter* du 15ᵉ d'artillerie (M. Marx).	4	»	»	»	7	»	123	»	7	»	106	»	Y compris 10 subsistants.
3ᵉ batterie *bis* du 15ᵉ d'artillerie (M. Chastang).	3	»	»	»	5	»	108	5	25	»	95	»	Y compris 22 subsistants et 24 chevaux en subsistance.
3ᵉ batterie principale du 12ᵉ d'artillerie (M. Beauregard).	3	»	»	»	6	»	134	»	9	»	108	»	
Batterie mixte de la marine.	2	»	1	»	»	»	129	3	21	»	123	»	1 chef d'escadron, 2 chevaux d'officiers, 21 hommes et 19 chevaux en subsistance.

Situation du 23ᵉ corps à la date du 10 janvier.

1ʳᵉ DIVISION.

DÉSIGNATION DES CORPS.	OFFICIERS dis-ponibles.	indis-ponibles.	aux hôpitaux.	détachés.	CHEVAUX dis-ponibles.	indis-ponibles.	HOMMES DE TROUPE dis-ponibles.	indis-ponibles.	aux hôpitaux.	détachés.	CHEVAUX dis-ponibles.	indis-ponibles.
19ᵉ bataillon de chasseurs	12	»	»	»	5	»	566	»	68	»	»	»
1ᵉʳ bataillon de marins	12	»	2	»	4	»	390	7	60	5	»	»
2ᵉ bataillon de marins	11	»	1	»	4	»	514	10	90	5	»	»
3ᵉ bataillon de marins	12	»	»	»	5	»	420	»	56	9	»	»
48ᵉ régiment de mobiles 7ᵉ bataillon	12	»	4	»	6	»	518	»	70	7	»	»
8ᵉ bataillon	12	»	2	»	3	»	555	»	113	6	»	»
9ᵉ bataillon	9	»	3	»	3	»	544	»	51	»	»	»
24ᵉ bataillon de chasseurs	13	»	1	»	3	»	484	15	(3	5	»	»
5ᵉ bataillon du 33ᵉ	10	»	4	»	10	»	520	»	62	290	»	»
2ᵉ bataillon du 65ᵉ	11	»	3	»	7	»	624	»	65	166	»	»
47ᵉ régiment de mobiles 4ᵉ bataillon	12	1	2	»	6	»	641	26	29	6	»	»
5ᵉ bataillon	15	»	4	»	3	»	722	86	83	40	»	»
6ᵉ bataillon	12	»	3	»	3	»	506	48	149	6	»	»
5ᵉ bataillon de mobilisés	29	»	1	»	4	»	646	44	34	4	»	»
3ᵉ batterie 1ᵉʳ du 15ᵉ d'artillerie	3	»	»	»	»	»	431	»	55	»	423	»
4ᵉ batterie bis du 15ᵉ d'artillerie	3	»	»	»	3	»	426	»	»	»	126	»
Batterie Dupuich	4	»	1	»	»	»	424	9	5	2	87	»
TOTAL	202	2	32	»	66	»	8,098	245	1,050	543	336	»
Génie	4	»	»	»	3	»	453	»	»	»	37	»
Prévôté	2	»	»	»	2	»	27	»	4	2	23	»

CAMPAGNE DE L'ARMÉE DU NORD.

2e régiment de marche...	50	5	»	»	»	4	»	1,200	5	38	37	6	»
6e régiment de marche...	59	9	»	»	»	4	»	458	»	48	»	6	»
Bataillon de voltigeurs n° 2	26	4	»	4	»	2	»	973	476	168	8	6	»
3e régiment de marche...	54	7	5	»	»	5	»	1,392	357	81	20	6	»
4e régiment de marche...	67	5	6	4	»	4	»	525	4	24	»	6	»
Bataillon de voltigeurs n° 3	20	»	»	4	»	4	»	427	»	14	»	17	»
Artillerie... { Batterie du Finistère...	3	»	»	»	»	»	»	»	»	»	»	»	»
{ Batterie de la Seine-Inférieure.	7	»	»	»	»	5	»	107	»	7	»	17	»
Cavalerie...	6	»	»	»	»	7	»	34	»	4	3	28	»
Gendarmerie...	2	»	»	»	»	2	»	32	»	»	»	34	»
TOTAL...	335	26	14	4	»	35	»	6,688	549	555	97	435	»
TOTAUX de la 1re division.	208	2	32	»	»	74	»	8,278	245	4,054	545	393	»
TOTAL de la 2e division...	335	26	14	4	»	35	»	6,688	549	555	97	435	»
TOTAUX GÉNÉRAUX...	543	28	46	4	»	106	»	14,966	794	1,609	1,042	533	»

Béhagnies, le 12 janvier 1871.

Le Chef d'état-major du 23e corps,

MARCHAND.

Le Colonel commandant supérieur, à Avesnes, au Général en chef, à Lille.

Avesnes, 15 janvier, 11 h. 40 soir. Expédiée à 12 h. 10 soir (n° 1443).

Voici la situation du 14 :

A Landrecies : 4 officiers, 138 hommes du 7ᵉ bataillon du Nord. 6ᵉ mobilisés de Saint-Quentin (2ᵉ bataillon) : 4 officiers, 142 hommes. Compagnie du génie de l'Aisne : 4 officiers, 98 hommes.

A Maubeuge : 46ᵉ *bis* mobiles : 8 officiers, 921 hommes, déduction faite des compagnies partant le 14. Artillerie mobile : 2 officiers, 55 hommes. 5ᵉ dragons : 5 hommes. Légion de Saint-Quentin (mobilisés) : 58 officiers, 1750 hommes. Légion de Vervins (mobilisés) : 30 officiers, 835 hommes.

A Avesnes, situation du 15 : 1ᵉʳ bataillon de la 3ᵉ légion des mobilisés de la Somme : 30 officiers, 705 hommes.

Je n'ai pas reçu d'ordre pour faire aller à Cambrai la légion de Vervins, ni au Quesnoy la légion de Saint-Quentin.

Je télégraphie au commandant supérieur à Landrecies pour licencier le génie.

Renseignements.

Le Service des renseignements au général Faidherbe, à Bapaume (faire suivre).

Bordeaux, 15 janvier, 11 heures matin.

En cherchant quelles sont les forces prussiennes qui vous sont opposées, je trouve, comme probable, la présence du VIIIᵉ corps tout entier, avec le général de Gœben, et la 3ᵉ division de landwehr ; les régiments composant le VIIIᵉ corps sont les *28ᵉ*, *29ᵉ*, *33ᵉ*, *40ᵉ*, *65ᵉ*, *68ᵉ*, *69ᵉ* et *70ᵉ*, plus le *8ᵉ* chasseurs. La cavalerie divisionnaire comprend les *7ᵉ* et *9ᵉ* hussards ; la 3ᵉ division de landwehr comprend 23 bataillons des *6ᵉ*, *46ᵉ*, *18ᵉ*, *59ᵉ*, *17ᵉ* et *15ᵉ* régiments de landwehr et des *19ᵉ*, *72ᵉ* et *81ᵉ* de ligne, avec 16 escadrons de cavalerie de réserve du 1ᵉʳ dragons, *3ᵉ* hussards, *5ᵉ* uhlans et *2ᵉ* de grosse cavalerie. Vous devez avoir encore en face de vous la 3ᵉ division de cavalerie formée de quatre régiments à quatre escadrons, savoir : le *8ᵉ* cuirassiers, le *7ᵉ*, le *5ᵉ* et le *14ᵉ* uhlans, enfin des régiments détachés du XIIᵉ corps saxon.

Je vous prie de me faire savoir si l'interrogatoire des prisonniers, ou les renseignements fournis par les éclaireurs, ont révélé la présence d'autres troupes, et de me dire notamment quels sont les numéros des régiments du XIIᵉ corps.

Renseignements du commandant Jourdan (sans adresse).

Mon Général,

Voici les quelques renseignements que j'ai pu obtenir. L'ennemi est signalé à Sailly-Lorette; à Chipilly, rien, hormis quelques cavaliers. A Suzanne, on les signale en force, avec retranchements et un peu d'artillerie; cependant, ces forces ne dépasseraient pas 1500 à 2,000 hommes.

Ils sont cantonnés à Cappy avec une artillerie assez nombreuse, et leur nombre paraît assez important. Ils sont venus le matin à 3 heures réquisitionner à Gailly-Cerisy, et ces réquisitions doivent être conduites à Méricourt-sur-Somme, où sont cantonnés un mille d'ennemis.

Le Commandant du bataillon de reconnaissance,
JOURDAN.

P.-S. — A Bray-sur-Somme, ils sont assez nombreux et tiennent les ponts prêts à sauter.

Renseignements fournis par le berger de Bray.

A Bray, il y a environ 1500 fantassins et hussards. En arrière de la ligne de la Somme, les villages suivants sont occupés par 30,000 hommes au moins : Foucaucourt, Harbonnières, Rozières, Estrées, Éterpigny, Assevillers, Becquincourt, Herbécourt, Flaucourt, Barleux.

On a vu de l'artillerie à Estrées, Assevillers et Becquincourt.

Le Capitaine aide de camp de service.

JOURNÉE DU 16 JANVIER.

a) Journaux de marche.

22ᵉ CORPS.

Marche sur Saint-Quentin. Départ à 7 h. 1/2.
Quartier général à Étricourt.

1re DIVISION.

Passe par Fricourt, Mametz, Montauban, Guillemont, Combles et Rancourt. Cantonne à Bouchavesnes et Moislains.

2e DIVISION.

1re brigade et convoi, par Contalmaison et Longueval. Cantonne à Combles.

2e brigade, par Contalmaison et Longueval, Ginchy, Morval, Sailly. Cantonne à Équancourt avec le génie.

Le dégel et le mauvais temps ont empêché les troupes d'arriver aux cantonnements fixés par l'ordre.

22e CORPS.

2e DIVISION.

Général commandant la division	Combles.
Services administratifs	Ibid.
3e batterie principale du 12e	Ibid.
2e batterie ter du 15e	Ibid.
3e batterie bis du 15e	Équancourt.
1re brigade	Combles.
2e brigade	Équancourt.

b) Organisation et administration.

Le commandant Queillé au Major général et au colonel Charon, à Saint-Quentin.

Les deux détachements pour les parcs des 22e, 23e corps sont partis de Douai le 16 janvier, à destination d'Albert, mais sans matériel.

S'il faut envoyer matériel à Saint-Quentin, indiquer sa nature. Il y a, à Arras, un parc de munitions d'infanterie; à Douai, un parc de munitions d'infanterie et un parc de munitions d'artillerie; à Lille, un parc de munitions d'infanterie.

Faut-il envoyer ce dernier à Cambrai et en former un nouveau à Lille?

c) Opérations.

Le colonel Isnard au Général en chef.

Cambrai, 16 janvier, 12 h. 16 matin.

Je suis arrivé à Bellicourt avec ma colonne. 400 Prussiens avec deux pièces ont attaqué notre avant-garde au Câtelet. Après être entré dans Bellicourt, j'ai été encore attaqué ; le combat a duré une heure. Un officier d'artillerie et 8 hommes blessés. Les Prussiens ont une pièce démontée et 30 hommes tués. Je partirai cette nuit, à 3 heures du matin, pour aller attaquer Saint-Quentin.

Rapport du colonel Isnard sur la prise de Saint-Quentin.

Mon Général,

J'ai l'honneur de vous rendre compte de la prise de Saint-Quentin.

Conformément aux ordres du général en chef, j'ai pris, le 14 courant, mes dispositions pour marcher sur Saint-Quentin. Mon plan a consisté à faire route en deux jours, de manière à arriver devant cette ville le 16 à la pointe du jour. J'ai envoyé, en conséquence, par dépêche télégraphique, l'ordre au colonel de Vintimille de se porter, le 15 du courant, avec ses deux bataillons de mobiles, de Bohain à Fresnoy-le-Grand, d'en repartir dans la nuit du 15 au 16, à 3 heures du matin, et d'arriver devant Saint-Quentin à la pointe du jour. Comme, de mon côté, je devais arriver au même moment par la route de Cambrai, je me proposais de faire une attaque simultanée de la ville par les routes du Cateau, de Cambrai et de Savy.

Je suis parti du village de Masnières avec la brigade, le 15 janvier, pour aller coucher à Bellicourt. Lorsque je suis arrivé à Bonavis, j'ai aperçu au delà du canal, sur ma droite, et en avant sur la route du Câtelet, un détachement prussien fort de 500 hommes d'infanterie, deux escadrons et deux pièces d'artillerie.

Ce détachement s'est replié sur le Câtelet, où il y a eu un engagement d'avant-garde qui n'a cependant pas arrêté la marche de la colonne. Je suis arrivé à Bellicourt à 3 heures, j'ai cantonné la brigade dans ce village et dans celui de Nauroy. A peine les troupes étaient-elles installées dans leurs cantonnements, que le détachement prussien prenait position sur les coteaux au delà de Riqueval. Pendant que son artillerie canonnait Bellicourt, son infanterie cherchait à aborder le village par la grande route, et sa cavalerie tentait de le tourner par les hauteurs Ouest. J'ai tenu l'ennemi en respect avec deux pièces de campagne, et trois compagnies du 24e de ligne, que j'ai placées à l'entrée du village, et avec un bataillon du 73e de ligne, qui est allé occuper les hauteurs Ouest.

Le combat a duré environ une heure et demie ; puis l'ennemi, ayant eu une de ses pièces démontées, s'est retiré et est rentré à Saint-Quentin. A minuit, j'ai expédié un courrier au colonel de Vintimille, à Fresnoy-le-Grand, pour lui dire que je ne changeais rien aux ordres que je lui avais télégraphiés. Je suis parti de Bellicourt à 3 h. 1/2 du matin, mon avant-garde poussant devant elle une patrouille d'une dizaine de uhlans, et je suis arrivé devant Saint-Quentin un peu avant la pointe du jour. J'ai pris position à 2,000 mètres des premières maisons du faubourg Saint-Jean, à cheval sur la route, les trois bataillons du 73ᵉ de ligne à droite et derrière la ferme de Cépy, les deux bataillons des mobiles des Ardennes à gauche, et détachant des tirailleurs au moulin à vent qui est sur la route du Cateau, pour me rallier avec la colonne Vintimille que j'attendais, et que je ne voyais pas arriver. En même temps, j'ai fait avancer au centre, sur la route, le bataillon du 24ᵉ de ligne, couvert par deux compagnies de tirailleurs et par les zouaves éclaireurs du Nord. J'ai fait mettre en batterie, près de la ferme de Cépy, mes deux pièces de campagne, pour répondre au feu de l'artillerie prussienne qui était placée au moulin à vent de Rocourt, sur la route de Savy, et quatre pièces de montagne pour battre la route du Cateau, sur laquelle on m'avait signalé de la cavalerie ennemie. Pendant que ces dispositions s'exécutaient, j'ai envoyé un officier reconnaître quels étaient les dispositifs de défense qui avaient été faits dans Saint-Quentin, et une patrouille de zouaves sur la route du Cateau afin de rechercher la colonne Vintimille que je ne voyais toujours pas arriver. Pendant que mon artillerie répondait au feu de l'ennemi, les tirailleurs du 24ᵉ de ligne et les zouaves du Nord s'engagèrent peu à peu dans le faubourg Saint-Jean, dans lequel ils ne trouvèrent qu'une faible résistance ; puis ils pénétrèrent dans la ville, et arrivèrent jusque sur la place de la Mairie, poursuivant les fuyards prussiens qui se retiraient par la route de Ham. Lorsque j'ai vu qu'il n'y avait pas de résistance sérieuse, j'ai fait suivre les tirailleurs par le commandant du bataillon du 24ᵉ de ligne. Le commandant de ce bataillon m'ayant fait rendre compte que la ville était abandonnée par les Prussiens, j'y ai fait entrer le convoi, puis tout le reste de la brigade.

La colonne du colonel Vintimille n'a pas paru de la journée et ce n'est que le lendemain qu'elle est arrivée à Saint-Quentin.

ISNARD.

Le colonel de Vintimille au Commandant de la colonne volante de Cambrai (D. T.).

Le Cateau, 16 janvier, 11 h. 55 matin.

Hier, ayant entendu le combat que vous livriez près du Câtelet, pensant que nos projets pouvaient être changés, je vous dépêchai deux hommes qui partaient de Fresnoy-le-Grand par différents chemins.

En attendant votre réponse, j'ai réuni ce matin un conseil, à la suite duquel nous nous sommes repliés sur le Cateau. Je suis dans la désolation de n'avoir reçu votre réponse qu'à 10 heures ce matin.

Le colonel de Vintimille au Chef d'état-major, à Lille (D. T.).

Le Cateau, 16 janvier, 11 h. 55 matin.

Hier soir, j'arrivai avec deux bataillons, vers 5 heures du soir, à Fresnoy-le-Grand, d'où nous entendions les derniers coups de canon d'un engagement assez sérieux qui, d'après le dire des habitants, avait eu lieu près du Câtelet. Je ne doutai pas un instant que ce ne fût le colonel Isnard qui était aux prises avec les Prussiens; craignant que cet engagement ne changeât ses dispositions, je lui dépêchai deux exprès qui partirent de Fresnoy à 7 heures du soir, l'un par le Câtelet, l'autre par Bellicourt, où le colonel devait coucher avec sa colonne. D'après les ordres que j'avais reçus, je devais partir pour Saint-Quentin, le 16, à 4 heures du matin. J'ai attendu la réponse du colonel Isnard jusqu'à 4 h. 1/2; ne voyant rien venir, j'ai réuni un conseil, qui a jugé, à l'unanimité, que nous ne pouvions rester plus longtemps dans la position aventurée où nous nous trouvions, que d'ailleurs l'heure était passée pour le coup de main projeté; nous nous sommes donc décidés à rentrer au Cateau, où, à 10 heures, un de mes envoyés est venu m'apporter la réponse du colonel Isnard qui disait que rien n'était changé à ses projets. Jugez de ma désolation, mais hélas! il était trop tard.

Le colonel de Vintimille au Chef d'état-major, à Lille.

Le Cateau, 16 janvier, 4 h. 15 soir.

J'apprends d'une manière indirecte que le colonel Isnard se bat à Saint-Quentin. Je repars pour Bohain; mes hommes sont bien fatigués.

Le Major général au Major général adjoint, à Lille.

Albert, 16 janvier, 1 h. 10 matin (n° 1540).

Point d'ordres donnés à Isnard; vous les donnerez d'après les instructions que vous recevrez demain. Pour les houillères prévenir les compagnies afin qu'elles se préservent par des batardeaux étanches. La gelée n'est pas indéfinie, et le général en chef juge ce camp retranché nécessaire comme dernier refuge.

Le Général en chef au Ministre de la guerre, à Bordeaux.

Albert, 16 janvier, 1 h. 10 matin. Expédiée à 6 h. 42.

L'armée du Nord, continuant sa marche en avant, est allée le 14 de Bapaume à Albert, où elle est entrée sans coup férir. Le 15, l'armée du Nord a été reconnaître les passages de la Somme ; tous les ponts sont coupés, et l'armée prussienne a barricadé et retranché les villages de la rive gauche ; les routes sont tellement glissantes que les mouvements de troupes sont pour ainsi dire impossibles. Nous continuons à faire journellement quelques prisonniers.

FAIDHERBE.

Le général Farre au colonel de Villenoisy, à Lille.

Avesnes, 16 janvier, 6 heures.

Les départs de demain pour l'armée seront dirigés sur Saint-Quentin, si Isnard s'en rend maître ; nous serons demain vers Vermand.

Le Major général au Major adjoint, à Lille.

Bapaume, 16 janvier, 9 h. 12 soir (n° 1611).

Vous pouvez faire rétablir le pont sur la voie ferrée de Lens, le service s'arrêtera demain à Arras ; envoyez d'urgence sur cette place des forces suffisantes pour garder la gare et le chemin de fer jusqu'à Douai.

Envoyez après-demain les convois sur Saint-Quentin pour vivres, renforts et évacuations.

Le Major général au général Séatelli, à Cambrai, au Major général adjoint, à Lille, etc...

Bapaume, 16 janvier.

Demain les télégrammes devront être expédiés à l'armée, par Cambrai.

Le général Séatelli les adressera au quartier général à Vermand, par trois courriers, l'un partant à 11 heures, le second à 5 heures du soir, le troisième à minuit.

Ces courriers pourront être dirigés avec sécurité en observant que l'armée aura parcouru l'intervalle entre Equancourt et Roisel, et occupera le pays de Roisel à Vermand.

Note.

16 janvier.

En raison de la difficulté des chemins : La 1re division du 22e corps s'établira à Bouchavesnes et à Moislains ; la 2e division s'arrêtera à Combles et à Rancourt (du Bessol-Combles).

Grand quartier général, Sailly-Saillisel.

FARRE.

Le Général commandant le 22e corps au Général en chef.

Je reçois à l'instant l'ordre qui change les cantonnements du corps d'armée. A moins que les divisions n'aient été prévenues directement par vous, il m'est impossible à cette heure avancée d'arrêter leur marche. Je conserve mon quartier général à Étricourt.

LECOINTE.

Le général de Gislain au général du Bessol.

16 janvier.

Mon Général,

J'ai l'honneur de vous rendre compte que toute la brigade est arrivée à Équancourt, un peu mouillée par l'eau qu'elle a traversée.

Le 33e et le 65e sont ici ; nous sommes les uns sur les autres.

Je suis avec respect, mon Général, votre très obéissant serviteur.

DE GISLAIN.

Le Général commandant le 23e corps au Général en chef.

Fins, 16 janvier, 10 h. 30 soir.

Mon Général,

J'ai l'honneur de vous rendre compte que la plupart des chemins que nous avons dû prendre, pour suivre votre itinéraire, étaient impraticables pour l'artillerie ; nous avons été forcés de faire plusieurs détours pour en trouver de bons, et la marche que nous venons de faire aujourd'hui a été excessivement fatigante.

A partir d'Ytres nous avons rencontré plusieurs torrents qui n'ont cessé de grossir (les chevaux avaient de l'eau jusqu'au poitrail) ; aussi les troupes n'ont-elles pu se rendre toutes aux premiers cantonnements assignés, et elles étaient trop avancées pour rester dans ceux que vous avez indiqués au commandant Payen.

Je crois devoir vous en prévenir afin que, si vous aviez l'intention de marcher en avant demain 17, vous sachiez que la division Payen ne peut pas être réunie à Fins en entier *avant 9 heures du matin.*

P.-S. — Je n'ai reçu votre ordre de mouvement qu'à 11 h. 3/4 hier soir à Martinpuich.

Le colonel de Villenoisy au Général en chef.

Lille, 16 janvier, 6 h. 25 soir.

Les Prussiens ont évacué Saint-Quentin, où Isnard est entré, en faisant 25 prisonniers.

Je lui dis de ramasser les vivres, et je fais réparer la voie. J'envoie Vintimille à Guise avec 1500 hommes.

L'Ingénieur en chef au Général en chef.

Cambrai, 16 janvier (n° 2150).

Suivant vos ordres, j'ai placé ce matin tous les barrages de l'Escaut à Cambrai et à Bouchain ; je fais affluer vers Cambrai toutes les eaux du canal de Saint-Quentin pour élever rapidement l'inondation à sa plus grande hauteur.

Le général Robin au Général commandant le 23ᵉ corps d'armée.

Bapaume, 16 janvier.

Mon Général,

J'ai l'honneur de vous rendre compte des reconnaissances faites par ma division.

La 2ᵉ brigade est allée jusqu'à Contalmaison.

Le 1ᵉʳ régiment de marche est allé jusqu'à Miraumont, et y a laissé des gardes jusqu'à l'arrivée des mobilisés du Pas-de-Calais.

Le 6ᵉ régiment de marche a éclairé les routes avec deux bataillons sur Mory et Beugnâtre.

Mes voltigeurs et la cavalerie sont allés à Le Transloy.

23ᵉ CORPS.

2ᵉ DIVISION.

Ordre de marche.

Le 17 janvier, la 2ᵉ division se mettra en route.

Le 1ᵉʳ régiment de marche, partant à 6 h. 1/2 d'Achiet-le-Grand, se dirigera par Bihucourt et Biefvillers sur Bapaume, où il prendra, sur la route de Péronne, la gauche du bataillon de voltigeurs n° 1.

Le 6ᵉ régiment de marche, partant à 7 heures de Biefvillers, suivra le 1ᵉʳ régiment de marche et viendra prendre sa place de bataille sur la route de Péronne.

Le bataillon de voltigeurs n° 3 prendra la gauche du 6ᵉ régiment de marche.

La 2ᵉ brigade partira à 7 heures de Ligny et Thilloy, et se dirigera sur Bapaume.

Les 3ᵉ et 4ᵉ régiments de marche se placeront en bataille à la suite du bataillon de voltigeurs n° 3, sur la route de Péronne.

Le convoi et tous les bagages seront à la gauche, escortés par le bataillon de voltigeurs n° 2.

Le général rappelle que chaque bataillon doit être suivi de son caisson.

Une section de la batterie du Finistère marchera derrière le 1ᵉʳ bataillon du 1ᵉʳ régiment de marche, le reste de la batterie suivra le 1ᵉʳ régiment de marche.

Les deux batteries de la Seine-Inférieure, encadrées par le bataillon de voltigeurs n° 3, marcheront entre les deux brigades.

La gendarmerie fermera la colonne.

La cavalerie restera à la disposition du général.

La colonne se mettra en marche à 7 h. 1/2 de Bapaume sur Riencourt, Villers-au-Flos, Rocquigny, Équancourt.

La 2ᵉ brigade cantonnera à Equancourt, moins le bataillon de voltigeurs n° 2, qui continuera sa marche jusqu'à Fins.

Les bataillons de voltigeurs nᵒˢ 1 et 3, l'artillerie, la cavalerie, la gendarmerie, l'intendance cantonneront à Fins, où sera le quartier général.

Les 1ᵉʳ et 6ᵉ régiments de marche cantonneront à Sorel.

Au quartier général de Bapaume, le 16 janvier.

Le Général commandant la division,

Par ordre :

Le Chef d'escadrons, sous-chef d'état-major,
IMBARD.

d) Situations et emplacements.

Le colonel Martin au Chef d'état-major, à Lille.

Avesnes, 16 janvier, 3 h. 20 soir.

Le préfet de l'Aisne me donne les renseignements suivants : le dépôt des mobilisés de l'Aisne est à Landrecies : effectif, 106 hommes; la légion de Vervins, deux bataillons, est à Cambrai ; la légion de Laon, en formation, 800 hommes environ, est au Quesnoy ; la légion de Saint-Quentin, deux bataillons, a été laissée à Maubeuge.

Le Général en chef au Commandant de l'artillerie, à Arras.

Lille, 16 janvier.

La batterie des mobilisés du Pas-de-Calais, armée de pièces anglaises, ne devra pas quitter Arras sans un ordre du général en chef.

Renseignements.

Sans indication d'origine.

Arras, 16 janvier.

Monsieur le Général,

J'ai l'honneur de vous adresser des renseignements qui me sont communiqués par un magistrat.

Les Prussiens ont chassé tous les habitants de Querrieux et s'y sont établis.

La plus grande partie de leur artillerie est en batterie près du bois, appuyée par 35,000 à 40,000 hommes. A Querrieux se trouvent notamment les *4e* et *44e* régiments.

Les forces totales des Prussiens dans les environs d'Amiens sont évaluées à 50,000 hommes, qui se trouvent tant à Querrieux qu'à Boves.

Le Chef d'état-major du 23e corps au Général commandant en chef.

Mon Général,

J'ai l'honneur de vous adresser les renseignements que j'ai pu obtenir ce soir à Maricourt, sur la route d'Albert à Péronne.

Les Prussiens paraissent appuyer leur aile droite à Péronne et leur aile gauche à Méricourt-sur-Somme.

Leur armée serait donc déployée sur un parcours d'au moins six lieues et ne se composerait guère, si j'en crois différentes versions, que d'une douzaine de mille hommes, non compris la garnison de Péronne.

Ce qui me ferait croire qu'il ne sont pas plus nombreux, c'est que tous les ponts de la Somme sont coupés ou prêts à l'être, et qu'ils se sont fortifiés sur plusieurs passages de cette rivière, entre autres à Feuillères et à Cappy.

JOURNÉE DU 17 JANVIER.

a) Journaux de marche.

22e CORPS.

Marche sur Saint-Quentin. Départ à 7 h. 1/2.
Quartier général : Vermand.
La 1re division est arrêtée en arrivant à Templeux par un parti ennemi posté dans un bois ; elle le repousse et poursuit sa route par Templeux, Longavesnes, Marquaix et Bernes. Les Prussiens, réunis à Vermand, se retirent, et la division cantonne à Vermand et dépendances, Soyécourt, Villévêque et à Marteville.

Le 2e chasseurs, chargé d'escorter le parc d'artillerie et le grand convoi, passe par Nurlu, Liéramont, Villers-Faucon et Roisel.

La 1re brigade de la 2e division suit la 1re division.

La 2e brigade passe par Nurlu et rejoint la 1re, ainsi que la compagnie du génie Grimaud. La division prend ses cantonnements à Bernes, Fléchin, Pœuilly, Hancourt.

La brigade des mobilisés du Pas-de-Calais passe par Bapaume, Bancourt et Haplincourt et va cantonner à Bertincourt et Ytres.

Emplacement des troupes de la 1re *division du* 22e *corps* :

Quartier général..................	Vermand.
67e de marche....................	*Ibid.*
Intendance.......................	*Ibid.*
Batterie Collignon................	*Ibid.*
91e mobiles......................	Marteville.
Batterie Montebello...............	*Ibid.*
68e de marche....................	Caulaincourt.
Batterie Bocquillon...............	*Ibid.*

17e bataillon de chasseurs............... Trefcon.
46e mobiles (1)....................... Villévêque.

Le 2e bataillon de chasseurs avec le convoi du grand quartier général.

Emplacement des troupes de la 2e division du 22e corps :

Général commandant la division........... Pœuilly.
Services administratifs.................. Fléchin.
3e batterie principale du 12e............. Pœuilly.
2e batterie *ter* du 15e.................. Hancourt.
3e batterie *bis* du 15e.................. Pœuilly.

1re brigade.

Colonel commandant la 1re brigade........ Hancourt.
20e chasseurs........................... Fléchin.
Infanterie de marine.................... Hancourt (2).
43e de ligne............................ *Ibid.*
44e mobiles .... Bernes.

2e brigade.

Colonel commandant la 2e brigade......... Pœuilly.
18e chasseurs........................... *Ibid.*
91e de ligne............................ *Ibid.*
101e mobiles............................ Soyécourt.

23e CORPS.

Quartier général....................... Roisel.

1re DIVISION.

Quartier général....................... Jeancourt.
Brigade Michelet....................... Roisel.
Brigade Delagrange (24e chasseurs, 2e bataillon du 65e, mobilisés du Pas-de-Calais)................................ Hervilly.

---

(1) Le Journal de marche du 46e mobiles dit que les 1er et 3e bataillons cantonnèrent, le 17, à Caulaincourt, le 2e bataillon à Trefcon.

(2) La relation du commandant Brunot dit que l'infanterie de marine cantonna le 17 à Fléchin.

33ᵉ d'infanterie	Jeancourt.
47ᵉ mobiles	Hesbécourt.
Services administratifs	Jeancourt.

2ᵉ brigade de mobilisés.

Départ pour Équancourt. Le bataillon du Cateau est à Fins, avec le quartier général de la division. Marche très pénible; les routes sont coupées par l'inondation. Ordre à 9 heures du soir de s'attendre à une attaque.

b) Organisation et administration.

Namur, 17 janvier.

Mon cher Villenoisy,

J'ai reçu ton télégramme et je m'empresserai d'exécuter tes ordres dès que j'aurais reçu les fonds que tu m'annonces. Sans argent comptant, on n'est pas écouté.

Je ne perds pourtant pas mon temps et je reconnais les ressources de la place.

Ne te fais pas d'illusions; elles sont très faibles.

Ce que j'ai rencontré jusqu'ici, sans pouvoir l'acquérir faute d'argent, consiste en petits lots de dix, vingt ou quarante fusils modèle 1866, ramassés sur les champs de bataille des Ardennes ou de la Lorraine; mais le transport de ces armes à Lille, à Dunkerque ou à Douai sera très difficile, car les ordres les plus sévères ont été donnés pour empêcher le passage du matériel de guerre à la frontière.

(Signature illisible).

c) Opérations.

Au colonel de Gislain, à Equancourt. — Ordre de marche pour le 17 janvier.

Etricourt, 17 janvier.

Dans le cas où vous n'auriez pas reçu d'ordre du général du Bessol, je vous envoie, pour ce qui vous concerne, l'ordre de marche du 17 janvier :

Départ à 7 h. 1/2.

Itinéraire : Fins, Nurlu, Roisel, Bernes.

Cantonnements : Pœuilly, Soyécourt et Fléchin.

Quartier général de la 2ᵉ division : Pœuilly.
Quartier général du 22ᵉ corps et grand quartier général : Vermand.

Par ordre :
Le Capitaine sous-chef d'état-major général,
FARJON.

Le Général commandant l'artillerie au lieutenant-colonel Charon, à Vermand (D. T.).

Douai, 17 janvier, 9 h. 45 matin (n° 7258).

Je vous enverrai demain à Saint-Quentin, par voie ferrée, les munitions mises en réserve à la gare de Douai ; je suppose que c'est ce que vous appelez parcs des 22ᵉ et 23ᵉ corps.

TREUILLE DE BEAULIEU.

Le Général commandant supérieur au Général en chef.

Cambrai, 17 janvier.

Mon Général,

J'ai l'honneur de vous adresser plusieurs dépêches par exprès.

J'ai transmis cette nuit, à Saint-Quentin, un télégramme du colonel de Villenoisy, ainsi conçu :

« Écrivez au colonel Isnard de réunir les vivres à Saint-Quentin.
« J'envoie Vintimille à Guise. Rien à redouter du côté de l'Ouest. »

Le Général,
SÉATELLI.

Le Commandant supérieur au Chef d'état-major général à Lille.

Abbeville, 17 janvier, 3 h. 30 soir (n° 1675).

Je prends les mesures nécessaires pour la concentration de la 1ʳᵉ légion de la Somme à Abbeville et je donne l'ordre d'envoyer le bataillon d'Hesdin à Douai.

BABOUIN.

Le Major adjoint au Général en chef (D. T.).

Lille, 17 janvier, 9 h. 35 matin (n° 779).

Un détachement de dragons va aujourd'hui à Arras ; je masse huit bataillons à Abbeville.

VILLENOISY.

Reconnaissance sur la route de Ham.

Saint-Quentin, 17 janvier.

Les 2e et 3e compagnies du 1er bataillon de mobiles des Ardennes, parties à 11 heures et rentrées à 4 h. 1/2 du soir, sont allées sur la route de Ham, à une distance de 6 kilomètres.

L'avant-garde a poussé jusqu'à 1500 mètres du village de Roupy, où elle apprit qu'il y avait 20 cavaliers dans le village.

Le Lieutenant commandant les deux compagnies,
LECLERC.

Le lieutenant-colonel Isnard au Colonel adjoint au Major général, à Lille (D. T.).

Saint-Quentin, 17 janvier (n° 1703).

Vintimille est arrivé aujourd'hui ici avec deux bataillons. J'ordonne à son 3e bataillon de le rejoindre.

ISNARD.

Ordre du général Farre.

Vermand, 17 janvier.

En règle générale, le parc du génie devra marcher avec le parc d'artillerie et les trois batteries de réserve, sous l'escorte de la compagnie du génie du grand quartier général. Le trésor se joindra à ce convoi, ainsi que la poste.

On ne devra jamais s'écarter de ces prescriptions sans un ordre formel.

d) **Situation et emplacements**.

État des cantonnements, au 17 janvier, de la 2e division du 23e corps d'armée.

Fins, 17 janvier.

Quartier général	Fins.
Artillerie	*Ibid.*
Voltigeurs n° 1	*Ibid.*
1er régiment de marche	Sorel.
6e régiment de marche	*Ibid.*
Voltigeurs n° 2	Fins.
3e régiment de marche	Équancourt.
4e régiment de marche	*Ibid.*

Bataillon de voltigeurs n° 3	Fins.
Intendance	*Ibid.*
Ambulance	*Ibid.*
Gendarmerie	*Ibid.*
Cavalerie	*Ibid.*

Le Chef d'état-major,
ASTRÉ.

Renseignements.

M. Carnot, préfet de la Seine-Inférieure, au Général en chef, à Lille (D. T.).

Le Havre, 17 janvier, 3 h. 15 soir (n° 1674).

Je vous communique, sous toutes réserves, la dépêche suivante du chef de station à Fécamp :

Fécamp, 17 janvier, 10 heures matin.

« J'ai appris, ce matin, que 6,000 Prussiens, avec une nombreuse
« artillerie, ont quitté précipitamment Rouen dimanche soir, pour se
« rendre à Amiens. »

Le Major adjoint au Général en chef.

Lille, 17 janvier, 7 h. 30 soir (n° 7843).

Sous-préfet de Doullens annonce que Prussiens font de grands travaux défensifs devant Amiens et à Querrieux, Contay, Baisieux, Villers-Bocage. Le préfet de la Somme croit qu'il y a 100,000 Prussiens entre Amiens et Albert.

VILLENOISY.

CHAPITRE XVI.

JOURNÉE DU 18 JANVIER.

a) Journaux de marche.

22ᵉ CORPS.

Départ à 8 heures.

La 1ʳᵉ brigade de la 1ʳᵉ division, arrivée à Saint-Quentin, revient sur ses pas au bruit du combat engagé à Beauvois, et, finalement, s'établit à Saint-Quentin, au faubourg d'Isle.

La 2ᵉ brigade prend par Caulaincourt, Beauvois, Vaux, Roupy, le Grand-Séraucourt, Essigny-le-Grand. De ce dernier village, elle retourne au Grand-Séraucourt, au bruit du canon, et, sur les avis reçus, retourne cantonner à Essigny-le-Grand.

La 2ᵉ division suit le même chemin, en arrière de la 2ᵉ brigade de la 1ʳᵉ division; mais, à hauteur de Beauvois, sa gauche et son convoi sont attaqués par un corps prussien.

Après un combat de quelques heures, la marche continue et la 1ʳᵉ brigade passe la nuit à Grand-Séraucourt, la 2ᵉ à Contescourt.

La brigade des mobilisés du Pas-de-Calais se porte à Ronsoy et Lempire en passant par Fins, Heudicourt et Épehy.

2ᵉ division du 22ᵉ corps. — Combat de Beauvois.

La 1ʳᵉ brigade, le régiment de Somme-et-Marne et la batterie Marx sont seuls engagés.

Général commandant la division	Grand-Séraucourt.
Services administratifs	Saint-Quentin.
3ᵉ batterie principale du 12ᵉ	Grand-Séraucourt.
2ᵉ batterie *ter* du 15ᵉ	*Ibid.*
3ᵉ batterie *bis* du 15ᵉ	Castres.

1re *brigade.*

Colonel commandant la 1re brigade...	Grand-Séraucourt.
20e chasseurs	*Ibid.*
Infanterie de marine...............	*Ibid.*
Un bataillon du 43e..............	*Ibid.*
Un bataillon du 43e..............	Saint-Quentin.
Un bataillon du Gard..............	Grand-Séraucourt.
Deux bataillons du Gard	Saint-Quentin.

2e *brigade.*

Colonel commandant la 2e brigade.....	Castres.
18e chasseurs.....................	Contescourt.
91e de ligne...	Castres (2e bataillon à Séraucourt).
101e de mobiles...................	Castres et Contescourt (3e bataillon).

101e *régiment de garde mobile* (3e *bataillon*).

Le mercredi 18 janvier, nous partîmes pour Vermand. Arrivés en vue du vieux rempart, nous tournâmes à droite, en nous dirigeant sur Caulaincourt. Le canon grondait pendant que nous traversions ce beau village, qui est dans le fond d'une petite vallée. De là à Beauvois, la route plantée d'arbres traverse un plateau assez découvert. A peine le 3e bataillon de Somme-et-Marne, alors en tête, arrivait-il sur ce plateau, qu'il aperçut des escadrons de hussards prussiens dans la plaine à droite de la route. Deux de ces escadrons, dissimulés derrière une petite garenne, firent une charge des plus brillantes sur le régiment des mobiles du Gard, qui formait la queue de notre 1re brigade, et marchait à 200 mètres devant nous. C'est cette distance qui avait fait croire à ces hussards que la troupe qu'ils chargeaient formait la queue de l'armée, car le parc de Caulaincourt qui borde la route nous dérobait à leur vue.

Notre 1re compagnie se mit rapidement en bataille, et commença le feu; les autres suivirent rapidement.

Les hussards traversent la route devant nous, sabrent les hommes du Gard, dispersés dans la plaine; mais notre feu les force à lâcher prise, d'autant plus qu'une marche des plus vives que nous faisons en avant, les menace d'être coupés. Ils reviennent au galop sur leurs pas, mais non sans perdre plus des trois quarts de leur effectif; dix-huit ou vingt, au plus, ont rejoint les hauteurs de Trefcon.

Nous prîmes quelques hussards démontés et beaucoup de chevaux.

Aussitôt les hussards disparus, des batteries ennemies placées vers Trefcon ouvrirent un feu des plus violents qui nous blessa plusieurs hommes, et tua presque tous les chevaux de nos bagages. Nous traversâmes Beauvois au milieu d'une nuée d'obus, et l'on nous plaça en bataille derrière ce village, perpendiculairement à la route qui va de Beauvois à Vaux. Peu à peu, le feu s'éteignit, et nous pûmes continuer notre route. La nuit nous força à nous arrêter à Contescourt.

23ᵉ CORPS.

1ʳᵉ DIVISION.

19ᵉ bataillon de chasseurs.

Le 18, à 5 heures du matin, le commandant Wasmer reçut ordre de former l'escorte du convoi du 23ᵉ corps, lequel se dirigeait par Vermand sur Saint-Quentin. Le commandant fit de suite sonner la marche du bataillon, mais nous restâmes trois heures sur place.

Vers 10 heures, le canon commença à se faire entendre. Nous continuâmes à marcher, les détonations devenant d'instant en instant plus fréquentes et plus rapprochées. Vers midi, la colonne s'arrêta, et un officier d'ordonnance du général Paulze d'Ivoy vint nous donner l'ordre de nous porter à la défense du village de Pœuilly, que nous apercevions assez loin sur notre droite. On prit à travers champs, malgré la boue épaisse, et à 600 mètres environ de Pœuilly, le commandant reçut une deuxième fois l'ordre d'aller le défendre; on ajoutait : « Jusqu'à la dernière extrémité. » Pour entrer dans le village, il nous fallut traverser un petit bois, au sortir duquel les balles commencèrent à siffler; on courut à une route encaissée qui se trouvait devant nous, et là le commandant forma son bataillon en bataille, en attendant qu'on prît connaissance du terrain. Ce fut vite fait, le village ne présentant que trois rues, l'une en prolongement de la route sur laquelle se trouvait le bataillon, les deux autres perpendiculaires à celle-ci. On prit aussitôt les dispositions suivantes : la 1ʳᵉ compagnie fut envoyée à la défense de la rue de gauche, la 2ᵉ à la défense de la rue de droite, la 5ᵉ se rangea à droite de la 2ᵉ, la 3ᵉ et la 4ᵉ en réserve. Pendant que nous occupions ces positions, les Prussiens s'étaient approchés jusqu'à 200 mètres environ du village; ils avaient même débordé notre gauche, car n'étant inquiétés par personne, leurs tirailleurs marchaient de ce côté comme si Pœuilly n'eût point existé.

Une fusillade terrible s'engagea, mais dura peu; pour ne pas être cernés, il nous fallut battre en retraite. C'est alors que nous perdîmes le plus de monde. Les Prussiens nous voyant sortir des maisons et pouvant enfiler les deux rues du village qui sont parallèles, y dirigèrent un feu roulant qui, en un instant, nous coucha par terre 50 hommes et 1 officier; puis ils se précipitèrent à notre suite, et tout ce qui avait tardé à sortir des maisons fut fait prisonnier. Une section de la 4ᵉ compagnie, envoyée en renfort à la 1ʳᵉ, fut prise toute entière; le sous-lieutenant Blaës, qui la commandait, ne se rendit qu'après avoir épuisé toutes ses munitions. La 2ᵉ section de la 4ᵉ compagnie fut déployée en tirailleurs, et chargée de soutenir la retraite du bataillon. Cette section venait de dépasser le petit bois, par où nous étions arrivés, quand le commandant Wasmer, croyant voir s'avancer des mobiles sur sa gauche, voulut diriger la section de ce côté; seuls, le capitaine de Chastel, deux sous-officiers et un caporal le suivirent; les autres hommes rejoignirent les débris du bataillon. Les prétendus mobiles étaient des Prussiens qui firent feu; le commandant eut la poitrine percée d'une balle; une autre décharge l'atteignit à la tête; le capitaine de Chastel, les deux sous-officiers et le caporal furent faits prisonniers. Les débris du bataillon formèrent plusieurs groupes, dont un seul, commandé par le lieutenant Prétet, fit encore feu ce jour-là.

24ᵉ bataillon de chasseurs.

Arrivée au delà de Vermand, à mi-chemin de Saint-Quentin, la brigade fut arrêtée par le bruit du canon.

Après trois heures d'attente, la brigade reçut l'ordre d'entrer en ligne.

Arrivé au sommet de la pente qui entoure le village de Vermand, le bataillon fut déployé au point d'intersection de la grande route et de la chaussée romaine; cette dernière aboutissant directement aux positions de l'ennemi.

Au bout d'une demi-heure d'inaction sous le feu de l'artillerie, le bataillon reçut l'ordre d'aller occuper le hameau de Soyécourt, que venait d'abandonner un bataillon de marins. Pendant le trajet de 2 kilomètres, le bataillon marchant par le flanc, la gauche en tête, fut canonné sans relâche par une batterie prussienne établie perpendiculairement à la colonne. Le commandant fit prendre le pas gymnastique, et, quittant la grande route, engagea le bataillon sur le hameau, à l'abri d'un rideau de peupliers. Par suite de la fatigue, du terrain glissant et du manque de nourriture, la colonne s'allongea considérablement.

Le commandant fit remettre de l'ordre dans les compagnies, et occuper ensuite les bordures du hameau. La cavalerie ennemie dessinant un mouvement tournant sur la droite, l'ordre fut donné de ne pas tirer.

Lorsque la cavalerie fut arrivée en arrière du bataillon, à bonne portée, le commandant ordonna lui-même le feu ; les cavaliers se débandèrent et s'enfuirent sur notre extrême droite. L'artillerie ennemie reprit alors son action ; deux batteries faisaient converger leurs feux sur le hameau, lançant alternativement des obus percutants et des shrapnels. Le feu prit en deux endroits.

A ce moment, un ordre mal compris ayant fait sonner la retraite, les chasseurs se retirèrent en désordre vers la route. Le commandant reçut en les ralliant un éclat d'obus à la fesse. Deux compagnies faiblirent. Transporté dans une maison du village, le commandant envoya l'ordre au capitaine Joxe de déboucher avec ses tirailleurs, et de se porter en avant.

Vigoureusement ramenés à l'attaque par ce dernier, les chasseurs se déployèrent en tirailleurs et marchèrent résolument sur la batterie, derrière laquelle étaient massées des troupes d'infanterie et de cavalerie. A la gauche du bataillon, reliant ses tirailleurs aux nôtres, se trouvait le 33e de ligne, qui marchait parallèlement à la route.

Déconcertée par cette attaque, l'artillerie prussienne dut quitter ses positions, et nous laisser librement opérer notre retraite sur le hameau. La nuit tombait quand le feu cessa. Les blessés furent enlevés à l'aide de voitures de réquisition, et à 9 h. 1/2 le bataillon se dirigea sur Saint-Quentin, où il arriva à 1 heure du matin.

Les soldats, sans vivres depuis la veille, sans chaussures, exténués par une marche des plus pénibles et par le combat, ne purent pas réparer leurs forces ; l'ennemi nous attaqua à la pointe du jour.

6e *bataillon du Nord*.

Nous partons à 8 heures du matin pour Saint-Quentin ; devant nous le convoi est escorté par les mobilisés du Pas-de-Calais ; nous traversons Vermand vers 10 h. 1/2, en passant devant la 1re brigade qui s'arrête. Vers midi et comme nous sortons de Vermand, le canon se fait entendre du côté de Caulaincourt, nous nous arrêtons, et l'on vient nous dire de continuer notre route. A peine repartis, la canonnade redouble ; nous revenons sur nos pas, et nous nous portons au-devant des Prussiens dans un boue liquide où l'on enfonce jusqu'à mi-jambe, le 6e bataillon tenant la droite du régiment. Je fais déployer en tirailleurs ma 3e compagnie, et quand ses cartouches commencent à s'épuiser, je la fais relever par la 4e. Ce mouvement s'exécute avec beaucoup de sang-froid. Je dispose mes quatre autres compagnies en deux échelons, à 200 mètres l'un de l'autre, l'échelon le plus avancé à 200 mètres des tirailleurs, qui sont à 400 mètres des Prussiens. Ceux-ci sont parfaitement abrités derrière un talus et nous ne voyons que la fumée de leurs fusils et celle d'une batterie, en face de nous, à 800 mètres environ. Les deux compagnies, déployées successivement, perdent une quarantaine d'hommes; M. le capitaine Cortil, un excellent officier, plein de courage et de bonne volonté, reçoit une balle à la joue droite, et survit deux heures seulement à sa blessure. Pour abriter nos hommes, qui sont complètement à découvert, je les fais coucher, puis voyant que les Prussiens ne veulent pas avancer, je fais dire à voix basse de cesser le feu. Bientôt, les ennemis se mettent en mouvement, et quand j'en vois un certain nombre bien à portée, je fais recommencer le feu; ils reculent. Deux fois, ils se laissent prendre à cette ruse, puis ils restent immobiles. La nuit étant venue, M. Delagrange me fait dire de replier sans bruit mes tirailleurs, de rallier mon bataillon avec eux, et de partir pour Saint-Quentin. Nous arrivons à 10 heures dans cette ville, au milieu du plus affreux encombrement; avant de laisser les hommes chercher à se loger dans les faubourgs, on leur distribue des cartouches, mais depuis le 15 ils n'ont eu ni pain, ni viande, ni sucre, ni café.

48ᵉ *régiment de garde mobile.*

La brigade quitta Roisel à 7 heures du matin, le régiment prit la tête de colonne.

A Hervilly, on rencontra la 2ᵉ brigade qui continua sa route sur Vermand, dès que nous l'eûmes rejointe.

Vers midi, la 2ᵉ brigade avait presque entièrement traversé Vermand, le régiment était engagé dans le village, quand le canon se fit entendre vers le Sud-Ouest. La colonne suspendit immédiatement sa marche, et ordre fut donné de se reporter en arrière, en serrant en masse sur la gauche. Le régiment sortit du village, et s'établit sur la route de Caulaincourt, d'où venait le bruit du canon.

La lutte augmentant d'intensité, la brigade fut portée en avant. Les trois bataillons du régiment, formés en colonnes serrées s'avancèrent, à travers champs, vers l'entrée du village de Caulaincourt, en passant à l'Ouest des bois qui se trouvent entre ce village et Vermand, la droite débordant un peu la route. Le 7ᵉ bataillon fut porté à l'Ouest, et prit position dans les bouquets de bois qui couronnent les hauteurs, entre la route de Tertry et celle de Vermand. Le 8ᵉ et le 9ᵉ bataillon, dirigés par le colonel Degoutin, avaient presque traversé Caulaincourt, et marchaient sur Trefcon, quand ils furent rappelés, et formés en bataille, face à l'Ouest sur la route de Vermand, la gauche appuyée aux premières maisons de Caulaincourt. Le 7ᵉ bataillon commandé par le capitaine adjudant-major Steverlynck, soutenait une lutte très vive avec les tirailleurs ennemis qui cherchaient à tourner Caulaincourt par l'Ouest ; la fusillade était très nourrie sur ce point. Les batteries ennemies dirigeaient leur feu au delà de cette position, et atteignaient les deux autres bataillons sur la route de Vermand. Les marins soutenaient le combat en avant et à l'Est de Caulaincourt.

Vers 3 heures, les forces ennemies s'étant considérablement accrues, le 7ᵉ bataillon fut contraint de se replier sur les deux autres ; les marins exécutaient, au même moment, un mouvement de retraite ; la brigade se trouva alors refoulée au delà de Caulaincourt.

Les troupes, bien que pressées de très près, tinrent encore dans cette position, et échangèrent une fusillade très nourrie avec les tirailleurs ennemis.

Le lieutenant-colonel Degoutin, se portant à la tête des 8ᵉ et 9ᵉ bataillons, tenta un mouvement offensif pour se dégager, et contenir l'ennemi au delà de la route de Vermand. Ce succès fut obtenu, mais il fut très difficile à conserver. En présence de ce grand déploiement de forces, le général Paulze d'Ivoy donna l'ordre d'aller prendre une position plus en arrière, en faisant une retraite en échelons. Le régiment gagna les bois qui se trouvent entre Caulaincourt et Vermand, et les traversa sans que l'ennemi osât s'y engager à sa suite, malgré le décousu avec lequel ce mouvement avait eu lieu.

Après que l'ordre fut remis dans les colonnes désorganisées par le combat, par la retraite et par une marche difficile dans les champs, où on enfonçait jusqu'au genou, la brigade prit position dans ces bois, et y tint jusqu'à la tombée de la nuit. La retraite s'opéra ensuite sur Vermand où le régiment prit position dans les premières maisons du village, à l'Ouest, et dans les vergers qui les entourent ; il mit ces maisons en état de défense, perça des créneaux, et reçut des instructions pour s'y maintenir, dans le cas où l'ennemi tenterait de les aborder. Le combat cessa de toute part à la nuit ; aucune tentative ne fut faite sur Vermand. La division reprit vers 9 heures sa marche sur Saint-Quentin, où elle prit ses cantonnements dans les faubourgs Ouest.

Les capitaines Steverlynck, Lestienne et Bouxin qui, dans cette journée, commandèrent les bataillons, les conduisirent avec intelligence et sang-froid.

2ᵉ DIVISION.

2ᵉ *brigade de mobilisés du Nord.*

La 2ᵉ brigade se porte successivement sur la fabrique de sucre de Pontru, sur Soyécourt, dans la direction du canon, sur Vermand, et, en dernier lieu, sur Fayet. Partis d'Équancourt à 6 heures du matin, les mobilisés arrivent à Fayet à 2 heures du matin. Un bataillon est resté à Pontru et avec le convoi ; le commandant de la 2ᵉ brigade lui envoie l'ordre de rejoindre. Ce bataillon arrive à Fayet à 6 heures du matin.

b) **Organisation et administration.**

Le général Séaielli au Général de division, à Lille (D. T.).

Cambrai, 18 janvier, 10 h. 37 (n° 1729).

Les carabines Minié pour le bataillon de Dunkerque ont été expédiées hier à Saint-Quentin, avec munitions.

J'expédie aujourd'hui, à Saint-Quentin, quatre canons de 4, avec le seul caisson qui me reste, et tout ce que je possède en fait de munitions.

Le lieutenant-colonel Charon au commandant Queillé, à Lille (D. T.).

Saint-Quentin, 18 janvier, 12 h. 50 matin (n° 1716).

Où en sont les parcs des 22ᵉ et 23ᵉ corps ? Il serait urgent de les tenir prêts à être mis en route de Douai sur Saint-Quentin.

CHARON.

Le commandant Queillé au colonel Charon, à Saint-Quentin.

Lille, 18 janvier.

Les deux détachements pour les parcs des 22ᵉ et 23ᵉ corps d'armée sont partis de Douai, le 16 janvier, à destination d'Albert, mais sans matériel. S'il faut envoyer du matériel à Saint-Quentin, indiquer sa nature. Il y a à Arras, un parc de munitions d'infanterie, à Douai, un parc de munitions d'infanterie, et un parc de munitions d'artillerie, à Lille, un parc de munitions d'infanterie.

Le Général en chef au Ministre de la guerre, à Bordeaux.

Lille, 18 janvier.

En formant le bataillon étranger, j'ai commencé par établir un dépôt à Saint-Omer ; je demande la ratification de cette décision.

c) **Opérations** (1).

Le commandant Zédé au Général en chef, à Saint-Quentin.

Beauvois, 10 décembre, 2 heures.

Le combat dure depuis midi à Beauvois. La canonnade est très vive. Dans une charge de cavalerie repoussée, nous avons fait un prisonnier, qui nous dit qu'un corps d'armée tout entier nous suit et qu'il a vu de ses yeux von Gœben qu'il connaît, dit-il, très bien. Depuis midi, le combat augmente, en effet, d'intensité. M. le général du Bessol vient d'arriver et il trouve le billet ainsi conçu de M. de Gislain, commandant la 2e brigade :

« 6,000 à 7,000 Prussiens sont arrivés à Ham à 11 heures. A Aubigny, sur la route de Ham, il y a 200 à 300 cavaliers ennemis. »

En raison de tout cela, le général du Bessol va ramener toute sa division à Roupy, et s'y arrêtera en prenant position.

Le colonel de Gislain est maintenant à Roupy pour nous empêcher d'être tournés par les troupes ennemies sortant de Ham et dont les 300 cavaliers sont à l'avant-garde.

Rapport du colonel Fœrster.

Cambrai, 29 janvier.

Le 18, à 7 h. 1/2 du matin, le mouvement de la division commença. La 2e brigade s'achemina par Caulaincourt, Beauvois et Roupy, vers le canal qu'elle doit traverser à Grand-Séraucourt. Arrivé à Roupy, le général du Bessol dut suspendre la marche de la 2e brigade, parce qu'il apprit que la 1re, quoique partie aussi à 7 h. 1/2, devait, pour arriver de Hancourt à Fléchin, défiler sur un rang et se pourvoir de vivres, d'où il résultait qu'elle ne pourrait se mettre en marche qu'à 10 heures, après avoir couvert le départ du convoi de la division, qui devait prendre à Pœuilly le chemin de Saint-Quentin par Vermand.

Dès 9 heures du matin, la cavalerie ennemie se montra à Fléchin. Elle fut repoussée par une compagnie du 20e bataillon de chasseurs. A 10 heures, la 1re brigade se mit en marche dans l'ordre suivant : 20e bataillon de chasseurs, une batterie de 4, le bataillon d'infanterie de marine, un bataillon du 43e, un bataillon du Gard, l'ambulance, douze voitures chargées de pain et d'eau-de-vie, un bataillon du Gard fermant la marche.

---

(1) Voir les pièces annexes du 19 janvier 1874.

Le troisième bataillon du Gard avait été laissé à l'escorte du convoi dirigé sur Saint-Quentin et un bataillon du 43ᵉ avait pris position en avant de Pœuilly pour protéger le changement de direction du convoi.

La tête de la 1ʳᵉ brigade arrivait à Beauvois à 11 h. 1/2, lorsqu'en entrant dans ce village elle reçut des obus lancés par des batteries ennemies.

Beauvois, placé au point où nous débouchions sur la grande route de Péronne, devant être naturellement le point d'attaque principal de l'ennemi, dont le seul but était de retarder notre mouvement, je poussai de suite l'infanterie de marine et la plaçai en dehors du village sur la route, face à Péronne, avec deux compagnies en tirailleurs, et les trois autres en soutien ; je plaçai le bataillon du 43ᵉ dans le même ordre, à la droite du premier, et un bataillon du Gard à la gauche de l'infanterie de marine, tandis que je fis engager ma batterie de 4, avec les chasseurs, sur la route de Beauvois à Roupy.

Au bout d'un moment, le feu de l'ennemi devint tel que je dus mettre deux pièces en batterie. A peine étaient-elles en position que la supériorité de l'ennemi m'obligea à appeler à la rescousse le reste de la batterie, dont le feu fut d'ailleurs tellement dominé qu'elle ne put tirer qu'un petit nombre de coups, fort judicieusement appliqués d'ailleurs, au milieu d'escadrons en manœuvre, qui éprouvèrent certainement de grandes pertes.

Au moment où la tête de ma colonne recevait les premiers obus en entrant à Beauvois, le régiment de Somme-et-Marne, de la 2ᵉ brigade, parti en retard de Soyécourt, venait prendre rang dans la 1ʳᵉ, en avant de l'ambulance, dont il suspendait ainsi la marche. C'est à Caulaincourt que se fit cette jonction. A peine ce régiment sortait-il de Caulaincourt qu'une de ses compagnies, remarquablement bien dirigée par le lieutenant-colonel de Brouard, arriva à propos pour repousser par un feu modéré et bien dirigé une charge faite par deux escadrons de hussards sur un bataillon du Gard, qui traînait un peu et dans lequel cette charge avait produit un commencement de désordre.

Enfin, au même moment, le commandant Perrier, du 43ᵉ, prit de bonnes dispositions ; il s'étendit vers Caulaincourt, protégea la retraite de l'ambulance de Caulaincourt sur Vermand ; puis il se mit aux ordres de M. le général Paulze d'Ivoy, qui arrivait à son secours.

Les douze voitures de pain et d'eau-de-vie furent perdues par la lâcheté des conducteurs, qui s'enfuirent avec leurs chevaux. L'ennemi, du moins, n'en a pas profité, M. l'intendant ayant fait prendre le pain par les habitants de Caulaincourt.

A 1 h. 1/2, M. le général du Bessol arriva ; à ce moment, les trois bataillons de Somme-et-Marne étaient arrivés aussi ; ils avaient dépassé

Beauvois et formaient trois échelons obliques, placés à gauche de la route de Roupy à Beauvois, qu'ils couvraient vers la Somme.

A peine arrivé, le général du Bessol reçut un avis du colonel de Gislain lui annonçant qu'à 10 heures du matin 7,000 hommes étaient entrés à Ham et que leur avant-garde avait déjà dépassé Aubigny, point situé sur la route directe de Ham à Roupy.

Le général ordonna aussitôt d'abandonner Beauvois et de suivre le mouvement général de la division vers Grand-Séraucourt, en constituant une forte arrière-garde.

Le mouvement s'exécuta sans encombre; l'ennemi ne nous inquiéta nullement; d'ailleurs, quand nous quittâmes Beauvois, il était repoussé. Nous arrivâmes sans difficulté, à 6 heures du soir, à Grand-Séraucourt, où fut cantonnée la 1re brigade, tandis que la 2e allait à Castres.

Dans cette journée, nous perdîmes une centaine d'hommes et une pièce de 4 par la maladresse d'un conducteur qui, tournant trop court à l'angle d'une rue, où était situé un abreuvoir, y renversa sa pièce de telle manière que, malgré tous nos efforts, il fut impossible de la retirer.

Rapport du commandant Perrier, du 43e.

Avant de partir de Fléchin, le colonel Fœrster, commandant la brigade, m'ayant ordonné de rester à l'arrière-garde pour protéger le convoi, je conduisis mon bataillon sur la droite du village de Pœuilly, et fis déployer une compagnie en tirailleurs sur les crêtes environnantes, pour bien nous couvrir et surveiller les mouvements de l'ennemi. Quelques coups de feu seulement ont été échangés avec les cavaliers qui nous observaient.

Le passage des troupes et du convoi dura près de deux heures. Quand la dernière voiture fut passée, je fis rentrer mes tirailleurs, et pris la route de Caulaincourt, pour me diriger sur Beauvois.

Déjà nous entendions le bruit du canon, et une vive fusillade. Je fis activer la marche, impatient de rejoindre la colonne, pour lui prêter secours s'il m'était possible.

Arrivés à Caulaincourt, les voitures ne pouvant plus avancer, nous fûmes, à notre grand regret, obligés de nous arrêter. Je les fis diriger sur Vermand, et j'envoyai immédiatement un sous-officier en avant à la recherche du colonel Fœrster, pour lui demander l'autorisation d'avancer, n'ayant plus que quelques voitures à garder.

Pendant ce temps, un cavalier passa au galop; il se dirigeait vers un corps d'armée déployé par bataillons, sur le plateau en arrière de Caulaincourt, pour réclamer du secours. Dix minutes plus tard, un autre cavalier prit la même direction; mais à 500 mètres environ, il s'arrêta et revint nous dire qu'il ne pouvait avancer, pensant que les troupes placées derrière nous étaient prussiennes. Je demandai un homme de bonne volonté; un caporal partit aussitôt, en le voyant arriver sur la ligne des tirailleurs, j'acquis la certitude que c'était un corps français; j'envoyai alors le capitaine Jallu pour rendre compte au général qui le commandait, et lui faire savoir que deux demandes de secours étaient venues de Beauvois.

Les bataillons s'avancèrent dans notre direction, et le général Paulze d'Ivoy, arrivant le premier, fit établir une batterie sur le plateau; il me donna l'ordre d'envoyer deux compagnies à Pœuilly pour occuper le village, et de déployer le reste de mon bataillon en avant de ses troupes.

Je lui fis remarquer que j'étais chargé du convoi, mais un officier supérieur de sa suite, un intendant, je crois, me répondit : « je m'en charge. »

Je partis avec la fraction de mon bataillon, et nous avions quitté le général depuis environ trois quarts d'heure, quand un gendarme vint nous prévenir, de sa part, de nous replier sur Caulaincourt, pour gagner Vermand.

A notre retour, le village était occupé par l'ennemi. Il fallut le traverser, en se frayant un passage sous une grêle de balles. Nous étions obligés de longer le mur du parc, vers lequel aboutissaient toutes les rues du village. Je puis même certifier à la honte de nos adversaires, avoir vu à 20 mètres un peloton prussien coiffé avec des casquettes de mobiles; comme il tirait sur nous et que je savais le 3e bataillon du Gard dans les environs, je m'arrêtai pour leur crier : « ne tirez donc pas! vous voyez bien que nous sommes Français. » L'officier qui commandait me salua très poliment, et trois maladroits me manquèrent.

Reconnaissant mon erreur, je m'éloignai rapidement et parvins à sauver les restes de mon bataillon, grâce à un soldat du pays qui connaissait les détours.

Nous arrivâmes à Vermand à la tombée de la nuit; nous y restâmes environ une heure, mais, ne trouvant aucun général et voyant que toutes les troupes prenaient la route du Sud, nous les suivîmes, et arrivâmes à Saint-Quentin à 11 heures du soir, épuisés de fatigue et de faim.

C'est le cœur brisé que j'avais fait l'appel de mes hommes sur le plateau de Vermand; il m'en manquait la moitié :

Tués, blessés ou disparus : 4 officiers, 229 hommes.

PERRIER.

CAMPAGNE DE L'ARMÉE DU NORD.

Rapport du lieutenant-colonel Lemaire, commandant le 44ᵉ régiment de garde mobile.

Dans l'affaire du 18 janvier, je n'avais qu'un seul bataillon de mon régiment sous mes ordres; les autres en avaient été distraits, le 1ᵉʳ pour servir à la garde du convoi des vivres, le 3ᵉ avait été désigné pour être d'arrière-garde et escorter en même temps les voitures d'ambulance. Le 2ᵉ bataillon fermait la marche de la brigade. A environ 200 mètres du village de Beauvois, il eut à essuyer une forte décharge d'artillerie qui blessa deux hommes. Quelques instants après l'arrivée dans le village, ce bataillon, sous les ordres du commandant Do, s'est porté sur la route de Beauvois à Roupy, pour s'y placer en tirailleurs. A 50 mètres environ avant la sortie du village, les deux premières compagnies reçurent dans leurs rangs trois obus qui leur tuèrent et blessèrent environ vingt hommes. Le commandant fit aussitôt arrêter son bataillon et, à l'abri des dernières maisons, il le déploya successivement par compagnie en tirailleurs, désignant à chacune l'emplacement qu'elle devait occuper sur la ligne de bataille. Par ces dispositions promptement prises, le bataillon se trouva déployé en tirailleurs en avant de la route de Beauvois à Lanchy. Une compagnie fut désignée pour aller surveiller ce dernier village; elle détacha une section pour aller le fouiller; elle y rencontra environ vingt cavaliers ennemis sur lesquels elle a aussitôt fait feu.

Rapport du Capitaine commandant la 2ᵉ batterie ter du 15ᵉ régiment d'artillerie.

Cambrai, 20 janvier.

La brigade Fœrster, dont faisait partie la batterie, fut attaquée le 18 janvier, au moment où elle entrait dans le village de Beauvois.

Après que j'eus traversé ce village, je reçus l'ordre de faire faire demi-tour d'abord à une section, puis à toute la batterie.

Au premier ordre, je détachai la section du lieutenant Bourillon. En second lieu, je laissai la section de l'adjudant à l'entrée du village et j'allai, avec la 1ʳᵉ section, me mettre en batterie à côté de M. Bourillon. Lorsque j'arrivai, cette section avait déjà plusieurs hommes blessés et sept chevaux tués. Je lui donnai l'ordre de changer de position dès que ses attelages seraient reformés. En faisant demi-tour, la 5ᵉ pièce ne sut pas éviter un réservoir très profond, y tomba et disparut.

Le lieutenant Bourillon organisa immédiatement des attelages pour la retirer. Tous les cordages et les traits se brisèrent. Il demanda alors un détachement de fantassins. Il n'obtint que des mobiles, qui l'abandonnèrent dès que de nouveaux obus eurent mis le feu à une maison voisine et blessé le maréchal des logis Soyer, chef de pièce. Le lieutenant Bourillon et ses canonniers continuèrent à faire tous leurs efforts pour sauver leur pièce. Ce fut en vain. Ils ne purent retirer que les chevaux et l'avant-train.

Ne pouvant tenir aux abords du village, j'avais rassemblé les cinq autres pièces pour aller me mettre en batterie sur une hauteur située en arrière.

L'ennemi ne poursuivant pas la colonne, je n'eus plus à faire feu.

Dans ce combat, où je n'ai tiré que 43 coups, j'ai eu un maréchal des logis et six canonniers blessés, neuf chevaux morts et trois blessés grièvement.

Je dois citer comme s'étant fait particulièrement remarquer :

M. le sous-lieutenant Bourillon, le maréchal des logis Soyer et le trompette Bosserdet ; ce dernier est entré jusqu'au cou dans l'eau glacée pour aider à dégager la pièce.

Le capitaine commandant la batterie,
MARX.

23ᵉ CORPS.

Rapport du général Paulze d'Ivoy.

Mon général,

J'ai l'honneur de vous adresser le rapport suivant sur la part que les troupes du 23ᵉ corps ont prise au combat de Vermand, le 18 janvier.

Le 18 janvier, j'avais l'ordre de me rendre de Jeancourt sur Saint-Quentin, en passant par Vermand. Vers midi, la gauche de ma 1ʳᵉ division (commandant Payen), venait de s'engager dans le village de Vermand, lorsque le canon se fit entendre sur ma droite, du côté de Caulaincourt et de Trefcon. Je fis arrêter toute la division, et j'ordonnai à la 1ʳᵉ brigade (lieutenant-colonel Michelet), qui se trouvait en queue, de sortir de la route et de prendre position, face à Caulaincourt et à Trefcon, où l'action semblait déjà très fortement engagée entre les Prussiens et la division du Bessol, qui marchait à ma droite. Pendant que cette brigade s'établissait, j'envoyai un peloton de dragons sur Caulaincourt, pour se mettre en rapport avec le commandant des troupes françaises engagées, et me fixer sur leurs positions. J'ordonnai en même temps au convoi de la 1ʳᵉ division, et à une partie de celui de la division du Bessol, de continuer, sans s'arrêter, la marche sur Saint-Quentin, pour déblayer la route.

En regardant vers le Sud, le terrain sur lequel je devais combattre consiste en un plateau légèrement ondulé, qui se termine par un ravin dans le fond duquel coule le ruisseau de l'Omignon ; quelques bois s'aperçoivent sur la gauche entre Vermand et Caulaincourt, et sur la droite quelques villages, notamment ceux de Pœuilly et de Soyécourt.

La brigade Michelet se déploya par inversion et par bataillons en colonnes, à intervalles de déploiement, soutenus par les batteries d'artillerie commandées par MM. Dieudonné et Belvalette, et marcha vers Caulaincourt, en détachant sur sa gauche un bataillon de marins qui avait reçu l'ordre d'occuper les bois dont j'ai parlé plus haut.

Pendant que ces mouvements s'exécutaient, l'autre brigade de la division Payen (colonel Delagrange), reçut l'ordre de revenir sur ses pas, et de s'établir en arrière de la 1re brigade pour l'appuyer. Le lieutenant-colonel Michelet, laissant en position, à l'extrémité du plateau, le 48e mobiles et le 19e bataillon de chasseurs à pied, traversa avec deux bataillons du régiment de fusiliers marins, le village de Caulaincourt et marcha sur la rive gauche de l'Omignon au secours de la division du Bessol, qu'il réussit à dégager. La batterie de mobiles d'Arras prit position pour battre le plateau opposé et appuyer son mouvement.

En même temps, l'ennemi abandonnant son attaque sur le 22e corps franchissait l'Omignon entre Caulaincourt et Péronne, au village de Tertry, et dirigeait de fortes colonnes sur ma droite qu'il paraissait avoir l'intention de tourner par Pœuilly et Soyécourt. Je fis alors occuper le village de Pœuilly par deux compagnies du 43e, que j'avais fort heureusement sous la main, en attendant que le 19e bataillon de chasseurs à pied (commandant Wasmer) pût venir s'y établir, comme l'ordre lui en avait été donné.

Je me trouvais ainsi dans d'excellentes positions pour appuyer et dégager les troupes de la division du Bessol, mais elles devenaient périlleuses du moment que l'ennemi portait tous ses efforts vers ma droite. La batterie était non seulement exposée aux feux convergents des batteries ennemies, mais encore au tir de l'infanterie ; aussi ne put-elle pas tenir.

Menacé par ma droite, et ayant rempli le but que je m'étais proposé, j'abandonnai promptement les abords de Caulaincourt pour aller en arrière occuper fortement par l'infanterie, les bois qui s'étendent entre Caulaincourt et Vermand, par l'artillerie, le plateau au Nord de ces bois.

Les troupes s'y maintinrent jusqu'à la nuit close, sans que l'ennemi, malgré ses efforts, pût arriver à les en déloger. J'ai le regret de vous signaler que pendant que j'établissais dans cette nouvelle position la batterie d'artillerie des mobiles d'Arras, le commandant Grandmottet, auquel j'avais ordonné de prendre sur la droite le meilleur poste, eut la coupable idée de se retirer dans Vermand et de chercher à y établir, sur un monticule élevé, mais inaccessible, les deux autres batteries, que je ne pus réussir, malgré mes ordres réitérés, à lui faire ramener en avant ; et cependant leur concours m'aurait évité toute inquiétude. D'un autre côté, j'ordonnai au général Payen de porter sa 2° brigade en avant, pour prendre position sur le terrain à droite de Pœuilly jusqu'à Soyécourt, que le 24° bataillon de chasseurs à pied occupait, ayant à sa gauche celui du 33°, puis le 48° régiment de mobiles, et enfin le bataillon du 65° de ligne. C'est dans ces positions que les troupes de la division Payen combattirent jusqu'à la nuit close, ne perdant pas un pouce de terrain, malgré le grand nombre de bataillons et de pièces d'artillerie que l'ennemi avait déployés contre elles.

Je n'ai qu'à me féliciter de la bonne attitude et de l'énergie dont la plupart d'entre elles ont fait preuve ; la grande majorité mérite des éloges pour sa ténacité. Tout le monde paraissait pénétré de la nécessité dans laquelle nous nous trouvions d'attendre la nuit close pour opérer notre retraite sur Saint-Quentin et y rallier l'armée.

C'est dans ces emplacements que vous nous avez trouvés quand vous êtes venu sur le champ de bataille nous annoncer l'arrivée de la brigade Isnard, et de la division Robin qui marcha droit au canon.

Aussitôt que l'obscurité fut assez grande pour que l'on pût opérer la retraite sans s'exposer à être inquiété, j'envoyai dans toutes les directions rallier les troupes de la division Payen, en leur prescrivant de se mettre en marche sur Saint-Quentin, laissant en arrière d'elles la division Robin, en grande partie dans le village de Vermand, et la brigade Isnard, dans la partie Ouest de ce village faisant face à Pœuilly et à Soyécourt ; cette dernière reçut l'ordre de couvrir la retraite, et de se diriger sur Saint-Quantin pour y prendre ses cantonnements.

De son côté, la division Payen devait aller y établir les siens, et la division Robin avait l'ordre de s'établir à droite et à gauche de la route que nous suivions, aux villages de Holnon, Francilly, Sélency, situés en moyenne à 4 kilomètres de Saint-Quentin.

Les troupes n'y furent établies que tard dans la nuit.

CHAPITRES XVII et XVIII.

a) Journaux de marche.

22ᵉ CORPS.

La 2ᵉ brigade de la 1ʳᵉ division partie d'Essigny-le-Grand à 5 heures du matin, arrive à Gauchy, par la route d'Essigny à Saint-Quentin, à 7 h. 1/2.

La 1ʳᵉ brigade de la 2ᵉ division part du Grand-Séraucourt à 5 heures, et va prendre position à Grugies et Castres, vers la même heure.

L'attaque de l'ennemi commence à 8 h. 1/2.

La brigade de Gislain commence à mettre en retraite ses tirailleurs vers 11 h. 1/2, à hauteur successivement de Castres, Grugies, Gauchy.

La 1ʳᵉ brigade et la 1ʳᵉ division suivent ce mouvement.

A 5 heures du soir, les troupes commencent à arriver dans Saint-Quentin.

La brigade des mobilisés du Pas-de-Calais, venue de Ronsoy et Lempire, est restée toute la journée sur la rive droite de la Somme.

Les convois réunis à Saint-Quentin ont commencé leur départ à 4 heures.

La retraite du 22ᵉ corps s'effectue, pendant la nuit, sur Cambrai par Lesdins, Bohain, Malincourt, Esnes et Wambaix.

1ʳᵉ DIVISION.

17ᵉ bataillon de chasseurs.

Le 19, à 4 heures du matin, la brigade quitte Essigny pour aller à Gauchy, à 5 kilomètres en avant de Saint-Quentin ; arrivée à Gauchy à 7 heures du matin ; à 9 heures, la brigade prend les armes et occupe les hauteurs du moulin de Tous-Vents.

Le 17ᵉ, en bataille, a sa droite appuyée au chemin de fer et sa gauche dans la direction du moulin.

La bataille s'engage par une vive canonnade.

La 3ᵉ compagnie, envoyée en tirailleurs, s'avance à 1500 mètres en repoussant de nombreux tirailleurs ennemis ; la 5ᵉ est envoyée en soutien. Ces deux compagnies exécutent alors une vigoureuse charge à la baïonnette sur les batteries ennemies, culbutent les premiers défenseurs, mais elles sont alors obligées de se replier devant l'arrivée de nombreuses réserves, et sous un feu écrasant d'artillerie. 18 prisonniers sont ramenés.

Vers midi, le bataillon est appelé à renforcer la ligne entre le 22ᵉ et le 23ᵉ corps ; après avoir traversé Gauchy, les compagnies sont déployées en tirailleurs sur les hauteurs et engagent un feu très vif avec l'ennemi qui porte en ce moment tous ses efforts sur ce point.

Les chasseurs conservent leurs positions, malgré une pluie de projectiles de toutes sortes, et malgré des pertes sensibles, jusqu'au moment où l'ordre de la retraite est donné, alors que notre droite était complètement tournée.

Le bataillon, rallié, ne compte plus que 300 hommes ; il se reforme en avant du village de Gauchy, et doit protéger la retraite avec une batterie d'artillerie.

Lorsque tout le terrain est évacué, le bataillon se dirige sur les faubourgs de Saint-Quentin, en prenant successivement des positions défensives, puis il prend la traverse pour gagner la route du Cateau, indiquée comme ligne de retraite ; on marche jusqu'à minuit ; les hommes harassés, épuisés, n'ayant pas mangé de la journée, ne peuvent arriver jusqu'à Bohain.

68ᵉ *de marche*.

Départ à 5 heures, marche sur Gauchy par la route de Chauny jusqu'au moulin Tous-Vents ; là, le régiment descend dans le village où il doit cantonner ; il était 8 heures du matin. A 9 heures, à la suite d'une reconnaissance faite par le lieutenant-colonel Cottin et le colonel Pittié, l'ennemi est signalé et presque aussitôt le combat s'engage avec les grand'gardes. La 1ʳᵉ compagnie du 1ᵉʳ bataillon, capitaine Izard, s'établit d'abord au moulin, puis dans les maisons près de la route.

Le régiment sort rapidement de Gauchy et va se placer, la gauche au moulin, la droite au chemin de fer.

2ᵉ bataillon. — La 5ᵉ compagnie, capitaine Echement, déployée en tirailleurs, descend le ravin en avant des positions, traverse le ruisseau, et vient se placer, en combattant, à côté et à la gauche d'une compagnie de chasseurs déjà sur le plateau. Le feu s'engage très vivement avec des tirailleurs ennemis, soutien d'une batterie d'artillerie établie sur la route de Chauny et contre laquelle on marchait. La batterie s'éloigne. Alors, un détachement ennemi assez considérable part sur le flanc gauche de cette compagnie et la force à se retirer dans le ravin où, appuyée par la 4ᵉ compagnie (Hentz), puis par tout le bataillon, elle se reporte en avant et vient reprendre position sur le plateau où le bataillon s'établit en entier; il était midi. A partir de ce moment, la lutte continua avec une extrême vigueur jusque vers 4 heures; les positions sont perdues et reprises six fois; l'ennemi, dont le succès aux ailes augmentait l'ardeur, luttait avec acharnement et couvrait d'obus nos positions.

Le *1ᵉʳ bataillon* place la 2ᵉ compagnie, capitaine Danos, en tirailleurs le long du chemin de fer et conserve trois compagnies en soutien.

Cependant, vers 4 heures, l'ennemi est vainqueur sur la droite et l'ordre de retraite est donné.

Le *2ᵉ bataillon* quitte alors ses positions et descend vers le ravin où il est chargé par la cavalerie ennemie qu'il repousse. La retraite commence et se fait en désordre; à partir de ce moment, le bataillon mêlé avec les mobiles de Somme-et-Marne, se retire vers le faubourg d'Isle, où il se groupe sans se reformer.

Le *1ᵉʳ bataillon*, moins engagé jusqu'alors, fait tête à l'ennemi; la 3ᵉ et la 4ᵉ compagnie se battent vers Grugies pour arrêter la marche des Prussiens sur notre droite.

La 2ᵉ compagnie, capitaine Danos, établie vers le chemin de fer, soutient la retraite dans des conditions héroïques; elle repousse une deuxième charge de la cavalerie ennemie et parvient, à l'aide d'un feu des plus nourris, à arrêter pendant une demi-heure la marche de l'ennemi. Cependant, elle est contrainte à se retirer; les débris de la compagnie sont dispersés.

La 5ᵉ compagnie et la 1ʳᵉ, après avoir servi de soutien aux batteries d'artillerie qui protégeaient la retraite, se forment en tirailleurs des deux côtés de la route, et se retirent vers Saint-Quentin en disputant le terrain pied à pied. Au faubourg d'Isle, leurs débris, sous les ordres du lieutenant-colonel Cottin et de MM. Izard et Mariguet, construisent quelques barricades, luttent encore et ne se décident à la retraite que lorsque l'ennemi entre de tous côtés dans le faubourg.

Les 3ᵉ et 4ᵉ compagnies, après avoir résisté vers Grugies, pénètrent également dans Saint-Quentin, et le régiment dispersé prend, vers 7 heures du soir la route du Cateau, en traversant Saint-Quentin que l'artillerie ennemie couvrait d'obus.

La plus grande partie du régiment gagne Bohain.

46ᵉ *régiment de mobiles*.

Le régiment quitte Essigny-le-Grand à 5 heures du matin, en même temps que toute la 2ᵉ brigade.

On arrive à Gauchy vers 9 heures ; la présence de l'ennemi est signalée à peu de distance.

A 9 h. 1/2 toute la brigade occupe des positions de combat.

Vers 10 h. 1/2 le 1ᵉʳ bataillon reçoit l'ordre de se rendre vers Grugies pour servir d'appui à l'artillerie.

Vers la même heure, les 2ᵉ et 3ᵉ bataillons, déployés en tirailleurs, sont engagés sur les crêtes à environ 2 kilomètres au Sud du moulin de Tous-Vents, entre la ligne de Saint-Quentin à Paris et la route de La Fère, face au Sud, la droite du 3ᵉ bataillon appuyée au chemin de fer et la gauche du 2ᵉ bataillon à la route de Chauny. Un bataillon du 24ᵉ de ligne les sépare. L'ennemi est tenu en échec jusque vers 4 heures de l'après-midi. A ce moment des renforts lui arrivent en grand nombre, et nous sommes menacés d'être tournés sur notre droite ; il faut battre en retraite ; au même moment nous avons à repousser une charge de cavalerie, sur laquelle nous brûlons nos dernières cartouches. Les deux bataillons se dirigent vers le moulin à Tous-Vents, ils sont absolument à découvert, et l'artillerie ennemie les couvre d'obus, qui heureusement n'éclatent pas dans la terre détrempée. Nous arrivons au faubourg d'Isle, des barricades y sont construites, mais elles deviennent inutiles, il faut les abandonner à la hâte, ou l'on risque de se voir couper la retraite ; les obus pleuvent toujours ; l'ennemi occupe déjà la gare.

Il est 7 heures du soir quand la 2ᵉ brigade commence à évacuer Saint-Quentin.

Le 22ᵉ corps reçoit l'ordre de se diriger sur Bohain où il arrive à minuit.

5ᵉ *bataillon du Pas-de-Calais.*

Le canon tonne dès 9 heures du matin. J'ai beaucoup de peine à rallier mes hommes. Dès qu'il est réuni, le 91ᵉ fait par le flanc droit, et est arrêté à la gare pour y déposer ses sacs. Il part, en suivant la voie ferrée jusqu'au-dessous et à hauteur du moulin dit : à Tous Vents. Nous faisons par file à gauche pour gagner le plateau, et nous nous plaçons en réserve auprès de ce moulin.

Vers 11 heures, le général Derroja donne l'ordre au régiment de se porter en première ligne, entre le chemin de fer et la route de Saint-Quentin à Chauny.

Après avoir fait quelques pas, je suis arrêté avec mon bataillon pour flanquer les batteries Collignon et Bocquillon.

Je n'ai pas vu ce jour-là notre chef de brigade, le lieutenant-colonel Aynès, je ne devais plus le revoir (il a été tué sur la route de La Fère). Je suis resté environ jusqu'à 2 heures de l'après-midi auprès du moulin, en suivant le mouvement de nos batteries. J'y ai été témoin de l'épouvante et du ravage que nos obus à balles ont produit dans les masses profondes de nos adversaires.

Vers 2 heures, le général Derroja m'ordonna de me porter dans la direction de la route de La Fère, afin de renforcer nos troupes qui y étaient engagées, et qui avaient dû reculer. En y allant, je fus arrêté par un aide de camp du général Derroja, le chef d'escadron d'artillerie Cornet, qui me fit prendre le pas gymnastique afin d'éloigner des tirailleurs allemands qui tiraient sur une batterie de nos marins, placée à notre extrême gauche. Je parvins à la dégager. J'ai ensuite placé mon bataillon en tirailleurs sur le talus de la route de Chauny; j'avais à ma gauche le 43e de ligne, à ma droite le 2e bataillon de chasseurs à pied. Nous ne fûmes pas attaqués dans cette forte position. C'est là que je vis passer successivement nos batteries qui rentraient à Saint-Quentin. Il était près de 4 heures. Tout le 22e corps commençait à battre en retraite.

Avant de partir, je fis faire demi-tour à mon bataillon pour repousser une charge de uhlans qui fut arrêtée avant d'arriver jusqu'à moi.

J'atteignais les premières maisons du faubourg (il était 5 heures), lorsqu'un obus envoyé des hauteurs de la Neuville vint tomber, au moment où le général Lecointe, accompagné de son chef d'état-major, le capitaine Farjon, me demandait d'où je venais et si je savais où était le général Derroja. Mon capitaine adjudant-major fut légèrement blessé à la face par un éclat de cet obus.

Je profitai de ma rencontre fortuite avec le général Lecointe pour lui demander quelle était notre ligne de retraite. Sur sa réponse évasive, je lui fis observer que la route de Cambrai me paraissait bonne à suivre. Son chef d'état-major étant du même avis que moi, le général me pria de lui en indiquer le chemin, ce que je fis. Peu après, je rentrai dans la gare du chemin de fer pour faire reprendre les havresacs à mes hommes, malgré les obus qui ne cessaient d'y tomber. Après avoir traversé la ville avec mon bataillon, j'y rencontrai, par hasard, le commandant du 6e bataillon, Pessez, qui avait suivi un autre itinéraire que le mien. C'était un pêle-mêle de soldats, qui ne fit qu'augmenter au fur et à mesure que nous avancions sur la route de Cambrai.

2e DIVISION.

18e *bataillon de chasseurs.*

Le 19, on quittait le cantonnement, dès le matin, et on arrivait à Giffécourt quand on signala de tous côtés l'approche de nombreuses colonnes prussiennes. La 6e compagnie fut envoyée immédiatement en grand'garde sur le plateau qui se trouve en avant de ce village, et l'ordre fut donné aux hommes de faire la soupe. Mais à peine commençaient-ils cette opération que le canon vint l'interrompre. Le bataillon gagna immédiatement les crêtes, et se forma en colonne par pelotons à droite de la route de Giffécourt à Roupy. La 3ᵉ compagnie fut déployée en tirailleurs à droite de la route, jusqu'au chemin creux qui conduit de Castres à Giffécourt. La 4ᵉ, également déployée et perpendiculairement à la 3ᵉ, la droite appuyée au village. Les 2ᵉ, 5ᵉ et 6ᵉ en réserve derrière la 3ᵉ et en colonne de peloton. La 7ᵉ compagnie fut appelée à gauche, et déployée en tirailleurs pour soutenir le 20ᵉ bataillon, la 1ʳᵉ section appuyée à la chaussée du chemin de fer, la 2ᵉ à droite de la 1ʳᵉ.

La bataille s'engagea en avant du 18ᵉ bataillon. Pendant plusieurs heures on se disputa pied à pied le terrain. Enfin le village de Castres, pris et repris trois fois, resta définitivement aux mains des Prussiens. Leurs tirailleurs débouchèrent de suite en avant. Maintenus par les feux de la 3ᵉ compagnie, ils eurent un mouvement d'hésitation. D'un autre côté, ne pouvant franchir les marais qui s'étendent en avant du plateau, ils tentèrent un mouvement par la droite du village de Giffécourt. Une ligne nombreuse de tirailleurs permit à de fortes réserves de continuer ce mouvement tournant, et elles ne tardèrent pas à s'emparer du village, que du reste on avait commis la faute de ne pas garder.

Une batterie formidable d'artillerie placée sur les hauteurs de Castres balayait en tous sens le plateau de Giffécourt. Devant ces feux convergents, il fut impossible de se maintenir longtemps. Les tirailleurs revinrent en arrière. En vain les 2ᵉ et 5ᵉ se déployèrent, l'une à droite, l'autre en avant, pour renforcer les lignes. Au bout de quelques minutes, elles se trouvèrent prises de face, et par derrière, et durent suivre le mouvement des 3ᵉ et 4ᵉ compagnies.

Pendant ce temps la 7ᵉ compagnie luttait en avant avec les tirailleurs prussiens. Mais bientôt débordée sur sa droite par une ligne qui la prenait de flanc, elle dut revenir en arrière. Grâce à des feux de peloton habilement dirigés d'une briqueterie où elle s'était embusquée, elle arrêta un instant la marche en avant des Prussiens.

Il était 5 heures du soir quand l'ordre de quitter le champ de bataille fut donné sur toute la ligne. La 3ᵉ, la 4ᵉ et une partie de la 6ᵉ, arrivées au faubourg de Saint-Quentin, suivirent les batteries d'artillerie qui prenaient la route du Cateau.

Les 7ᵉ, 5ᵉ et 2ᵉ, traversant Saint-Quentin sous les ordres du commandant de Pouzargues, suivirent la route du Catelet. Avant de pénétrer dans la ville, ces compagnies durent s'arrêter et faire des feux de peloton sur des escadrons de uhlans qui, couronnant les hauteurs, menaçaient de descendre dans la plaine pour les charger.

Le bataillon se trouvait ainsi séparé en deux parties et suivant deux routes différentes. La première fraction arriva au Catelet à 11 heures du soir; elle en repartit à 3 heures du matin et s'arrêta au faubourg de Cambrai à 7 heures. Elle venait de faire treize lieues, après une journée de bataille, par une route pavée que le dégel rendait pour ainsi dire impraticable.

20e bataillon de chasseurs.

Vers 8 heures du matin, au moment où les chasseurs du 20e bataillon se disposent à prendre un peu de nourriture, une vive fusillade retentit du côté du chemin de fer, au Sud de Grugies. Ce sont les tirailleurs de la 3e compagnie (capitaine Troly) qui ouvrent le feu sur la cavalerie prussienne, en reconnaissance sur la route de Chauny, et bientôt suivie de masses d'infanterie. Immédiatement, le commandant Hecquet porte ses quatre autres compagnies en avant de la sucrerie, dans l'intervalle de la voie ferrée à la route de Séraucourt.

La 5e compagnie (lieutenant de Faultrier) va se déployer en tirailleurs sur le côté gauche du chemin de fer, tandis qu'une section de la 1re (sous-lieutenant Bochard) se déploie également sur le flanc droit de la sucrerie, perpendiculairement à un petit chemin qui se dirige vers le Sud.

Le reste du bataillon sert de soutien à la batterie de 4 de la brigade, qui, s'établissant sur un petit plateau, entre le canal de la Somme et le ruisseau de Grugies, contre-bat une batterie prussienne dressée en avant d'Essigny-le-Grand.

Ce plateau est un point d'une importance capitale. Les Prussiens l'ont compris; c'est de ce côté qu'ils dirigent leurs premières attaques. Mais ils ne peuvent réussir; les chasseurs tiennent bon, favorisés par la disposition de leurs lignes de tirailleurs qui leur permettent d'envoyer simultanément à l'ennemi des feux de face et des feux de flanc.

M. de Chilly, sous-lieutenant à la 5e compagnie depuis huit jours, est tué sur le plateau.

A 9 h. 1/2, la compagnie Roy (2e) se place à la gauche de la 5e, et la compagnie Parent (1re) vient renforcer la 3e le long du chemin de fer, qui, construit en déblai, sur ce point, offre un abri à nos tirailleurs.

Les attaques des Prussiens sur Grugies restent infructueuses, mais M. le capitaine Troly est blessé au côté; M. Godon, lieutenant à la 2e compagnie est blessé à la cuisse, et M. Laval, lieutenant à la 1re, blessé légèrement à la tête.

Un peu avant 10 heures, le 69e de marche se place à la droite du 20e bataillon, les mobiles du Gard en réserve, le 17e bataillon de chasseurs et le 75e de ligne à la gauche.

La défense du plateau a coûté du monde au 20ᵉ bataillon; elle a épuisé ses munitions. A 11 heures, le commandant Hecquet le rallie sur la sucrerie pour l'approvisionner à nouveau, et le reporte ensuite en avant, dans l'intervalle de la voie ferrée à la batterie de 4. Les compagnies Parent et Carrère, envoyées en tirailleurs vers midi, remontent le chemin de fer, et, emportées par leur ardeur, s'avancent à une assez grande distance dans cette direction, faisant même quelques prisonniers sous un pont sur lequel le chemin de fer franchit un chemin vicinal à 1 kilomètre de la sucrerie. Les trois autres compagnies appuient ce mouvement sur la droite. De ce côté le combat est tout à fait à l'avantage des Français, mais il n'en est pas malheureusement de même à la droite.

Le 23ᵉ corps, formé en grande partie de mobilisés, recule sur Saint-Quentin, sous la pression de la puissante artillerie des Prussiens. La 2ᵉ brigade de la 2ᵉ division du 22ᵉ corps, compromise par cette retraite, abandonne Contescourt et Castres. En même temps, la 1ʳᵉ division, accablée par les forces très supérieures de l'ennemi, qui reçoit d'heure en heure des troupes fraîches par le chemin de fer, perd du terrain. La position du 20ᵉ bataillon devant Grugies, principalement celle des compagnies Carrère et Parent, devient très périlleuse, cette position étant débordée par ses deux ailes. Vers 2 heures, les chasseurs se décident à suivre le mouvement général de l'armée, et, sous une grêle de balles ils rentrent dans la sucrerie.

Les 2ᵉ, 3ᵉ et 5ᵉ compagnies, sous les ordres du commandant, se déploient une fois encore, battent en retraite déployées, puis se réunissent pour marcher sur Saint-Quentin en suivant la voie ferrée. Les 1ʳᵉ et 4ᵉ, arrêtées un moment dans Grugies pour défendre le village, ne se décident à gagner Gauchy qu'en voyant tous les corps accélérer leur retraite sous les obus prussiens. Il est environ 4 heures lorsque les deux portions du 20ᵉ bataillon se réunissent à 2 kilomètres de Saint-Quentin.

72ᵉ *régiment de marche* (1).

Vers 8 h. 1/2, nos grand'gardes signalent l'ennemi. Le régiment prend les armes. Le 1ᵉʳ bataillon s'établit à cheval sur la route de Saint-Quentin à Péronne, le 2ᵉ à sa gauche. Le feu s'engagea bientôt entre les lignes de tirailleurs.

L'ennemi nous opposant des forces de plus en plus considérables, toutes les compagnies furent successivement déployées en tirailleurs, et

---

(1) Ce régiment, composé de deux bataillons du 91ᵉ, ne fut dénommé 72ᵉ de marche qu'à la date du 12 février.

le tinrent en échec pendant plusieurs heures. Un bataillon des mobiles de Somme-et-Marne fut envoyé pour nous appuyer et renforcer notre ligne qui se trouvait très étendue et sans soutien.

Le général Lecointe, prévenu de notre position critique, nous envoya l'ordre de nous retirer sur les positions en arrière du village de Castres, mais lentement, en couvrant notre front et en dissimulant le plus possible notre mouvement.

Le 1er bataillon eut à traverser des marais très difficiles et un cours d'eau assez profond. Quelques hommes purent passer en bateau, les autres à gué, ayant de l'eau jusqu'à la ceinture. L'extrême droite, pressée par l'ennemi, eut beaucoup de peine à passer, et plusieurs hommes perdirent pied.

Presque toutes les cartouches furent ainsi avariées; à la hauteur du village de Gauchy le régiment se reforma et reçut des munitions. Il prit alors position sur les hauteurs où il eut à souffrir du feu de l'artillerie prussienne. Enfin, vers 4 heures, accablé par des forces de plus en plus considérables, on fut obligé de battre en retraite vers Saint-Quentin où les débris du régiment arrivèrent en bon ordre grâce à la 5e compagnie du 2e bataillon (capitaine de Charry), et à une section de la 4e, qui formaient l'extrême arrière-garde et tenaient l'ennemi en respect.

Le plus grand désordre régnait dans Saint-Quentin, les rues étaient encombrées de soldats et de mobiles de tous corps et de matériel roulant. Le régiment dut, en conséquence, continuer son mouvement de retraite. Le 1er bataillon suivit la voie ferrée.

Le 2e bataillon, séparé du 1er par les obstacles, suivit la route de Saint-Quentin à Cambrai, et, après deux heures de repos au Catelet, arriva le 20 au matin à Cambrai où les deux bataillons se réunirent et furent cantonnés.

44e régiment de mobiles.

Le lendemain 19, nous fûmes sur pied à 2 heures du matin ; à 2 h. 1/2, nous nous mîmes en route vers la ville, et il fut décidé de prendre logement dans le village de Grugies. A 7 heures, mon bataillon n'avait pas encore reconnu les lieux où il devait se reposer que nos grand'gardes crièrent aux armes.

Mon 1er bataillon, de garde aux vivres, ne prit aucune part à l'action. Le 3e, au contraire, après avoir pris position sur la hauteur du moulin de la Folie, ou, autrement dit, à Tous-Vents, se distingua et lutta avec beaucoup d'énergie ; son chef, M. Poilpré, dut quitter le champ de bataille à 3 heures, pour cause d'indisposition. Le commandement fut donné à M. Portal, capitaine du même bataillon.

Mon 2e bataillon faisait partie du centre de la ligne de feu, près du village de Grugies. L'armée formait une grande ligne courbe autour de la ville de Saint-Quentin.

Le feu commença du côté de ma division, l'infanterie de marine occupait ma droite. Les tirailleurs des deux armées ouvrirent de feu. Pendant quelque temps mon bataillon resta par ordre en réserve, puis vers 2 heures, alors que le feu de l'ennemi est devenu plus concentré, je reçus l'ordre de faire déployer mon bataillon en tirailleurs, qui tint bon pendant quelque temps, mais assailli par le nombre, et surtout par des troupes fraîches, il ne fut pas possible de lutter avec avantage.

Enfin, vers 4 heures après-midi, la position n'étant plus tenable, plusieurs régiments ayant déjà commencé leurs mouvements de retraite, je suivis ces mêmes mouvements en tiraillant jusqu'à Saint-Quentin, où j'arrivai à 5 h. 1/4. Là, je m'occupai de réunir les hommes de mon régiment ; les bombes et les obus commençaient à tomber dans les rues de la ville ; à peine avais-je réuni 800 hommes qu'un capitaine d'état-major de la 2ᵉ division vint me dire de partir en remontant une grande rue ; mais cette direction me parut peu protectrice, j'en pris donc une autre qui me conduisit, après quelques détours, sur la route de Cateau. La nuit était venue, il était 6 heures du soir. En sortant de la ville je reçus bon nombre d'obus venant justement de la direction qu'avait voulu me faire prendre ce capitaine d'état-major. Je me débarrassai enfin des mauvais chemins, et, à 6 h. 3/4, j'eus la chance de me trouver sur la route du Cateau par Bohain, emmenant avec moi 700 hommes et le commandant Dô. Nous marchâmes toute la nuit en encourageant nos hommes épuisés. Plus de 100 mobiles firent la route pieds nus de Saint-Quentin à Cambrai.

3ᵉ *bataillon de la Marne.*

Nous sortons immédiatement de Castres et sommes placés en bataille sur la hauteur en arrière de Castres, ayant à quelques centaines de mètres à notre gauche, le chemin de fer de Saint-Quentin à Tergnier. A peine étions-nous en position, qu'une fusillade des plus vives est ouverte par nos troupes, qui bordent le chemin de fer, sur les Prussiens, qui doivent venir d'Essigny-le-Grand et d'Urvillers. La canonnade s'engage sur le même point.

Au même instant, trois compagnies du bataillon sont envoyées en tirailleurs dans les marais qui sont à gauche de Castres. Elles les traversent, et là s'engage un combat meurtrier qui dure presque tout le jour.

Notre général de division, le général du Bessol est grièvement blessé. Les troupes en réserve sont elles-mêmes couvertes de projectiles, et perdent beaucoup de monde. Vers 4 heures du soir, l'ennemi recevant toujours des renforts, nous sommes obligés de reculer, mais lentement et dans le plus grand ordre. Castres est occupé par les Prussiens, et leurs tirailleurs s'avancent entre Castres et Grugies, forçant les nôtres à se replier. Tout le régiment se réunit dans le plus grand ordre devant Grugies, et, ayant rallié ses tirailleurs, traverse le chemin de fer, et vient se mettre en bataille en arrière du petit ruisseau qui passe à Grugies, la droite au chemin de fer, la gauche vers la route de Saint-Quentin à Essigny.

Mais les Pussiens placent leurs batteries sur les hauteurs que nous occupions le matin, et nous sommes couverts de projectiles, pendant que notre artillerie rentre dans la ville.

Enfin, à 5 heures du soir, après avoir arrêté par notre feu, uni à celui du 91ᵉ de ligne, une charge de cavalerie qui tente de s'emparer d'une de nos batteries embourbée près d'un moulin, placé à notre gauche sur une éminence, nous recevons l'ordre de suivre le mouvement de retraite et nous traversons Saint-Quentin que couvrent les obus ennemis.

Nous suivons la route de Cambrai par le Catelet, et commençons cette longue route à la lueur du village de Fayet qui brûle sur notre gauche.

Nous arrivâmes à Cambrai à 8 heures du matin, le 20 janvier, morts de faim, de froid et de fatigue, après vingt-quatre heures de marche et et de combat, sans souliers, dans des terres argileuses et détrempées.

23ᵉ CORPS.

1ʳᵉ DIVISION.

19ᵉ *bataillon de chasseurs.*

Le 19 janvier, la lutte recommença entre Vermand et Saint-Quentin ; la plupart des groupes que nos chasseurs avaient formés la veille, dans la retraite, s'étant réunis le matin du 19, dans Saint-Quentin, le lieutenant Prétet eut sous ses ordres une centaine d'hommes et quelques officiers. On les employa à la garde d'une batterie d'artillerie, qui vers 3 heures fut forcée de battre en retraite. A ce moment, les chasseurs durent aussi quitter le champ de bataille pour chercher des munitions. Mais ils y revinrent bientôt après, et jusqu'à la nuit se battirent sans relâche ; quand ils rentrèrent dans Saint-Quentin, l'ennemi l'occupait ; cernés par les uhlans, ils déposèrent les armes, mais beaucoup d'hommes, et les officiers, sauf le lieutenant Prétet, profitant de la nuit, entrèrent inaperçus dans les maisons voisines, où on leur procura des vêtements bourgeois, et quelques jours après, ils purent gagner Lille.

24ᵉ bataillon de chasseurs.

A 7 heures du matin, les troupes prirent les armes ; la portion du bataillon, sous le commandement du capitaine Joxe, montait à 250 chasseurs environ. La brigade mit deux heures à opérer son rassemblement, tant les troupes étaient fatiguées, elles n'avaient d'ailleurs encore rien mangé.

Une distribution de cartouches à raison de 20 paquets par homme, fut faite dans un champ à la sortie du faubourg de Saint-Martin. Le 23ᵉ corps était déjà engagé dans la direction de Bellenglise ; la brigade se dirigea sur Vermand.

Le bataillon, qui devait enlever le village de Savy, reçut en outre l'ordre d'attaquer le bois d'Holnon occupé par l'ennemi. Attaqué de front et par la gauche, le bois fut enlevé au bout d'une heure de vive fusillade, et sa lisière opposée occupée par nos tirailleurs. L'ennemi s'était retiré dans le bois d'Attilly. Cette seconde position fut enlevée comme la première, nos tirailleurs s'avancèrent même jusque dans le chemin d'Holnon à Savy, mais le feu des Prussiens devint tellement violent, qu'il fallut s'abriter dans le bois.

Une batterie d'artillerie placée en avant de Villévèque nous envoyait une grande quantité de projectiles ; le capitaine Joxe fut contusionné à la tête et aux reins par des éclats de pierre. Des renforts ayant été demandés vers 2 heures, au colonel Delagrange, qui commandait la brigade, on reçut successivement deux compagnies du 47ᵉ mobiles, qui lâchèrent immédiatement pied, à l'arrivée des tirailleurs prussiens ; le capitaine seul de leur seconde compagnie, resta au feu avec le bataillon.

Ces compagnies en s'enfuyant, découvrirent notre droite, qu'elles étaient chargées de garder, et permirent aux Prussiens d'entrer sous bois. Averti par le lieutenant Crétin, le capitaine Joxe, en allant vérifier l'exactitude des faits, fut entouré par trois soldats prussiens : un fut tué, l'autre s'enfuit et le troisième se rendit ; mais des secours arrivant, le capitaine allait succomber, quand le lieutenant Crétin et le caporal clairon Marielle, accoururent et parvinrent par leur énergie à dégager le capitaine. Ce dernier ordonna aussitôt la retraite, en arrière du hameau de Francilly.

Un bataillon ennemi qui débouchait du bois sur la droite, fut arrêté et forcé de rétrograder par des feux de peloton qu'exécuta le bataillon établi sur la pente qui domine le village.

Un bataillon du 33ᵉ, qui formait notre gauche, effectua sa retraite en même temps que les chasseurs ; pendant un court moment de répit, on distribua aux hommes 27 cartouches par tête ; aucun ordre n'arrivait au capitaine Joxe, et sa perplexité était fort grande, quand le général Paulze d'Ivoy, qui commandait le 23ᵉ corps d'armée, voyant les progrès rapides de l'ennemi, enjoignit aux 250 hommes tant chasseurs que soldats des 33ᵉ et 65ᵉ de ligne, qui restaient avec le capitaine Joxe, d'arrêter l'ennemi à une briqueterie (La Chapelle) au moins 20 minutes, pour permettre au corps d'armée de battre en retraite. 30 hommes et le lieutenant Penel occupèrent la briqueterie ; le reste fut déployé en tirailleurs sur la droite, derrière un pli de terrain ; l'ennemi employa en vain trois batteries d'artillerie, de nombreux tirailleurs et sa cavalerie, qui exécuta deux charges presque successives ; le bataillon garda ses positions pendant trois quarts d'heure ; l'ordre avait été donné par le capitaine Joxe, de tirer sans relâche, pour tromper l'ennemi, sur le petit nombre d'hommes qu'il avait devant lui, et l'empêcher ainsi de tenter un effort sérieux qui nous eut rejeté de nos positions.

A la nuit, la retraite fut exécutée silencieusement sur la ville de Saint-Quentin. A la porte Saint-Martin, le général Paulze d'Ivoy envoya le capitaine Joxe et ses hommes conduits par un officier du génie, pour construire une barricade entre la porte Saint-Martin et la porte d'Isle. Les hommes tombaient de faim, de fatigue et d'épuisement ; la plupart marchaient nu-pieds. Cependant tous travaillaient avec ce qui leur restait d'énergie, quand un officier d'état-major vint prévenir le capitaine de se rendre au plus vite avec ses hommes près du général Paulze d'Ivoy, qui se trouvait au haut de la rue Jean-de-Caulaincourt.

Le général plaça cette petite troupe à l'avant-garde, avec mission d'ouvrir à la colonne la route de Cambrai. Le capitaine Joxe avait avec lui 82 hommes et 4 officiers ; l'extrême avant-garde, commandée par le sous-lieutenant Meny se mit en marche ; il était 7 heures du soir, les hommes avaient la baïonnette au canon. Comme soutien suivaient de l'infanterie et deux bataillons de mobiles ; au bout de quelques centaines de pas, une décharge presque à bout portant nous blessa 1 officier, M. Meny, et coucha une vingtaine d'hommes sur le sol ; en même temps la fusillade commençait des fenêtres de droite et de gauche, le désordre qui s'ensuivit fut promptement réparé grâce aux officiers ; une compagnie du génie vint renforcer l'attaque, mais échoua complètement devant la barricade qui fermait l'accès de la route.

Le général Paulze d'Ivoy, averti de l'impossibilité de passer de vive force, résolut de gagner la route par un détour. Pour masquer le mouvement du corps d'armée et empêcher l'ennemi de se mettre à sa poursuite, le capitaine Joxe, en tête des hommes qui lui restaient, marcha droit sur la barricade qu'il atteignit, au prix de beaucoup de sang versé ; après une décharge générale, les chasseurs s'élancèrent au pas de course, la lutte s'engagea corps à corps ; l'ennemi qui avait l'avantage du nombre, et de la position, finit par nous cerner ; les bataillons de mobiles qui devaient nous porter secours, avaient déposé les armes.

Le capitaine Joxe restait avec 2 lieutenants et une quinzaine d'hommes valides; la fuite était impossible. Sur le conseil de leur capitaine, les chasseurs et leurs officiers entrèrent dans les maisons particulières et parvinrent à se sauver à l'aide de déguisements que leur fournirent les habitants. Ils rentrèrent à Douai, par Guise et La Capelle.

Par suite du désordre qui régnait dans Saint-Quentin, et de l'encombrement des troupes, le bataillon avait un certain nombre d'hommes dispersés dans la ville; le capitaine Laurent était parvenu à les rallier dans la matinée; il fit aussitôt toucher des vivres pour permettre aux hommes de prendre une nourriture qui leur manquait depuis 24 heures; l'ordre ayant été donné de faire entrer en ligne tout ce qui restait de troupes dans Saint-Quentin, les hommes durent se mettre en marche sans pouvoir même emporter les vivres qui allaient être touchés; il eut fallu une demi-heure d'attente, et le prévôt de l'armée s'y opposa formellement; tout ce que le capitaine Laurent put faire, fut de renouveler la provision de cartouches. Ayant rencontré en route le général Faidherbe, le capitaine commandant les 60 hommes qui formaient le détachement, fut envoyé par le général en chef à la porte de Cambrai, pour faire rentrer en ligne les mobiles qui se débandaient.

Laissant sur la route quelques bataillons qui restaient dans l'inaction, le capitaine, déployant ses tirailleurs, marcha sur le bois et le village de Fayet qu'il aborda de front et par la droite. A gauche, se trouvait une ligne de tirailleurs d'un bataillon de mobiles. Le village fut occupé sans trop de peine, mais les troupes y étaient à peine entrées que l'artillerie ennemie ouvrit un feu très vif pour les déloger; en même temps s'avançaient des tirailleurs prussiens.

Vers 4 heures, des bataillons de mobilisés, arrivés depuis peu, se portèrent sur notre droite pour prononcer une attaque, et rejeter l'ennemi de la route de Cambrai; l'artillerie ennemie ayant lancé quelques obus, ces bataillons qui marchaient en colonne, en bon ordre, se débandèrent immédiatement.

L'ennemi voyant le désordre qui régnait à notre aile droite, résolut de nous déborder de ce côté, afin de nous couper notre ligne de retraite sur Cambrai. A cet effet leur artillerie ouvrit son feu sur le village, que leurs tirailleurs attaquèrent ensuite. Obligés par le nombre de céder le terrain, et n'étant d'ailleurs soutenus d'aucun côté, les chasseurs reçurent l'ordre de battre en retraite, et regagnèrent la grande route déployés en tirailleurs, et accompagnés par les obus de l'ennemi dont les batteries s'avançaient peu à peu, et finirent par envoyer des projectiles aux portes mêmes de la ville, et, peu après, sur la grande place.

Ce qui restait du détachement prit place dans la colonne qui battait en retraite par le Cateau, et rejoignit le corps d'armée qui s'y reformait.

Bataillon du 33e.

Dès le début de l'action, les 4e et 5e compagnies du bataillon, sous le commandement du capitaine Dumas, se déploient en tirailleurs et vont occuper, un peu en arrière des crêtes, le premier rang de collines qui couvrent nos positions au Nord-Ouest; à sa droite viennent se placer les tirailleurs du bataillon de chasseurs de la brigade.

L'ennemi cherche bientôt à déboucher par les bois de Savy, et l'action, déjà engagée sur la gauche avec le 22e corps, s'étend rapidement sur tout notre front.

L'ennemi, maintenu d'abord est, après une heure de combat, refoulé ; il nous abandonne la lisière du bois, dans lequel nous ne pouvons cependant nous maintenir, malgré le renfort de deux compagnies de mobiles.

De profondes colonnes prussiennes s'avancent et nous devons reprendre notre première position en arrière des crêtes, d'où notre feu fait d'effrayants ravages dans les masses ennemies. Le restant du bataillon avec le capitaine Audibert s'est porté à notre gauche, près du moulin connu sous le nom de moulin à Tous-Vents (1), et prend une part active à la lutte.....

La supériorité numérique de l'ennemi est telle que toute notre ligne de tirailleurs est obligée de battre en retraite. Plus du tiers des hommes est hors de combat et les munitions commencent à manquer. Les deux compagnies se reportent en arrière en combattant et vont occuper la deuxième ligne de hauteurs, d'où elles sont bientôt chassées et rejetées sur la troisième, où la lutte continue, grâce à l'arrivée de quelques troupes de réserve.

Mais le sort de la bataille est irrévocablement fixé.

Avec le demi-bataillon de gauche, le capitaine Audibert défend pied à pied le terrain et ne rentre qu'un des derniers dans la ville après avoir perdu une grande partie de son monde.

Le capitaine Basset, à peine guéri de quatre blessures graves reçues à Gravelotte, est mortellement frappé. Des soldats l'enlèvent du champ

---

(1) Contrairement aux indications de ce journal de marche, la fraction du 33e, que commandait le capitaine Audibert, ne se porta pas au moulin de Tous-Vents.

de bataille presque dans les rangs prussiens, et réussissent, avec peine, à le conduire à l'ambulance, où il expire quelques jours plus tard, avant même d'avoir appris que la croix d'officier de la Légion d'honneur lui a été décernée comme juste récompense de son patriotique dévouement.

A l'entrée du faubourg, le génie a élevé à la hâte des barricades. Elles sont vigoureusement défendues, afin de permettre au gros de nos forces de se retirer par les deux routes encore libres. Les débris du bataillon y concourent de leur mieux. Le capitaine Magnier, avec ce qui lui reste de sa compagnie, y est fait prisonnier.

A la faveur de la nuit, les Prussiens ont presque complètement tourné la ville, et les derniers défenseurs de Saint-Quentin se trouvent cernés. Cependant, beaucoup ne peuvent se résigner à se rendre. Le capitaine Audibert forme une petite colonne avec tout ce qu'il peut réunir de fantassins de tous les corps, résolu à forcer le passage ou tout au moins à le tenter, mais il doit bientôt renoncer à ce projet ; au premier coup de fusil, cette troupe se débande et fond pour ainsi dire dans la main de ses chefs. Après deux efforts infructueux, tout espoir de résistance étant perdu, l'on est forcé de mettre bas les armes......

Une très faible partie du bataillon avait réussi à passer et à gagner la route de Cambrai.

6ᵉ *bataillon du Nord*.

A 7 heures du matin, le régiment est réuni au point où il a rompu ; le colonel le fait sortir de la ville pour le mieux reformer et pour procéder à l'incorporation de 300 hommes arrivés le matin des dépôts. Ils se composent en grande partie de jeunes gens exemptés d'abord par les conseils de revision, et beaucoup, parmi eux, ne savent même pas comment charger leurs fusils ; aussi sont-ils pour nous un élément de faiblesse, bien loin d'être des auxiliaires de quelque valeur. Cependant, on s'empresse d'envoyer à la distribution le capitaine de semaine de chaque bataillon, avec une corvée suffisamment nombreuse ; mais, avant leur retour, le régiment fait par le flanc droit et va s'établir sur une hauteur, en face du bois de Savy ; le village de Fayet est à 2 kilomètres sur notre droite.

Le colonel place mon bataillon, avec trois compagnies du 4ᵉ, en réserve ; lui-même part avec le reste du régiment que je ne revois plus de la journée.

Nous n'avons pas à souffrir jusqu'à midi ; les projectiles ennemis passent par-dessus nos têtes. A cette heure, M. le commandant Jacob, chef d'état-major de la division, me dit de me diriger vers Fayet, qui est menacé, et dont la conservation importe beaucoup pour préserver notre ligne de retraite. Je partis, en me faisant précéder par une compagnie en tirailleurs; bientôt, nous nous trouvâmes exposés aux coups d'une batterie prussienne établie en avant de Fayet; mais nous avions à descendre, de sorte que nous fûmes promptement à l'abri. Au moment où elle remontait, une compagnie de tirailleurs trouva sur son chemin une petite ferme composée de deux corps de bâtiments, qu'occupaient des marins aux prises avec l'ennemi; en arrivant à leur hauteur, cette compagnie fut assaillie par un feu des plus vifs de mousqueterie et d'artillerie; trois hommes furent tués par un seul obus; elle ralentit beaucoup sa marche, et le bataillon, continuant d'avancer, se trouva à 40 mètres de la ferme. Cependant, nos tirailleurs s'étaient en grande partie sauvés, et les marins m'envoyèrent demander de marcher à leur secours à la baïonnette, se trouvant dans l'impossibilité de tenir davantage; je commandai à la 5e compagnie d'avancer, mais elle hésitait, quand M. le capitaine Bourel, de la 4e, venant se mettre, le sabre en main, devant sa compagnie, l'entraîne, et avec elle tout le bataillon; les Prussiens furent délogés de la haie, dans laquelle M. Bourel sauta le premier, et d'un des deux bâtiments qu'ils avaient pris, mais nous perdîmes là soixante hommes. Il ne fut pas possible d'aller plus avant, les ennemis abrités, suivant leur coutume, derrière un talus fort escarpé, nous montraient de nombreux fusils alignés, et aucune troupe ne se trouvant à notre gauche, nous fûmes débordés de ce côté, de sorte qu'il fallut abandonner la ferme. Il pouvait être 2 h. 1/2, et déjà de nombreux bataillons étaient acculés aux faubourgs tandis que notre artillerie contenait encore les Prussiens. Je retrouvai mes hommes de corvée, sans vivres toutefois, et le caisson du bataillon, de sorte que je fis compléter les cartouches; quelques compagnies n'en avaient plus que 6, 7 et 8 par homme.

Vers 4 heures, M. le général Paulze d'Ivoy posta mon bataillon sur une hauteur regardant le Sud, au-dessus du chemin de Roupy. Pour y arriver, il fallut gravir un talus fort élevé et très raide; nos hommes, exténués de fatigue et de besoins, privés de chaussures, le firent. Je déployai en tirailleurs la 2e compagnie et le bataillon eut encore quelques pertes à subir.

Vers 6 heures, cependant, je sus qu'on se repliait sur Cambrai, et, sans faire attention que les ennemis ne tirant plus sur la ville, cela devait indiquer qu'ils en étaient maîtres, je rassemblai mon bataillon, et nous nous engageâmes à travers les rues désertes, au milieu de la plus grande obscurité parce que l'on avait coupé les tuyaux de conduite du gaz. Je marchais à la tête du bataillon, et il faisait si sombre que, sur la place Lafayette, je tombai, avec mon adjudant-major et mon ordonnance, au milieu d'un poste prussien. Grâce à l'obscurité et à ce que depuis longtemps, toutes les troupes françaises avaient évacué la ville, je ne fus pas reconnu.

Le bataillon averti s'était arrêté ; je retournais pour lui faire faire demi-tour, quand j'entendis un bruit de cavaliers en arrière et les cris : halte ! halte ! en allemand. Voyant que je ne pouvais songer à passer sur le corps de ceux qui nous barraient le chemin, je dis à mes hommes de se disperser promptement par les rues latérales, de s'adresser aux habitants pour changer d'habits, et de venir ensuite rejoindre l'armée à Lille. Un bon nombre réussirent, mais, malheureusement, beaucoup aussi furent faits prisonniers.

8ᵉ bataillon du Nord.

Dès le matin du 19 janvier les troupes se réunissent, et le 48ᵉ était sur une des places de la ville, procédant immédiatement à la réception des vivres, qui sont aussitôt chargés sur des voitures de réquisition pour être ensuite distribués pendant la marche (le pain seul a pu être donné aux hommes).

Les marins le précédaient.

A 10 heures, le 8ᵉ bataillon, que je commandais, a pour mission de protéger deux pièces d'artillerie placées à côté d'un groupe de trois maisons situé à environ 2^k,500 de la ville (lieu dit « A Mon Plaisir ») ; dans cette position j'avais la ville derrière moi, et ma droite appuyée à la route de Saint-Quentin à Vermand (côté Sud). Comme nous étions par inversion (bien que dans chaque bataillon les compagnies fussent dans l'ordre direct), les marins et le 47ᵉ mobiles étaient à notre gauche, à la droite et de l'autre côté de la route se trouvait la gauche de la division des mobilisés.

Aussitôt arrivés sur le champ de bataille (10 heures du matin), la lutte a été commencée par l'artillerie, et a continué ainsi jusqu'à 1 heure de l'après-midi ; nos deux pièces ayant épuisé leurs munitions quittent le champ de bataille pour aller se reformer en arrière ; vers 2 heures, les mobilisés battent en retraite devant l'ennemi qui s'avançait sur le côté Nord de la route de Saint-Quentin à Vermand ; à 3 heures il arriva presque à hauteur et sur le prolongement de ma ligne, ce qui m'obligeait à mettre la moitié du bataillon face à droite pour répondre au feu que l'ennemi dirigeait sur mon flanc de ce côté. A cette même heure, une compagnie de marins du 3ᵉ bataillon et trois compagnies du 47ᵉ viennent renforcer la position ; je fais un mouvement en avant pour occuper un petit bois, et, de là, inquiéter le flanc droit de l'ennemi qui cesse alors de poursuivre les mobilisés, et, par suite, ces derniers cessent pour quelque temps, leur mouvement de retraite. Toutes les troupes situées à ma gauche tenaient ferme ; de là pour moi la nécessité de tenir la position que j'occupais aussi longtemps que possible, attendu que de ce point on dominait toute la partie du champ de bataille située en avant et sur la droite, et que, si l'ennemi l'eût occupé, la retraite d'une partie des troupes situées à ma gauche eût été considérablement empêchée.

A 3 h. 1/2, mon cheval est tué sous moi.....

Nous avons tenu ainsi jusqu'à la nuit tombante, vers 5 h. 1/2 du soir, heure à laquelle la retraite a eu lieu par la route de Cambrai.

Pendant cette journée, le bataillon, bien que les hommes fussent embusqués et que je cherchasse tous les moyens possibles de les défiler des feux de l'ennemi, sans toutefois neutraliser l'action de leurs feux, j'ai eu 5 hommes tués, 15 gravement blessés, et 7 ou 8 légèrement touchés.

Les fatigues de la journée et celles des jours précédents, ainsi que l'impossibilité où on s'est trouvé de distribuer des vivres aux hommes, ont rendu la retraite pénible ; beaucoup d'hommes s'arrêtaient dans les auberges, pour y prendre un peu de nourriture ; peu sont arrivés avec moi sur les glacis de la ville de Cambrai (les portes ayant été fermées) ; et c'est à peine si le lendemain 20, vers 9 heures du matin, j'ai pu réunir 150 hommes des 300 environ dont se composait le bataillon la veille.

48ᵉ *régiment de mobiles.*

Le 19 janvier, le régiment fut réuni à 7 heures du matin, au point où il avait rompu la veille ; on remit de l'ordre dans les compagnies, on compléta les munitions ; on s'occupait des distributions de vivres, quand à 9 heures parvint l'ordre de se porter en avant ; le canon se faisait entendre et annonçait que l'action était déjà engagée. Les hommes n'eurent pas le temps de recevoir les vivres, et durent marcher de nouveau à l'ennemi sans prendre de nourriture. On sortit de Saint-Quentin par la route de Vermand, et on alla prendre position à l'Ouest de la ville.

La division avait à défendre l'espace qui s'étend de la Somme à la route de Savy ; la brigade Isnard, qui était adjointe ce jour-là au 23ᵉ corps, et la 2ᵉ division couvraient l'espace qui s'étend de la route de Savy à la route de Cambrai. Toutes ces forces étaient en ligne ; la 2ᵉ brigade occupait le terrain que la division était chargée de défendre, la 1ʳᵉ était en réserve en arrière de Francilly entre la route de Savy et la route de Vermand.

Vers midi, le combat était engagé sur toute la ligne ; les trois batteries de la division étaient établies sur le plateau, et dirigeaient un feu très vif contre l'artillerie ennemie qui criblait le terrain de ses projectiles. Les tirailleurs se disputaient chaudement la possession des bois et des villages qui séparaient les deux armées. Le régiment resta en réserve jusque vers 2 heures ; pendant toute cette première partie de la lutte, il n'eut à souffrir que des feux de l'artillerie dont les obus parvenaient jusqu'au point où il était établi. Vers 2 heures, l'ennemi ayant prononcé un vigoureux mouvement offensif sur notre droite, enleva le village de Fayet qu'occupaient les troupes de la 2ᵉ division, et tenta de gagner la route de Cambrai. La brigade reçut alors l'ordre d'aller reprendre le village de Fayet ; l'artillerie, établie sur le plateau qui domine au Sud la route de Vermand, protégea ce mouvement.

Le lieutenant-colonel Degoutin se portant à cheval en tête de ses bataillons leur fit descendre les pentes qui s'abaissent vers la route de Vermand, et les entraîna à l'attaque de Fayet ; il eut son cheval blessé sous lui en pénétrant dans le village à la tête de ses troupes.

La position fut abordée très énergiquement, le 9ᵉ bataillon fut chargé de la tourner par le Nord, pendant que le 7ᵉ bataillon et un bataillon de marins l'abordaient par le Sud et l'Est. Le 8ᵉ bataillon brillamment dirigé par le commandant Guillemot, et les autres troupes de la brigade guidées par le colonel Michelet se portaient entre le village et la route de Vermand, et soutenaient sur ce point une lutte très sérieuse avec les tirailleurs ennemis ; le commandant Guillemot eut à ce moment son cheval tué sous lui.

L'ennemi ne tint pas devant la vigueur de l'attaque, il évacua le village que le 7ᵉ et le 9ᵉ bataillon occupèrent et défendirent énergiquement contre tout retour offensif jusqu'au soir ; un parti de cavalerie qui se présenta peu après l'évacuation, fut très malmené, et dut se replier au galop. L'ennemi envoya de temps en temps des obus sur le village ; ses tirailleurs embusqués, à bonne portée, engagèrent avec les nôtres qui étaient placés dans les abords du village, et qui avaient l'ordre de ne pas se laisser entraîner au delà, une lutte qui continua toute la journée sans jamais prendre un caractère bien sérieux. Les maisons furent crénelées, et le village fut mis en état de défense, afin de pouvoir résister à toute attaque. Cette position était très importante ; son occupation contribua puissamment à arrêter les progrès de l'ennemi vers la route de Cambrai.

Le 8ᵉ bataillon se replia sur Saint-Quentin vers 4 heures, avec les autres troupes de la division, il y pénétra par les faubourgs de l'Ouest, et reçut l'ordre de prendre la direction de Cambrai.

A la chute du jour, quand toutes les troupes du corps d'armée furent obligées de céder devant les forces supérieures qui arrivaient continuellement en ligne, la position de Fayet fut menacée d'une attaque très sérieuse ; une forte colonne d'infanterie ennemie fut lancée vers le village, sous la protection de deux batteries d'artillerie qui jetaient une grêle d'obus sur les maisons, et qui venaient d'en incendier quelques-unes. Le lieutenant-colonel Degoutin, sentant combien cette position était importante, et combien il était indispensable de la conserver pour la protection de la retraite de l'armée en voie d'exécution par la route de Cambrai, était décidé à la défendre, et songeait, en cas de besoin, à utiliser les bois qui avoisinent le château pour prolonger la résistance. La nuit qui venait de mettre fin au combat, suspendit la marche des Prussiens, qui se bornèrent à lancer des obus pendant quelque temps encore.

La retraite du 23ᵉ corps d'armée était ordonnée, et commençait à s'effectuer par la route de Cambrai pendant que le 22ᵉ corps se repliait par la route du Cateau.

Le 7ᵉ et le 9ᵉ bataillon évacuèrent Fayet à la nuit close, et rejoignirent les autres troupes de la division en retraite sur Cambrai ; le régiment marcha toute la nuit et ne s'arrêta que le lendemain matin aux portes de Cambrai.

2ᵉ DIVISION.

2ᵉ *brigade de mobilisés du Nord.*

Sur l'ordre du commandant de la division, le commandant de la 2ᵉ brigade se porte en avant de Fayet avec trois bataillons qu'il place face à Fresnoy-le-Petit. Les autres bataillons, avec le commandant de la division, se placent en arrière de Fayet, près du moulin de Mennechet. L'artillerie ennemie, placée dans une position dominante, oblige le commandant de la 2ᵉ brigade à abandonner sa position en avant de Fayet ; il établit un bataillon dans le village et place les deux autres à 300 mètres en arrière.

Les Prussiens enlèvent le village, mais ne peuvent en déboucher. Le village est repris, peu après, par quelques bataillons de la 1ʳᵉ division du 23ᵉ corps. Le commandant de la 2ᵉ brigade n'a plus que deux bataillons ; un autre se trouve avec le convoi et quatre sont avec le commandant de la division et les pièces de montagne, sur la route de Cambrai, entre Saint-Quentin et le village de Mennechet. Il se porte en avant, avec les deux bataillons, en laissant Fayet sur la gauche ; il était essentiel de ne pas permettre à l'ennemi de se porter sur la route de Saint-Quentin à Cambrai, ligne de retraite d'une partie de l'armée.

Les mobilisés du Pas-de-Calais, qui viennent d'arriver, suivent le mouvement des deux bataillons. On dépasse Fayet, mais le mouvement s'arrête devant le feu de l'infanterie prussienne. Les mobilisés du Pas-de-Calais disparaissent. Le commandant de la 2ᵉ brigade se porte un peu en arrière, dans un pli de terrain, et, la nuit venue, il se porte sur la route de Cambrai, à la queue du 23ᵉ corps.

Arrivée à Cambrai à 5 heures du matin.

1ᵉʳ *bataillon de voltigeurs*.

Le 19 janvier, à 7 heures du matin, en exécution des ordres du général en chef, je fis l'appel de mon bataillon en armes et bagages. Pendant cet appel, je fus informé que des cavaliers ennemis enlevaient, sur la route de Vermand, les retardataires de la veille, et, simultanément, je reçus un ordre verbal du général commandant la division de me porter sur cette route pour empêcher cette manœuvre.

Je partis immédiatement, et, après environ une demi-heure de marche, j'arrivai sur le haut d'une colline boisée, entre Holnon et Vermand, d'où j'aperçus trois escadrons de cavalerie. Je déployai mon bataillon et manœuvrai de façon à les attirer; mais ils ne firent aucun mouvement; dix minutes plus tard je sus à quoi attribuer cette immobilité; à 150 mètres de distance, cachée derrière les bosquets, dans les plis de terrain, dans les chemins creux, une division ennemie nous accueillit par une fusillade des plus meurtrières. Il était alors 8 heures.

Nous tînmes cette division en échec pendant une heure, nous abritant à notre tour et nous dissimulant le plus possible; mais dans l'isolement où nous étions, éloignés de l'armée de 6 kilomètres, n'ayant aucun appui ni secours à attendre, il fallut battre en retraite, laissant sur le champ de bataille 292 blessés ou tués, parmi lesquels 7 officiers, dont 2 capitaines tués.

D'après le rapport des attachés à l'ambulance Bell, de Saint-Quentin, dans un des bosquets cités plus haut, 82 hommes de mon bataillon ont été enterrés.

Mon bataillon a donc été en première ligne et le premier aux prises avec l'ennemi. Il a arrêté pendant une heure la marche d'une division ennemie avec artillerie et cavalerie, et a rendu, suivant moi, un service incalculable à l'aile droite de l'armée. Sans cette résistance désespérée, les troupes cantonnées derrière moi n'eussent pas eu le temps d'arriver pour prendre leur place; un désarroi terrible s'en serait suivi, et l'aile gauche ennemie serait arrivée, sans coup férir, jusque dans Saint-Quentin.

Je me repliai sur Holnon, que j'avais quitté à 7 heures, me dirigeant sur Saint-Quentin, qui paraissait être l'objectif des troupes ennemies. J'avais autour de moi les débris de mon bataillon, sauf un groupe d'une quarantaine d'hommes qui n'ayant pu nous rejoindre marcha, sous la conduite du capitaine de la 1ʳᵉ compagnie, dans la direction de Fayet occupé par l'ennemi, prit ce village avec le concours de quelques marins, chasseurs et soldats de la ligne qui s'étaient joints à lui, fit quelques prisonniers, et tint la position jusqu'à 6 heures du soir.

Chemin faisant, je rencontrai un colonel d'état-major qui me donna l'ordre de déployer mes hommes en tirailleurs, derrière un rideau de saules, entre Saint-Quentin et Fayet. Je me trouvai donc alors encore en première ligne tenant toujours l'extrême droite de l'armée.

Je restai deux heures en observation sans être inquiété autrement que par quelques obus, et sans pouvoir reprendre l'offensive, à cause de l'insuffisance de mon effectif.

A 3 h. 1/2, les mobilisés du Pas-de-Calais, forts de 5,000 hommes, vinrent se placer en bataille à 500 mètres derrière moi. L'ennemi, voyant cette nouvelle troupe, ouvrit un feu d'artillerie sur ces bataillons qui déguerpirent aussitôt dans la plus grande débandade. C'est dès ce moment que la retraite commença. Je tenais toujours la position qui m'avait été assignée par le colonel d'état-major, et me voyant pour la seconde fois isolé, je pris le parti de suivre le mouvement de retraite, me trouvant à la queue de l'armée.

2ᵉ *bataillon de voltigeurs.*

On sonna la générale à 6 h. 1/2 ; nous allâmes prendre nos positions près du moulin. Nous étions ainsi à l'aile droite, comme toujours, avec nos quelques pièces d'artillerie de montagne. Dans la matinée, l'action fut moins intense de notre côté qu'à l'aile gauche où l'artillerie luttait avec rage de part et d'autre ; mais l'artillerie prussienne ne cessant de se renforcer, la nôtre, qui épuisait ses munitions, dut battre en retraite, vers 2 h. 1/2. C'est alors que l'artillerie prussienne se mit à diriger sur nous un feu acharné, que l'on soutint laborieusement jusqu'à 5 heures.

Nous battîmes alors en retraite ; le feu prussien, qui augmentait sans cesse d'intensité, et les charges de cavalerie saxonne, changèrent bientôt ce mouvement en déroute. Nous étions épuisés par une journée entière de combat et de marches, succédant à trois jours de marches forcées, par un temps et des chemins épouvantables. Nous passâmes à Lesdins, Fresnoy-le-Grand, Bohain, Busigny et le Cateau, où nous arrivâmes à 9 heures du matin.

COLONNE ISNARD.

73ᵉ *régiment de marche.*

Le 19 janvier, la colonne Isnard était versée dans le 23ᵉ corps, et se portait à 6 heures du matin sur les positions qui lui étaient assignées pour la bataille qui se préparait.

Le 23ᵉ corps fut établi en arc de cercle, tournant le dos à la ville, sa gauche au moulin de Rocourt, sa droite au village du Fayet; dans cet ordre de bataille, le 73ᵉ de marche occupait le terrain entre Francilly, le bois de Savy et la route de Ham; il avait à sa gauche la division Payen, à sa droite les mobiles des Ardennes; les mobilisés du général Robin occupaient le village de Francilly.

La batterie Halphen vint prendre position entre le 2ᵉ et le 3ᵉ bataillon en face des bois de Savy.

Vers les 9 heures, l'action s'engagea sérieusement entre la brigade Isnard et la division prussienne von Gœben.

Les Allemands pénétrèrent en masse dans les bois de Savy, occupés par nos tirailleurs. Le lieutenant-colonel Castaigne, voyant ses tirailleurs céder sous le nombre, les fit renforcer par deux nouvelles compagnies tirées des 1ᵉʳ et 2ᵉ bataillons.

Les Allemands, chassés des bois par une vigoureuse charge à la baïonnette, revinrent bientôt plus nombreux. Il fallut de nouveau renforcer nos tirailleurs par deux compagnies tirées encore des 1ᵉʳ et 2ᵉ bataillons.

En même temps, le commandant Verzeau, du 1ᵉʳ bataillon des mobiles des Ardennes, se portait avec trois compagnies de son bataillon pour servir de soutien à nos tirailleurs; en pénétrant dans le bois il était frappé à mort.

Pendant ce temps, la batterie Halphen, et le 73ᵉ, qui lui servait de soutien, recevaient avec le plus grand sang-froid la pluie d'obus des batteries ennemies.

Bientôt il devint nécessaire d'envoyer de nouveaux renforts dans le bois. Le lieutenant-colonel Castaigne donna l'ordre au commandant Algay de se porter sur ce point avec les compagnies du 1ᵉʳ bataillon qui n'avaient pas encore été déployées.

La lutte prit de ce côté un grand acharnement; les bois de Savy furent pris et repris plusieurs fois; enfin nous étions parvenus, non sans éprouver des pertes sensibles, jusqu'à la lisière opposée, lorsqu'il fallut abandonner le prix de tant d'efforts.

Vers 3 heures, à l'arrivée de la division prussienne Memerty, les mobilisés, qui occupaient les villages de Francilly et d'Holnon, les abandonnèrent à l'ennemi. Le 73ᵉ fut débordé par sa droite, les Prussiens, établis dans les maisons et derrière les haies du premier de ces villages, commencèrent contre nous un feu à revers; nous étions menacés d'être coupés de notre ligne de retraite.

Dans ce moment critique, le lieutenant-colonel Castaigne fit exécuter un changement de front au 3ᵉ bataillon, pour répondre à cette attaque, et fit porter sur la nouvelle ligne les compagnies du 2ᵉ bataillon, qui n'avaient pas été déployées dans les bois; les soldats, soutenus par son exemple, tinrent ferme sous un feu de mousqueterie des plus violents ; leur ténacité permit aux tirailleurs de battre en retraite, et donna le temps à la batterie, qui ne tirait plus qu'à mitraille, d'attendre les attelages de réserve qui lui étaient nécessaires pour emmener ses pièces.

Après le départ de l'artillerie, le lieutenant-colonel porta le régiment en arrière et vint prendre position entre les routes de Cambrai et de Péronne.

A 5 heures, le 73º, forcé de quitter cette position, vint se reformer, sous la protection d'une batterie de marine, en avant du faubourg Saint-Martin. La dernière lutte eut lieu derrière les barricades construites dans ce faubourg.

A la nuit, le lieutenant-colonel Castaigne rassemblait les débris du régiment et suivait le 23º corps dans sa retraite sur Cambrai.

3º bataillon du 24º.

La bataille de Saint-Quentin allait être livrée.

Le commandant se porta sur la route de Vermand avec quatre compagnies, la 5º ayant été distraite par un service de grand'garde, et se dirigea sur le groupe des maisons Fayet ; mais se voyant inquiété par des tirailleurs, il fit déployer en avant une quinzaine de soldats, sous les ordres du sergent Pagano. Ces hommes, vigoureusement conduits, débusquèrent l'ennemi.

Les trois premières compagnies furent ensuite déployées à droite et à gauche de la route de Vermand, et l'engagement devint général de ce côté du front de bataille, qui était l'extrême droite. Le chef de bataillon envoya la 4º en avant, avec ordre de s'emparer du moulin Conti où était retranchée une forte troupe d'infanterie ; mais l'ennemi fit pleuvoir sur les nôtres une grêle de balles. Le capitaine Dabrin, blessé grièvement, tomba au pouvoir de l'ennemi. Un grand nombre de nos hommes furent tués ou blessés. Les troupes qui occupaient le moulin se portèrent alors en avant, et attaquèrent le bataillon de front, tandis qu'une forte colonne tournait sa droite et le prenait en flanc. Devant cette menace, les compagnies pliaient pour garder leur ligne de retraite. Le commandant Morlet, au premier rang, voulait faire emmener une pièce dont l'affût était brisé, lorsqu'il fut blessé à la tête et fait prisonnier. Le capitaine Merlin tomba mort, frappé de plusieurs balles, ainsi que le sous-lieutenant Molinari. Les sous-lieutenants Angeli et Pélisson furent blessés. Enfin, le bataillon, écrasé par le nombre et se voyant débordé, dut reculer sur la route de Saint-Quentin.

De son côté, la 5º compagnie qui, sous les ordres du lieutenant Tasson et des sous-lieutenants Saintigny et Gérard, avait été envoyée en grand'-garde à 1000 mètres de la ville, reçut l'ordre de rester en position ; elle prit part à l'action lorsque l'armée commença à battre en retraite. Elle se retrancha et soutint le feu pendant la nuit ; puis des groupes de soldats isolés s'étant joints à elle, elle rentra dans la ville, et se défendit derrière des barricades qu'elle éleva à la hâte avec l'aide d'une section du génie. Plus tard, elle essaya de se faire jour pour gagner la route de Cambrai, mais la ville était entièrement cernée, et elle fut repoussée jusque dans l'intérieur de Saint-Quentin, où elle tomba au pouvoir de l'ennemi.

2ᵉ *bataillon des Ardennes.*

Le 19 janvier, à 8 heures du matin, on sonnait la marche de chaque bataillon de la colonne. Plusieurs des bataillons qui avaient assisté à la bataille de Vermand, se reformaient en ville, ou sous ses murs.

Notre colonne, commandée depuis le 7 janvier par le colonel Isnard, partit sur la route de Vermand, se forma en bataille appuyée à Holnon.

Masqué derrière un bois qui fut occupé par ses tirailleurs, le 2ᵉ bataillon des Ardennes avait à sa droite le 1ᵉʳ bataillon des Ardennes formant l'extrême droite de l'armée du Nord ; à sa gauche, le 3ᵉ de ligne et une batterie d'artillerie ; pour réserve, un bataillon de mobilisés du Nord.

A 10 heures du matin, notre artillerie donna le signal de l'attaque.

La 3ᵉ compagnie se déployait pour s'emparer du bois, ayant à sa gauche une compagnie du 3ᵉ de ligne, ces compagnies s'établirent à la lisière du côté de l'ennemi, et soutinrent le feu jusqu'à 1 heure après midi. La 3ᵉ compagnie, après avoir été relevée par les mobilisés du Nord, rentra au bataillon n'ayant perdu que trois hommes et quatre blessés. Un jeune sergent de la compagnie, Assy Charles, se distingua à cette attaque par son sang-froid. La 4ᵉ compagnie était partie en tirailleurs une demi-heure environ après la 3ᵉ compagnie. Plus tard, le centre faiblissant, il fallut y envoyer deux nouvelles compagnies, qui furent commandées par le chef de bataillon ; c'est là que notre commandant fut tué roide, d'une balle dans la poitrine. Cependant les compagnies, parties avec leur commandant, faisaient des efforts pour repousser l'ennemi.

Vingt minutes après, la ligne faiblissait encore.

Le colonel Isnard qui venait de donner le commandement du bataillon au capitaine Collard, le renvoya en avant avec sa compagnie : « Partez à la baïonnette » dit-il, « coûte que coûte, il faut reprendre le bois ». La compagnie partit à la baïonnette ; la ligne, qui battait en retraite, marcha en avant et on reprit le bois.

Notre réserve était entrée en ligne, nous ne pouvions nous couvrir sur la droite, l'ennemi s'en aperçut, et, nous débordant, attaqua vivement le 1ᵉʳ bataillon des Ardennes qui, pris entre deux feux, ne put que battre en retraite, en s'appuyant sur la gauche de la brigade. La retraite commençait.

Une compagnie du 3ᵉ de ligne, les 3ᵉ et 4ᵉ compagnies de notre bataillon étaient restées dans le bois, sans avoir vu le mouvement de retraite, et sans en avoir été prévenues. A 3 h. 1/2, une forte fusillade se fit entendre sur notre droite : c'était la 4ᵉ compagnie de notre bataillon qui battait en retraite en se défendant. Les quelques soldats restants du 3ᵉ de ligne, n'ayant plus d'officiers, se placèrent sous le commandement du capitaine de la 3ᵉ compagnie de notre bataillon, le seul officier qui restât sur la ligne des tirailleurs.....

La ligne de tirailleurs parvint, malgré un ennemi six fois plus fort, à rentrer au bataillon..... Les tirailleurs rencontrèrent la première ligne formée par le 3ᵉ et le 40ᵉ de ligne, près de la route de Ham, non loin de Saint-Quentin. Le 2ᵉ bataillon des Ardennes qui avait battu en retraite pêle-mêle avec d'autres bataillons, fut reformé par le capitaine Collard qui en prit le commandement.

Une heure après, le général Faidherbe passe près du bataillon en disant : « Établissez-vous sur cette position et tenez-la jusqu'au dernier ». Les obus pleuvaient en cet endroit, les bataillons battaient en retraite sans chercher à se défendre. Cependant, quelques hommes du bataillon restèrent, et, secondés par une section du 3ᵉ de ligne, ils conservèrent la position malgré les douze pièces ennemies en batterie à un kilomètre de là..... A 6 h. 1/2, nous traversâmes la ville pour reprendre la route de Cambrai, direction de la retraite.

Brigade Pauly.

Dans la nuit du 18 au 19, à minuit et demi, un ordre du quartier général, daté de Saint-Quentin, prescrit au général Pauly d'aller s'établir le lendemain 19, de grand matin, à Bellicourt, village situé sur la route de Cambrai à Saint-Quentin, et à 13 kilomètres de cette dernière ville, d'y attendre des ordres, en se tenant prêt à partir au premier signal. La première partie de cet ordre est ponctuellement exécutée, mais, à 11 heures, ne recevant pas d'ordre, et le canon ne lui permettant pas de douter que la bataille est fortement engagée, il n'hésite pas à marcher vers le champ de bataille. Arrivé à la hauteur de Bellenglise, il apprend que les cavaliers prussiens sont venus jusque sur la route de Cambrai, et que ce village est encore occupé par eux ; sur ce renseignement, il fait fouiller le village par des éclaireurs, mais les Pruss- s'étaient repliés à l'approche de sa colonne.

Un peu plus loin, sur la droite, on voyait des uhlans, un corps de cavalerie, et des troupes d'infanterie menaçant la route de Cambrai.

Quelques instants plus tard, la brigade rencontra une colonne de mobilisés de la division Robin venant de la direction de Saint-Quentin, et paraissant se diriger vers Cambrai ; ces troupes étaient sans nul doute celles qui venaient d'être repoussées de Fayet et villages environnants ; cette rencontre retarda quelque peu la marche de la brigade.

La tête de la colonne étant près d'arriver à la hauteur du village de Fayet, village occupé par l'ennemi, le général Pauly fait quitter la route face à droite et prend ses dispositions de combat, entre les villages de Fayet et Gricourt. Nous n'entrerons pas dans le détail des dispositions prises en cette circonstance ; nous nous bornerons à dire qu'aussitôt que nos troupes se sont présentées en vue de l'ennemi, elles ont été reçues par un feu d'artillerie et de tirailleurs d'infanterie des mieux nourris ; néanmoins les bataillons engagés ont, malgré les pertes qu'ils éprouvaient, marché résolument à l'ennemi, l'ont repoussé et maintenu jusqu'à la nuit à plus d'un kilomètre de distance de la route de Cambrai.

Au moment où la brigade des mobilisés du Pas-de-Calais attaquait et repoussait la gauche de l'ennemi, à gauche, la 1re brigade de la division Payen qui était en réserve, appuyée par une batterie et demie d'artillerie, secondait ce mouvement en abordant vivement le village de Fayet.

Repoussé sur toute cette partie du champ de bataille, l'ennemi s'est vu forcé de renoncer à son projet de s'emparer de la route de Cambrai pour couper la retraite à l'armée française et, par suite de l'envelopper dans Saint-Quentin, son but évident.

La route de Cambrai est donc restée parfaitement libre, et si la barricade qu'on avait fait construire à l'entrée de Saint-Quentin, pour en défendre l'accès à l'ennemi par cette route, n'avait pas présenté un obstacle sérieux au mouvement de retraite des troupes françaises qui se trouvaient dans la ville, ou qui étaient obligées de la traverser pour se retirer, il est plus que probable que le nombre de nos prisonniers restés entre les mains des Prussiens aurait été de beaucoup moins considérable.

Il ne sera peut-être pas sans intérêt de faire connaître ici que la brigade des mobilisés du Pas-de-Calais était absolument dépourvue d'artillerie, et qu'elle ne possédait, le jour de sa mise en route, que 300 chassepots pour toute la brigade ; tout le reste de l'armement se composait de vieux fusils transformés à percussion ; et cependant, c'est avec cet armement qu'elle a attaqué et fait reculer les Prussiens à la bataille de Saint-Quentin, malgré leur formidable artillerie et leurs fusils de précision à tir rapide.

c) Opérations.

Rapport du général Faidherbe sur le combat de Vermand et sur la bataille de Saint-Quentin.

Lille, 19 février.

Après la bataille de Bapaume, l'armée du Nord reprit ses cantonnements autour de Boisleux, première station du chemin de fer entre Arras et Amiens. Dès qu'elle fut ravitaillée, elle fit un mouvement en avant et, le 10, elle vint se cantonner autour d'Ervillers. Dans la nuit, la division Derroja surprit et fit prisonnières les grand'gardes prussiennes de Béhagnies et de Sapignies. Le 11, la même division entra dans Bapaume, que l'ennemi venait d'évacuer. C'est alors que nous parvint la nouvelle de la capitulation de Péronne, dont nous nous proposions d'aller reconnaître la situation. Le 14, l'armée du Nord entra à Albert, abandonné à notre approche par les Prussiens, et se cantonna dans les environs. Le 15, des reconnaissances furent poussées jusqu'à Bray, Hailly et Bouzincourt.

On acquit la certitude que l'ennemi, supposant que nous voulions forcer le passage de la Somme, avait coupé ou fait sauter les derniers ponts et barricadé les villages de la rive gauche; en même temps, pour le cas où nous tenterions d'aller passer la Somme entre Corbie et Amiens, il avait fait de grands préparatifs de défense le long de l'Hallue, principalement à Pont-Noyelles. Il y avait même mis en batterie, derrière des épaulements, une partie de l'artillerie d'Amiens.

Nous ne pouvions avoir l'idée de forcer le passage de la Somme sous Amiens en présence d'une armée aussi nombreuse que la nôtre, retranchée comme elle l'était, et qui avait la faculté de recevoir très rapidement des renforts. D'un autre côté, nous ne pouvions rester dans l'inaction.

Nous savions que la garnison de Paris allait faire un grand et suprême effort; un télégramme de Bordeaux m'avait averti que le moment d'agir vigoureusement était venu ; il importait surtout d'attirer sur nous le plus de forces possible de Paris. Je crus que j'arriverais à ce but en me dérobant à l'armée qui était devant moi par quelques marches forcées vers l'Est et le Sud-Est, de manière à arriver rapidement au Sud de Saint-Quentin, menaçant ainsi la ligne de la Fère, Chauny, Noyon et Compiègne. J'étais sûr d'avoir bientôt affaire à des forces très considérables; mais le moment de se dévouer était venu, et je pouvais espérer avoir le temps, lorsque je me verrais menacé par des forces supérieures, de me rabattre vers le Nord en les attirant à moi, et d'aller les attendre sous la protection des places fortes de Cambrai, Bouchain, Douai ou Valenciennes.

Nous partîmes donc le 16 d'Albert pour Sailly-Saillisel et d'autres villages autour de Combles. Les chemins étaient tellement glissants, la marche si difficile, que les troupes n'arrivèrent que fort tard dans leurs cantonnements. Le lendemain, 17, nous nous dirigeâmes sur Vermand.

La 2ᵉ brigade de la division Derroja délogea du bois de Buire, près Templeux, quelques bataillons de la garnison de Péronne, qui s'y étaient établis pour s'opposer à notre passage. Dans l'après-midi, un corps prussien, composé d'infanterie, de cavalerie et d'artillerie, abandonna le village de Vermand à l'approche de la 1ʳᵉ brigade de la même division. Deux escadrons de nos dragons lui donnèrent la chasse.

Le 18, nous fûmes attaqués plus sérieusement pendant que nous continuions notre marche dans la direction de Saint-Quentin. Dès 8 heures du matin, la queue de la division du Bessol fut harcelée par la cavalerie ennemie. A midi, elle fut attaquée près de Beauvois par l'avant-garde du général von Gœben, qui, dès qu'il avait eu connaissance de notre marche vers Saint-Quentin, avait mis toute son armée à nous suivre à marches forcées, en même temps qu'il appelait à lui des renforts de toutes parts.

Les forces ennemies, déjà assez considérables, se composaient d'infanterie, d'artillerie et de cavalerie. Une charge de hussards sur un bataillon de mobiles du Gard fut vigoureusement arrêtée par un bataillon de mobiles de Somme-et-Marne, sous les ordres du colonel de Brouard. Le général du Bessol, qui était déjà arrivé avec sa 2ᵉ brigade à Roupy, rétrograda avec un bataillon et quatre pièces de canon pour dégager sa 1ʳᵉ brigade. Mais il trouva la chose déjà faite par la division Payen, du 23ᵉ corps, qui, au bruit du canon, était revenue de Vermand vers Caulaincourt et Trefcon et se trouvait aux prises avec l'ennemi. La division du Bessol reprit alors sa route vers les cantonnements indiqués. La 1ʳᵉ brigade de la division Payen (lieutenant-colonel Michelet), avec les fusiliers marins, avait rompu le premier effort de l'ennemi; bientôt, elle fut appuyée par la 2ᵉ brigade (commandant Delagrange).

Le général Paulze d'Ivoy, voyant qu'il avait alors sur les bras toutes les forces de l'ennemi, dut prendre une position en conséquence; il alla occuper avec de l'infanterie les bois qui s'étendent entre Caulaincourt et Vermand, et plaça la batterie Dupuich sur le plateau qui est au Nord de ces bois. Dans cette position, il tint bon jusqu'à la nuit close. Sa 2ᵉ division, celle des mobilisés du général Robin, venue au canon, prit part à la fin de l'engagement. Cette division fut laissée, en partie, à Vermand pendant la nuit, tandis que la division Payen venait prendre son cantonnement à Saint-Quentin même.

Le combat de Vermand nous coûta peut-être 500 hommes tués ou blessés. De fortes pertes de l'ennemi peuvent seules expliquer qu'il n'ait pas fait d'efforts plus vigoureux pour nous enlever nos positions devant Vermand.

Ce qui venait de se passer le 18 me prouva que la concentration des forces prussiennes était déjà trop complète pour qu'il me fût possible de tenter une marche vers le Nord, afin d'aller m'appuyer aux places fortes; j'étais obligé d'accepter la bataille autour de Saint-Quentin. La situation n'était, du reste, pas mauvaise; avec toutes les ressources d'une grande ville à portée, nous trouvions, dans les hauteurs qui entourent Saint-Quentin à trois ou quatre kilomètres, d'excellentes positions de combat.

Les troupes eurent l'ordre d'être sur pied à la pointe du jour, et leurs emplacements leur furent désignés.

Le 23e corps, renforcé de la brigade Isnard, s'établit en arc de cercle, tournant le dos à la ville, sa gauche au moulin de Rocourt et sa droite au village de Fayet. Il s'étendait donc du canal à la route de Cambrai. Seulement, il était par inversion, sa 1re division (Payen) formant sa gauche et sa 2e division (mobilisés Robin) formant sa droite. La brigade Isnard était entre les deux.

Le 22e corps s'établit de l'autre côté du canal, s'étendant de Gauchy à Grugies, jusqu'à la route de Paris, face au Sud.

Notre armée formait ainsi une demi-circonférence autour de Saint-Quentin, au Sud et à l'Ouest.

L'ennemi devait arriver sur le 23e corps, à l'Ouest, par les routes de Péronne et de Ham, et sur le 22e corps, au Sud, par les routes de Chauny (Paris) et de La Fère.

Nos lignes de retraite étaient la route de Cambrai par le Catelet et celle du Cateau par Bohain.

La brigade Pauly (mobilisés du Pas-de-Calais), qui se trouvait à Bellicourt, était à même de protéger ces lignes de retraite.

La bataille commença du côté du 22e corps. La 2e brigade de la 1re division (Derroja) était à peine rendue à Gauchy, et la 2e division (du Bessol) à Grugies, que de profondes colonnes d'infanterie prussienne, précédées de cavaliers, arrivèrent par la route de Paris vers Castres.

L'action s'engagea immédiatement entre les tirailleurs des deux armées, et la batterie Collignon s'établit sur une excellente position, près du moulin dit « à Tous-Vents ». On se disputa la possession des hauteurs en avant de Gauchy, et l'ennemi mit aussitôt en ligne de nombreuses batteries. La 1re brigade (Aynès) de la 1re division, qui avait couché à Saint-Quentin, arriva alors au pas de course et vint se placer à la gauche des troupes engagées, étendant ainsi notre front de bataille jusqu'à la route de La Fère. Le général du Bessol venait d'être grièvement blessé.

Pour contre-battre l'artillerie ennemie, les batteries de Montebello et Bocquillon, la batterie Gaigneau de 12 et, plus tard, la batterie Beauregard vinrent se placer au centre de la position, auprès de la batterie Collignon.

Ces six batteries arrêtèrent pendant toute la journée tous les efforts de l'ennemi, en lui faisant subir des pertes énormes.

Pour s'opposer à l'attaque de colonnes considérables arrivant d'Urvillers et d'Itancourt, le colonel Aynès, avec une partie de sa brigade, s'avança sur la route de La Fère, où il tomba bientôt mortellement frappé.

Il était environ 3 heures; l'ennemi nous débordant en ce moment vers la Neuville-Saint-Amand, nos troupes se replièrent presque jusqu'au faubourg d'Isle.

Le commandant Tramond arrêta ce mouvement rétrograde en se mettant à la tête de ses bataillons du 68ᵉ de marche et en chargeant l'ennemi à la baïonnette.

On regagna le terrain perdu jusqu'à hauteur des batteries, qui n'avaient pas cessé leur feu.

Cependant, la lutte continuait avec acharnement à la droite de la division. Les hauteurs avancées de Gauchy furent assaillies six fois par des troupes fraîches qui se renouvelaient sans cesse; six fois, nos soldats, animés par le courage et l'intrépidité du colonel Pittié, repoussèrent ces assauts. Dans ces attaques, nos soldats se rapprochèrent plusieurs fois jusqu'à vingt pas de l'ennemi, jonchant le terrain de ses morts. La cavalerie prussienne ne fut pas plus heureuse devant l'élan et la solidité de notre infanterie. Une charge faite par un régiment de hussards fut, en peu de temps, arrêtée et brisée par des feux d'ensemble bien dirigés par le colonel Cottin. Dans cette lutte, les mobiles du 91ᵉ et du 46ᵉ, malgré l'infériorité de leur armement, rivalisèrent de courage avec les troupes de ligne, animés par l'exemple de la plupart de leurs officiers et particulièrement de leurs chefs de corps, MM. Fovel et de Laprade.

Mais comment résister indéfiniment à des troupes fraîches amenées incessamment sur le champ de bataille par le chemin de fer? La 2ᵉ brigade, débordée par sa droite, se vit enfin obligée de céder le terrain. Elle battit en retraite en très bon ordre. Son mouvement entraîna celui de la gauche de notre ligne, et les batteries, après avoir tiré jusqu'au dernier moment pour protéger la retraite, furent contraintes de se retirer à leur tour par le faubourg d'Isle, sous la protection des barricades établies dans ce faubourg et qui retardèrent la marche de l'ennemi. La nuit, du reste, était venue.

Au 23ᵉ corps, l'action ne s'était sérieusement engagée qu'entre 9 heures et 10 heures. La division Robin (mobilisés) avait occupé les villages de Fayet, Francilly, Sélency, détachant un bataillon dans le village d'Holnon, et garnissant par ses tirailleurs les bois en avant de son front.

La brigade Isnard s'étendait de Francilly à la route de Savy et la brigade Delagrange, de la division Payen, formait un échelon à la gauche de la précédente, jusqu'au canal. La 1ʳᵉ brigade (Michelet) de la 1ʳᵉ division était en réserve derrière le centre de la ligne de bataille.

La batterie Halphen avait pris une excellente position à gauche de Francilly, et y combattit d'une manière remarquable pendant toute la journée. Les batteries Dupuich et Dieudonné s'établirent en arrière de la droite de la division Robin pour défendre la route de Cambrai, par où il était à craindre que l'ennemi tentât de nous tourner et de nous couper la retraite.

Les batteries de réserve furent placées à la gauche du 23ᵉ corps sur des hauteurs dominant la route de Ham. C'est à Ham que le chemin de fer amenait une partie des troupes venant d'Amiens et de Rouen. Il transportait les autres par La Fère jusqu'à quelques kilomètres du champ de bataille.

Pendant la première partie de la journée, la lutte ne consista qu'en un combat de tirailleurs et d'artillerie pour la possession des bois et des villages qui se trouvaient entre les deux armées. Mais, vers 2 heures, des renforts ennemis venant de Péronne attaquèrent vigoureusement notre extrême droite et enlevèrent le village de Fayet à la division Robin, menaçant ainsi la route de Cambrai. La 1ʳᵉ brigade du commandant Payen, envoyée sur ce point, aborda vivement le village, sous la protection d'une batterie et demie d'artillerie de réserve envoyée par le général en chef. En même temps, la brigade Pauly, des mobilisés du Pas-de-Calais, venant de Bellicourt au bruit du canon, prenait la part la plus honorable à cette opération. Malgré cela, nos troupes ne pouvant se maintenir dans le village, elles prirent une position en arrière sur les hauteurs où se trouvaient les batteries Dupuich et Dieudonné et empêchèrent l'ennemi de pousser son avantage jusqu'à la route de Cambrai. Sur la gauche, les brigades Isnard et Delagrange, déployant une grande valeur, pénétrèrent à plusieurs reprises dans les bois de Savy. Mais, vers 4 heures, en présence de forces trop supérieures, elles se virent obligées de céder peu à peu le terrain.

Le général Paulze d'Ivoy reçut alors du général en chef l'ordre d'envoyer des renforts à sa gauche pour arrêter les progrès de l'ennemi sur la route de Ham ; malgré ces renforts, l'ennemi put bientôt s'avancer sur la route et le long du canal et ne fut plus arrêté, jusqu'à la chute du jour qui ne tarda pas à arriver, que par le feu qui partait des solides barricades construites au faubourg Saint-Martin.

Ainsi, à la nuit, du côté de l'Ouest, comme du côté du Sud, nos troupes, épuisées par une journée entière de combat succédant à trois journées de marches forcées et d'escarmouches, par un temps et des chemins épouvantables, se trouvaient rejetées sur Saint-Quentin par un ennemi dont le nombre augmentait à chaque instant par les renforts qu'il recevait de Rouen et d'Amiens, de Péronne, de Ham, de Laon, de La Fère, et enfin de Paris.

La retraite fut alors ordonnée au 22e corps par la route du Cateau, et au 23e corps par celle de Cambrai.

Le général en chef et son état-major, après avoir suivi le 22e corps jusqu'à Essigny, prit avec la cavalerie la route intermédiaire qui passe à Montbrehain.

Les têtes de colonnes prussiennes entrèrent à Saint-Quentin par les routes de la Fère et de Ham, lançant quelques obus sur la ville et faisant prisonniers tous les soldats débandés, perdus, éclopés, et quelques compagnies qui se trouvèrent cernées. Il resta entre leurs mains trois ou quatre petits canons de montagne qui se trouvaient en position au faubourg d'Isle. Le lendemain et le surlendemain elles ramassèrent encore sur les routes un grand nombre de traînards.

Nos quinze batteries de campagne furent ramenées intactes à Cambrai avec leurs caissons et notre convoi.

L'ennemi eut, dans les journées du 18 et du 19, à Vermand et à Saint-Quentin, environ 5,000 hommes hors de combat, et nous, la moitié seulement. Cela tient à ce que nos coups portaient sur des masses de troupes doubles des nôtres.

L'ennemi dut avoir entre ses mains, le surlendemain de la bataille, 5,000 à 6,000 prisonniers au moins ; mais la moitié se sauva et rejoignit les corps au bout de quelques jours.

Le 20, un détachement prussien arriva à la suite de nos traînards jusqu'aux portes de Cambrai, et somma en vain la ville de se rendre. Un autre colonne alla bombarder Landrecies et en fut repoussée par l'artillerie de la place.

Les ennemis se retirèrent ensuite vers Saint-Quentin et l'armistice, proclamé le 29 janvier, les maintint bientôt dans la limite du département de la Somme.

L'armée du Nord, cantonnée, à la suite de la bataille de Saint-Quentin, autour des villes d'Arras, Douai, Lille, Cambrai et Valenciennes, se réorganisa rapidement et, dès le 10 février, elle était susceptible de se représenter en ligne avec un effectif presque égal à celui qu'elle avait à Saint-Quentin, grâce à l'incorporation de quelques milliers de mobilisés.

Ainsi, cette armée, après avoir livré quatre batailles et plusieurs combats à l'ennemi en deux mois, lui avait fait subir des pertes, qu'on peut, sans exagération, évaluer à 20,000 hommes, se retrouvait aussi nombreuse et plus aguerrie que jamais lorsque, par ordre du Ministre de la guerre, en date du 15 février, le 22ᵉ corps, fort de 18,000 hommes et dix batteries d'artillerie, deux de 12, deux de 8 et six de 4, fut embarqué à Dunkerque pour aller rejoindre l'armée de Cherbourg.

Le 23ᵉ corps, composé en grande partie de mobiles et de mobilisés, fut réparti dans les places fortes pour en compléter les garnisons.

Le Général en chef de l'armée du Nord,
FAIDHERBE.

22ᵉ CORPS.

1ʳᵉ DIVISION.

Rapport du général Derroja.

Arras, le 5 février 1871.

Avant de parler du rôle joué par la 1ʳᵉ division du 22ᵉ corps dans la journée du 19 janvier, il est indispensable de résumer les marches faites les jours précédents, pour bien faire connaître les positions occupées par les troupes de cette division le jour de la bataille, et de décrire l'état de fatigue et de dénuement dans lequel se sont trouvés nos soldats, afin de mieux apprécier l'énergique résistance qu'ils ont déployée pendant cette journée.

Le 14 janvier, l'armée du Nord cantonnait à Albert et dans les environs. Le 15, la 1ʳᵉ division faisait une reconnaissance jusque dans Bray, pour s'assurer que l'ennemi était passé sur la rive gauche de la Somme. Cette opération, faite par le froid le plus rigoureux, fatigua beaucoup les troupes. Le 16, la division fut dirigée sur Bouchavesnes et sur Moislains. La marche, déjà longue, fut d'autant plus pénible que le vent, passé subitement au Sud, avait fondu la couche de neige qui couvrait le sol les jours précédents, et avait converti en torrents de boue les moindres thalwegs des vallées. Les troupes, marchant difficilement dans des terres fortes et détrempées, arrivèrent très tard à leurs cantonnements ; une grande partie dut veiller, échangeant des coups de feu avec les avant-postes prussiens de Péronne. La pluie qui tomba toute la nuit, augmenta encore les fatigues du soldat. Le convoi, ralenti dans sa marche par les difficultés des chemins et les encombrements inévitables, arriva trop tard pour permettre de faire une distribution régulière. La journée du lendemain fut également mauvaise. Les terres étaient de plus en plus détrempées, et pendant plusieurs heures, les troupes durent quitter les chemins, suivre à travers champs pour s'emparer du bois de Buire, ainsi que de la position importante de Templeux-la-Fosse, défendue par quelques bataillons prussiens.

Le 17 au soir, la 1re brigade de la division couchait à Vermand, la 2e à Caulaincourt et à Trefcon, avec ordre de se porter le lendemain, la 1re sur la route de Saint-Quentin, la 2e à Essigny-le-Grand, de concert avec la 2e division du 22e corps, en passant par Beauvois et Roupy.

Pendant cette marche, la queue de la colonne de la division du Bessol fut attaquée. Le 23e corps, venu au canon, subit l'effort de l'ennemi, et les troupes déjà rendues à Saint-Quentin durent se porter en toute hâte à son secours. Cette circonstance, cependant nécessaire, nous fit plus que doubler l'étape ; elle acheva d'exténuer nos soldats ; ils ne rentrèrent à Saint-Quentin que fort tard dans la nuit ; beaucoup même ne reparurent que le 19 au matin. Ils étaient à peine réorganisés, et les distributions de vivres commençaient seulement à se faire, lorsque le canon se fit entendre de nouveau. Que se passait-il au Sud et à l'Ouest de Saint-Quentin ?

La 2e brigade, venant d'Essigny-le-Grand, était à peine arrivée à Gauchy, que des cavaliers ennemis furent aperçus par M. le colonel Pittié, au moment où il allait reconnaître les abords de son nouveau cantonnement. Il était environ 8 heures. La marche des cavaliers, arrivant par la route d'Essigny-le-Grand, et précédés de nombreux éclaireurs, était l'indice d'une attaque. En effet, des colonnes profondes d'infanterie prussienne ne tardèrent pas à se montrer et à se diriger, d'abord sur Castres et Grugies, occupés par la division du Bessol, puis sur Gauchy où était notre 2e brigade. M. le colonel Pittié, commandant cette brigade, donna aussitôt l'ordre de prendre les armes et fit avertir M. le général commandant le 22e corps.

L'action ne tarda pas à s'engager. Son prélude fut une vive fusillade dirigée sur les cantonnements de la 2e division.

Le colonel Pittié porta rapidement ses troupes pour couvrir le flanc gauche de cette division ; à cet effet, il appuya sa droite à la tranchée du chemin de fer, un peu en avant de Grugies, et sa gauche à un groupe de maisons situé au point de jonction des routes d'Essigny et de Grugies à Saint-Quentin, se donnant en outre pour mission de défendre le plateau avancé sur lequel il s'était établi. De nombreux tirailleurs pris au 17e bataillon de chasseurs et au 24e de ligne, formèrent une première ligne avancée, ayant derrière eux des bataillons comme soutien, et comme réserve. Le capitaine Collignon avait établi sa batterie dans une très bonne position, près du moulin de Tous-Vents.

L'action ne tarda pas à s'étendre. La brigade Fœrster, de la 2ᵉ division, avait été obligée d'abandonner quelques-unes de ses positions. Assailli alors par des forces plus considérables, le colonel Pittié dut renforcer la ligne qu'il occupait sur le plateau, en avant de Gauchy. Malgré ce renfort, une vigoureuse attaque, soutenue par le feu de nombreuses batteries ennemies, obligea notre 2ᵉ brigade à évacuer à son tour le plateau qui était une position avancée par rapport à l'ensemble du champ de bataille. Cependant, un bataillon du 24ᵉ, énergiquement enlevé par son commandant, M. Martin, reconquit le terrain perdu. A partir de ce moment, les assauts de l'ennemi revinrent incessants sur ce point important. On dut y porter les 2ᵉ et 3ᵉ bataillons du 46ᵉ de mobiles.

M. le commandant du 22ᵉ corps ayant demandé des renforts à notre 2ᵉ brigade, quatre compagnies du 17ᵉ bataillon de chasseurs, et le 1ᵉʳ bataillon du 46ᵉ de mobiles, lui furent envoyés. Un bataillon du 65ᵉ et le 91ᵉ régiment de mobiles du Pas-de-Calais, tirés de la 1ʳᵉ brigade, allèrent en toute hâte, en suivant la voie ferrée, combler le vide laissé par les troupes envoyées comme renfort à la 2ᵉ division.

Jusque-là, l'action du 22ᵉ corps avait été limitée dans l'espace compris entre la rive droite du canal et la route de Grand-Séraucourt. La canonnade et la fusillade, entendues de Saint-Quentin, firent prendre les armes aux troupes qui étaient restées dans cette ville. La 1ʳᵉ brigade de la 1ʳᵉ division, qui occupait le faubourg d'Isle, se porta au pas de course, conduite par le colonel Aynès, sur le plateau qui domine la vallée de Gauchy. Elle appuya sa droite aux troupes déjà engagées du colonel Pittié, et sa gauche à la route de La Fère. Le 91ᵉ et le bataillon du 65ᵉ ayant été précédemment envoyés du côté de Gauchy, il ne restait, pour garder une étendue de près de trois kilomètres, que le 2ᵉ bataillon de chasseurs à pied, deux bataillons du 75ᵉ, un bataillon du 43ᵉ séparé de sa division, et quelques compagnies d'éclaireurs et de volontaires accourues sans doute à la fusillade.

Pour donner à un pareil front la force nécessaire, les batteries de Montebello, Bocquillon, une batterie de 12 de la marine, et plus tard la batterie du capitaine Beauregard, furent établies au centre des hauteurs dominantes, occupées par la 1ʳᵉ division, et où s'était déjà placée la batterie Collignon. C'est en grande partie grâce au feu habilement dirigé de ces batteries que la division resta ferme et inabordable dans ses positions jusqu'à la fin de la bataille, malgré les efforts des nombreuses colonnes et des bouches à feu que l'ennemi nous opposa.

Pendant que la 2ᵉ brigade, soutenue par le 91ᵉ et par le bataillon du 65ᵉ, disputait à l'ennemi sa position première, en avant de Gauchy, reprenant par de vigoureuses offensives le terrain qu'elle perdait momentanément, le colonel Aynès recevait l'ordre d'aller occuper la ferme et le bois du Raulieu, sur la route de La Fère, d'abord avec le 2º bataillon de chasseurs, puis avec les deux bataillons du 75º. A peine ces troupes étaient-elles établies dans cette position, que des colonnes profondes, venues d'Urvillers et d'Itancourt, leur livraient des assauts acharnés. C'est en dirigeant ses troupes contre ces colonnes, que le colonel Aynès tomba frappé mortellement. La mort tant regrettée de cet officier supérieur impressionna les soldats dont il savait si bien enflammer le courage. Les efforts de l'ennemi redoublant, le petit nombre dut céder aux masses, et de nouvelles troupes descendant de Neuville-Saint-Amand et de Mesnil-Saint-Laurent, nos soldats reculèrent et battirent en retraite presque jusqu'au faubourg d'Isle. C'est en cherchant à arrêter et à contenir ses hommes que le commandant Tramond fut entouré par l'ennemi, et que s'armant lui-même d'un fusil, il dut se frayer un passage à la baïonnette.

L'exemple du commandant Tramond, le danger qu'il avait couru, suffirent pour arrêter le mouvement de retraite qui s'était produit à notre aile gauche vers 3 heures. Les trois bataillons qui formaient cette aile reprirent l'offensive, refoulèrent l'ennemi en lui faisant éprouver de grandes pertes, et s'avancèrent vers les positions premières, c'est-à-dire à la hauteur des batteries qui n'avaient pas cessé de tonner. Cependant, la lutte continuait avec acharnement à la droite de la division. Les hauteurs avancées de Gauchy furent assaillies six fois par des troupes fraîches, qui se renouvelaient sans cesse ; six fois nos soldats, animés par le courage et l'intrépidité du colonel Pittié, repoussèrent ces assauts.

Dans ces attaques, on dut souvent marcher à la baïonnette, et c'est ainsi que nos soldats se rapprochèrent plusieurs fois jusqu'à vingt pas de l'ennemi, jonchant le terrain de ses morts. La cavalerie prussienne ne fut pas plus heureuse devant l'élan et la solidité de nos soldats. Une charge, faite par un régiment de hussards, fut en peu de temps arrêtée et brisée par des feux d'ensemble bien dirigés par le colonel Cottin.

Dans cette lutte, les mobiles du 91º et du 46º, malgré l'infériorité de leur armement, rivalisèrent de courage avec les troupes de ligne, animés par l'exemple de la plupart de leurs officiers et particulièrement de leurs chefs de corps, MM. Fovel et de Laprade.

Pendant que les efforts des Prussiens étaient repoussés sur tout le front de la division, grâce à l'énergie des troupes et au feu habilement et courageusement soutenu de nos trente pièces d'artillerie, la bataille, sur d'autres points, prenait un autre caractère. La 2º brigade tenait toujours ; mais débordée à droite par l'infanterie ennemie, battue par les feux convergents d'une artillerie formidable, et qui se rapprochait de plus en plus, n'ayant plus un seul bataillon, ni même une seule compagnie en réserve, elle devait fatalement céder le terrain qu'elle avait si bien disputé et conservé. Elle battit en retraite, mais elle le fit dans un ordre parfait.

Le mouvement rétrograde de la droite amena aussi celui de la gauche. Les batteries, qui avaient tiré jusqu'au dernier moment pour protéger la retraite, furent contraintes de se retirer à leur tour, et c'est à grand'-peine que nos soldats, serrés de très près par des colonnes de plus en plus compactes, purent regagner le faubourg d'Isle.

La nuit commençait à se faire. Les rues par lesquelles nos soldats rentraient dans Saint-Quentin étaient déjà enfilées par les projectiles ennemis; la fusillade elle-même les menaçait. Pour les en préserver, des barricades furent construites de distance en distance. Ces barricades eurent pour résultat d'arrêter l'assaillant dans sa poursuite, et de nous permettre de nous retirer lentement, et en bon ordre, à travers le faubourg d'Isle.

Quand la division traversa le chemin de fer et le canal, l'ennemi avait continué le mouvement, et avait débordé notre droite.

Pour nous en garantir, nous fûmes obligés de construire de nouvelles barricades, et d'éteindre les réverbères. Les obus de la nombreuse artillerie prussienne avaient déjà allumé quelques incendies dans la ville; la fusillade se faisait entendre sur divers points; toute résistance dans Saint-Quentin devenant inutile, force fut d'ordonner la retraite. La division reçut l'ordre de suivre la route du Cateau, de manière à se couvrir du canal.

Cette marche s'effectua d'abord dans le plus grand ordre; mais bientôt, l'encombrement des routes, les obstacles, les embarras de toutes sortes que l'on rencontrait à chaque pas, rompirent les bataillons et même les compagnies. Nos soldats, qui avaient lutté toute la journée sans repos, sans nourriture et un certain nombre pieds nus, tombaient exténués de fatigue. C'est à ces circonstances réunies qu'on doit attribuer le désordre du lendemain, et l'effectif si réduit de l'arrivée à Arras, point de ralliement de la 1re division. Cependant pas un canon, pas une voiture, pas un bagage n'était tombé au pouvoir de l'ennemi, et l'on peut dire que la journée du 19 a été glorieuse pour nos troupes.

Si la 1re division a dû céder à son tour devant des forces écrasantes et sans cesse renouvelées, elle ne l'a fait qu'après huit heures de combat, après avoir brisé tous les assauts de l'ennemi et lui avoir infligé des pertes sérieuses. Tous les corps de la division, troupes de ligne, mobiles, artillerie, personnel de l'ambulance, ont noblement fait leur devoir, et malgré le mouvement de retraite, les soldats du 22e corps de l'armée du Nord pourront être fiers d'avoir combattu à Saint-Quentin.

Derroja.

2ᵉ DIVISION.

Rapport du colonel Færster.

Le 19, dès 5 heures du matin, la 1ʳᵉ brigade quitta le Grand-Séraucourt pour venir prendre ses cantonnements à Grugies. La 2ᵉ resta à Castres. Cette dernière avait une grand'garde à 1500 mètres en avant de Castres, au sommet d'une colline boisée, de l'autre côté du vallon que suit la route de Grugies à Séraucourt. Elle était placée dans une ferme, et derrière un parapet formé par des betteraves recouvertes de terre.

La 1ʳᵉ brigade était gardée par deux compagnies placées l'une en avant de l'usine de Grugies, l'autre à la sortie du village vers Saint-Quentin, et toutes deux le long de la voie du chemin de fer.

Dès 8 heures du matin, une reconnaissance faite par la 2ᵉ brigade, dans la direction d'Essigny, y signalait l'ennemi en grand nombre.

Vers 9 heures, la grand'garde de la 2ᵉ brigade, et celle de la 1ʳᵉ, placée en avant de l'usine, furent vivement attaquées par l'infanterie ennemie qu'elles repoussèrent. Un bataillon du 91ᵉ dans la 2ᵉ brigade, le 20ᵉ bataillon de chasseurs à pied dans la 1ʳᵉ, se portèrent sur la ligne des grand'gardes, et y tinrent bon.

L'ennemi fit alors commencer le feu de son artillerie. Ce feu fut surtout très intense du côté de l'usine de Grugies. Aussi plaça-t-on en avant et à gauche de cette usine, vers Castres, la batterie de 4 du capitaine Marx, et celle de 12 du capitaine Beauregard, tandis que la batterie de 4 du capitaine Chastang allait prendre position sur l'ancien emplacement de la grand'garde de la 2ᵉ brigade, attendu que de ce côté nous avions gagné en avant assez de terrain pour pouvoir la placer ainsi.

Vers 10 heures un douloureux événement vint frapper la division : le général du Bessol fut blessé. Il ne voulut pas quitter le champ de bataille avant de m'avoir prévenu de le remplacer.

De 10 heures à midi et demi, la lutte ne présenta rien de bien particulier, si ce n'est à droite, d'abord une tentative pour nous tourner en s'insinuant entre le canal et le village de Castres. L'ennemi fut repoussé par un bataillon de Somme-et-Marne. A gauche, ensuite, il chercha à en faire autant, en passant par le chemin creux qui passe sous la voie du chemin de fer, et débouche en dehors de Grugies vers Saint-Quentin. Il fut repoussé par trois compagnies du 43ᵉ.

Pendant ce temps-là, notre batterie de 12, supérieurement commandée par le capitaine Beauregard, obligeait les batteries ennemies à quitter leurs positions.

Vers midi, le colonel de Gislain, après avoir successivement engagé toutes ses troupes, me demanda du renfort. Il tenait toujours bon dans ses positions, mais il était vivement pressé. Je lui envoyai le bataillon d'infanterie de marine, et restai ainsi réduit à un bataillon du 43º, le 20º chasseurs et un bataillon du Gard ; le reste de ma brigade ne m'ayant pas rejoint depuis la veille. Fort heureusement, de ce côté, l'ennemi était tenu en respect par la batterie Beauregard.

Vers midi et demi, le colonel de Gislain obtint deux bataillons de renfort de la 1re division ; malgré cela, le général commandant le corps d'armée, ayant jugé que la 2º brigade ne pouvait pas tenir plus longtemps sur la position avancée qu'elle avait occupée, lui ordonna d'exécuter un changement de front en arrière, sur sa gauche qui dut être reportée à la route de Grugies à Grand-Séraucourt, tandis que la ligne s'étendrait, vers la droite, en arrière du village de Castres, et sur les hauteurs qui le dominent.

Le colonel de Gislain ordonna aussitôt à sa batterie de 4 de venir occuper le centre de la nouvelle position, qu'il jalonnait d'ailleurs en y faisant déployer en tirailleurs quelques compagnies du 18º bataillon de chasseurs et d'un bataillon de Somme-et-Marne. Il ordonna ensuite aux deux bataillons du 91º et aux deux bataillons de Somme-et-Marne, de battre en retraite lentement, en ne cédant le terrain que pied à pied, ce qui fut exécuté, car ce n'est que vers 2 heures que le mouvement fut terminé.

Cette position ne put être conservée longtemps. L'ennemi amena, sur l'ancienne position de la grand'garde de la 2º brigade, de nombreuses batteries. Il canonna d'abord à outrance le village de Castres, obligea ainsi nos troupes à s'en retirer et l'occupa. Plusieurs fois, il chercha à en déboucher pour prendre pied sur le plateau que nous occupions, en lançant ses tirailleurs en avant, mais toujours il fut repoussé, avec pertes, par nos feux de mousqueterie. Il concentra alors toute l'action de son artillerie sur notre batterie de 4, dont le capitaine, M. Chastang, venait d'être blessé. Cette batterie dut battre en retraite ; puis il dirigea un feu roulant d'obus qui tombaient par salves au milieu de notre infanterie, resserrée au sommet d'un étroit plateau ; elle dut battre en retraite pour se placer en arrière de la crête du plateau vers le canal. Déjà elle avait éprouvé des pertes cruelles.

Il était 3 heures. Nous voyions le 23º corps perdre du terrain de l'autre côté du canal ; d'un moment à l'autre, des batteries, que rien n'empêchait plus de venir s'établir sur le terrain perdu par ce corps, pouvaient nous prendre d'écharpe et en arrière, tandis que celles que nous combattions depuis le matin, labouraient notre front de leurs projectiles.

Il fallut donc encore rétrograder.

La seule ligne à prendre était celle des collines situées entre Grugies et Saint-Quentin, et dont le point culminant est marqué par un moulin à vent. Vers 4 heures, nous occupâmes ces positions. Peu de temps après, nous commençâmes à former nos échelons en retraite vers Saint-Quentin. La cavalerie essaya de se montrer, mais des feux, exécutés avec sang-froid et précision, par le 18ᵉ bataillon de chasseurs à pied, lui ôtèrent l'envie de recommencer.

Vers 5 heures, nous touchions à Saint-Quentin. Je reformai la division en colonne de marche, j'évitai de traverser la ville. Je la contournai par l'Est, et je fis passer le canal à Rémaucourt. Nous trouvâmes les routes encombrées de charrois, au milieu desquels les soldats, harassés de fatigue, se dispersèrent. Je réussis cependant à conserver une escorte à mes batteries, qui, le lendemain, arrivèrent avec 2,000 hommes environ à Cambrai.

Rapport du colonel de Gislain.

Douai, 24 janvier.

Le mercredi 18 janvier, la 2ᵉ brigade prenait ses cantonnements à Castres et à Contescourt..... Le 19, à 5 heures du matin, le 18ᵉ bataillon de marche des chasseurs à pied et le 3ᵉ bataillon du régiment des mobiles de Somme-et-Marne quittaient Contescourt pour aller à Giffécourt, hameau de Castres, et situé entre ce dernier village et Grugies, où allait s'installer la 1ʳᵉ brigade de la division.

A 8 heures du matin, dans une reconnaissance qui fut faite, la présence de l'ennemi en forces considérables fut signalée sur la route d'Essigny-le-Haut à Séraucourt.

Les grand'gardes de la brigade étaient poussées jusqu'au bois qui se trouve au sommet de plateau, et finit à la route de Séraucourt à Castres, et à environ 1500 mètres de ce village. Une petite ferme placée sur le plateau était fortement occupée par une compagnie du régiment de Somme-et-Marne.

Vers 8 h. 30, des coups de feu furent échangés entre les tirailleurs français et allemands, et un instant après on entendit les premiers coups de canon.

La batterie de 4 attachée à la 1ʳᵉ brigade prit position en arrière d'Essigny-le-Haut, et la batterie de 12 fut envoyée à Grugies pour appuyer la 1ʳᵉ brigade fortement menacée.

Vers 9 h. 30, la fusillade fut des plus vives de part et d'autre. Les tirailleurs prussiens cherchaient à déboucher du bois pour arriver sur le plateau, mais une section du 91ᵉ, placée derrière un très long silo de betteraves, les tint en respect et leur fit essuyer de grandes pertes. De plus, la compagnie des mobiles de Somme-et-Marne placée dans la ferme, et abritée par des murs et des haies, résistait avec énergie.

L'ennemi recevait des renforts considérables ; il remplaçait immédiatement les hommes mis hors de service, et cherchait à tourner la position en se glissant par le village de Contescourt. Un bataillon de mobiles, le 2ᵉ, fut envoyé de ce côté, et tint l'ennemi en respect.

Vers midi, la lutte continuait avec vigueur de part et d'autre, et la 2ᵉ brigade n'avait pas encore cédé un pouce de terrain, lorsque le général commandant le 22ᵉ corps, trouvant que la ligne était trop étendue, ordonna à la 2ᵉ brigade de se replier et de se porter sur le plateau en arrière de Castres.

Pour assurer l'exécution du mouvement, la batterie de 4 reçut l'ordre d'aller prendre position sur la hauteur. Un bataillon de Somme-et-Marne, déjà placé sur ce point, déploya ses tirailleurs en avant de son front, et le 18ᵉ bataillon de marche se plaça à la gauche du bataillon des mobiles.

Ordre fut donné aux commandants des tirailleurs et des réserves de se retirer lentement en défendant le terrain pied à pied, de traverser la vallée et de se rallier derrière les bataillons déjà établis sur la hauteur de Giffécourt.

Le mouvement s'exécuta ainsi que l'ordre en avait été donné, avec une sage lenteur et en défendant le terrain.

Cependant aussitôt que nos troupes commencèrent le mouvement en arrière, une batterie ennemie s'établit à l'angle du bois, et par la précision et la rapidité de son tir fit taire la batterie de 4, et la força à changer de position.

Le bataillon de Somme-et-Marne et le 18ᵉ bataillon de marche furent maltraités par les projectiles et durent se reporter en arrière.

Les Allemands occupèrent le village de Castres, refoulant les tirailleurs français qui y avaient été laissés pour le défendre.

A diverses reprises, ils cherchèrent à enlever le plateau que nous occupions en lançant leurs tirailleurs en avant, mais chaque fois ils furent repoussés avec des pertes sérieuses.

Cependant des renforts leur arrivant, et des batteries d'artillerie venant se joindre à la première, la position en arrière de Castres ne put être maintenue, et il fallut se porter en arrière de Grugies, au-dessous du moulin à Tous-Vents.

Les bataillons furent reformés sur ce point, il était près de 4 heures.

Un premier échelon fut formé avec un bataillon du 91ᵉ, commandant Frémiot, et un autre avec un bataillon de Somme-et-Marne, commandant de Breuil. Le 18ᵉ bataillon de marche fut formé en troisième ligne.

La retraite s'exécuta dans cet ordre : une partie des hommes qui s'étaient battus dans le village de Grugies s'écoula par la voie ferrée, en se dirigeant sur Saint-Quentin. Plusieurs pelotons de cavalerie ennemie se présentèrent à hauteur du moulin à Tous-Vents, et semblaient vouloir charger, mais deux décharges exécutées par le 18° de marche les firent disparaître complètement.

Le mouvement de retraite continua sans interruption sur Saint-Quentin, et quand les derniers hommes y entrèrent les obus tombaient sur le faubourg d'Isle.

Un bataillon du 91° prit la voie ferrée pour aller à Cambrai, et fut assez heureux pour trouver un train vide qui put de suite l'emmener.

Le bataillon de chasseurs, le régiment de mobiles et l'autre bataillon du 91° se dirigèrent sur Cambrai par la route du Catelet.

Les pertes faites dans cette journée sont considérables, surtout par le nombre de prisonniers que l'ennemi a pu faire; les hommes étaient exténués de fatigue par les marches précédentes, et par le combat dans un terrain détrempé.

69° *régiment de marche.*

1er BATAILLON.

18 janvier. — A Fléchin, ce bataillon avait été détaché de la brigade pour couvrir la droite du village de Pœuilly, et protéger le convoi déjà menacé par quelques cavaliers ennemis.

Le convoi avait à peine traversé le village, se dirigeant sur Caulaincourt pour gagner Vermand, que déjà il était sérieusement menacé sur son flanc droit et sur ses derrières. Le commandant Perrier reçut alors du général Paulze d'Ivoy, l'ordre de maintenir deux compagnies à Pœuilly et de déployer les trois autres en tirailleurs sur la droite de Caulaincourt. Les deux premières compagnies durent abandonner le village de Pœuilly après une vigoureuse résistance. Attaquées dans la plaine par la cavalerie, elles n'ont rejoint que la nuit, à Saint-Quentin, ayant essuyé des pertes sérieuses.

Les trois autres compagnies déployées en flanqueurs, arrivèrent jusqu'à la route de Trefcon, et cherchaient à rallier la brigade, lorsqu'un gendarme, envoyé par le général Paulze d'Ivoy, vint porter l'ordre de battre en retraite sur Caulaincourt, et de là à Vermand; mais déjà Caulaincourt était occupé par les Prussiens, et le commandant Perrier ne put se frayer un passage, à travers le parc du château, qu'au prix de pertes cruelles: un capitaine tué, 3 officiers blessés; le commandant lui-même, atteint par un éclat d'obus, dut soutenir jusqu'à Vermand les efforts d'une poursuite incessante. Enfin, à 11 heures du soir, il arrivait à Saint-Quentin, où il rejoignait bientôt les deux compagnies laissées à Pœuilly.

19 janvier. — Le lendemain, le commandant Perrier ne pouvant rejoindre la brigade, s'est mis aux ordres du général Derroja qui peut constater que, dans la soirée, ce bataillon a vaillamment combattu pour la défense des barricades établies dans Saint-Quentin.

2ᵉ BATAILLON.

18 janvier. — Le 18, le 2ᵉ bataillon a marché derrière l'artillerie qui déjà était engagée dans le village de Beauvois, lorsque l'ennemi, débouchant par la route de Péronne, commença l'attaque en envoyant des obus sur l'entrée du village, que le colonel Fœrster fit traverser rapidement, pour prendre ses dispositions de défense.

Le 2ᵉ bataillon eut pour mission de se déployer en tirailleurs face à la route de Péronne, et là, pendant trois heures, maintint la position contre des forces ennemies grossissant sans cesse. 40 hommes tués ou blessés constituent les pertes du bataillon dans la journée et témoignent sa résistance.

19 janvier. — Le lendemain 19, sur les hauteurs qui dominent le village de Grugies, le 2ᵉ bataillon devait encore prendre une part glorieuse dans la bataille.

Trois compagnies, les 2ᵉ, 3ᵉ et 4ᵉ compagnies, déployées en tirailleurs en avant de nos batteries, reliant leur défense à celle du 20ᵉ bataillon de chasseurs, ont arrêté le mouvement tournant de l'ennemi par le chemin creux, auquel la voûte de passage du chemin de fer sert de débouché.

3ᵒ BATAILLON.

18 janvier. — Le 18 janvier, deux compagnies déployées en tirailleurs à la gauche du 43ᵉ, en avant du village de Beauvois, se sont vaillamment comportées et ont subi de grandes pertes.

19 janvier. — Le 19, le bataillon d'abord placé comme soutien par le général du Bessol, en arrière de nos batteries, a été envoyé comme renfort à la brigade Gislain.

L'arrivée du bataillon permit de rétablir le combat, en arrêtant la retraite des tirailleurs, qui, renforcés par les compagnies H et I, purent se maintenir pendant plusieurs heures dans des positions convenablement choisies. Enfin, lorsque cédant devant des forces supérieures, et des efforts incessamment renouvelés, la brigade Gislain opéra sa retraite, le bataillon d'infanterie de marine put se replier en assez bon ordre sur le village de Grugies, mais non sans avoir subi des pertes sérieuses.

Rapport du Lieutenant-Colonel commandant le 44ᵉ régiment de gardes mobiles.

Dans la bataille du 19 je n'avais encore que le 2ᵉ bataillon sous mes ordres, ignorant ce qu'étaient devenus les deux autres.

Ce bataillon fut, par votre ordre, placé en réserve derrière le retranchement de la route. Deux compagnies en ont été détachées pour renforcer les tirailleurs qui se trouvaient au centre de la ligne; elles ont eu cependant longtemps à soutenir un feu très nourri d'une ligne compacte de tirailleurs prussiens; elles ont éprouvé quelques pertes.

Les trois autres compagnies ont été déployées en tirailleurs sur la fin de la journée; elles se sont, sous les ordres de leur commandant, repliées en ordre, pour venir se placer derrière un retranchement, et soutenir la retraite.

Rapport du commandant Hecquet, du 20ᵉ bataillon de chasseurs.

Neuville-Saint-Rémy, 26 janvier.

J'ai l'honneur de vous rendre compte de la part prise par mon bataillon dans l'affaire du 19.

Le 19, la 1ʳᵉ brigade arrivait à Grugies; à l'entrée de ce village se trouve une fabrique de sucre, dans les vastes locaux de laquelle je reçus l'ordre d'établir mon bataillon; je devais exercer, du haut du plateau auquel elle est adossée, une grande surveillance du côté d'Itancourt Urvillers, route de Saint-Quentin. J'y plaçai immédiatement une grand'-garde d'une compagnie.

Le chemin de fer coupe ce plateau en s'encaissant, à hauteur de la fabrique, dans un remblai profond qui sépare la partie que nous occupions d'abord, de l'autre plus étendue et plus élevée.

A peine la grand'garde était-elle installée, qu'elle me signala des colonnes d'infanterie et d'artillerie, débouchant par Itancourt, et prenant position sur la route même en face de nous.

Une attaque était évidente.

Je fis aussitôt prendre les armes à mon bataillon, et je renforçai la grand'garde de deux compagnies, pour assurer l'occupation de la partie du plateau, qui est de l'autre côté de la voie et qui me paraissait la plus importante. En effet, l'ennemi dirige sa première attaque sur ce point, mais accueilli de front, en même temps qu'il est pris de flanc par le feu des tirailleurs embusqués derrière la haie du chemin de fer, il fait des pertes sérieuses, s'arrête et s'embusque derrière un pli de terrain, d'où il entretient avec nous une vive fusillade.

J'engage le reste de mon bataillon pour faire croire à des forces plus considérables et rester maître de la position en attendant du secours. La première division en envoya bientôt, et j'en profitai pour reprendre des munitions qui commençaient à manquer.

Pendant cette opération, qui avait ralenti notre feu, les tirailleurs ennemis avaient fait du chemin, et étaient arrivés au sommet du plateau.

Avant de leur donner le temps de s'y établir, je fis un retour offensif, dans la réussite duquel l'arrivée d'un régiment derrière moi me donnait pleine confiance. En effet, les lignes prussiennes battirent en retraite et, poursuivies par notre fusillade qui les prenait en queue et en flanc par le chemin de fer, subirent des pertes énormes.

Dans ce mouvement, douze prisonniers restèrent entre nos mains.

L'ennemi, renonçant à une nouvelle attaque de ce côté, traversa le chemin de fer et appuya à sa gauche ; je le suivis dans son mouvement, en reportant mon bataillon tout entier sur la droite de la voie ; c'est dans cette position que, après avoir constaté la retraite de ce qui était devant nous, depuis le commencement de la journée, je reçus l'ordre de me replier.

Je ralliai mes tirailleurs et battis en retraite par la voie du chemin de fer, laissant passer par votre ordre deux compagnies par la rue qui conduit au village ; mes cinq compagnies se trouvèrent réunies à la sortie du village, et servirent d'escorte à une batterie de 4 de la division.

C'est dans cet ordre que j'effectuai ma retraite sous vos ordres.

A la suite d'une journée de combat dans des conditions de fatigues exceptionnelles, nous nous dirigeâmes sur Cambrai, où nous arrivions le 20, à 8 heures du matin, ayant fait dix lieues dans la nuit.

Permettez-moi, mon Colonel, de vous signaler un fait à l'honneur du 20e bataillon : c'est que, après d'aussi rudes épreuves, il ne manquait, ni un sac ni un fusil aux hommes que vous rameniez sous les murs de Cambrai.

23e CORPS.

Rapport du général Paulze d'Ivoy.

Conformément aux ordres que vous aviez donnés le 19, toutes les troupes de mon corps d'armée se trouvaient rassemblées, à 7 heures du matin, dans le faubourg Saint-Martin.

Les cartouches consommées la veille avaient été remplacées pour la bataille sur laquelle nous comptions. Je donnai immédiatement des ordres pour que les mamelons qui dominent Saint-Quentin vers l'Ouest, fussent occupés d'une manière solide, comme vous me l'aviez prescrit.

La configuration du terrain est telle que j'ai dû faire disposer les troupes en un grand arc de cercle, dont le centre était Saint-Quentin; le point extrême de droite comprenait le village de Fayet, celui de gauche le canal de Crozat; les deux villages de Francilly et Selency couronnent les mamelons.

La division Robin fut chargée d'occuper à ma droite les villages de Fayet, Selency, Francilly, poussant en avant d'elle un solide bataillon dans le village de Holnon, et garnissant par ses tirailleurs tous les bouquets de bois qui étaient en avant de son front.

La brigade Isnard, qui arriva la première sur le terrain, prit position sur deux lignes à gauche de Francilly jusqu'à la route de Savy, lançant ses tirailleurs dans le bois de Savy, à 300 mètres en avant de sa ligne; à sa gauche la brigade Delagrange (de la division Payen) s'étendit jusqu'au delà de la route de Roupy, près du canal, formant ainsi un échelon en arrière, et à gauche de la brigade Isnard.

La brigade Michelet fut conservée en réserve, en arrière du centre de ce grand arc de cercle, prête à prêter son appui là où le besoin s'en ferait sentir.

L'artillerie put difficilement se porter en ligne, le terrain était trop détrempé; néanmoins une batterie de 4, commandée par le capitaine Halphen, put prendre à gauche de Francilly une excellente position sur laquelle elle combattit presque tout le jour, avec un courage et un sang-froid dignes des plus grands éloges.

Les autres batteries prirent position en arrière de la droite de la division Robin, pour arrêter la marche de l'ennemi, auquel je supposais, avec raison, l'intention de la déborder pour gagner la route de Cambrai.

A 9 heures, les premiers coups de canon se firent entendre dans la direction du 22ᵉ corps d'armée; peu après l'action s'engagea également de mon côté. Pendant presque toute la journée, la lutte ne consista qu'en un combat de tirailleurs et d'artillerie, les fantassins se disputant les bois et les villages qui se trouvaient en avant de notre front. Mais, vers les 2 heures, l'ennemi, qui avait reçu des renforts de troupes fraîches, dessina plus clairement son attaque vers la droite. Le village de Fayet, très faiblement défendu par les mobilisés de la division Robin, fut solidement occupé par les Prussiens, qui de là s'étendirent à ma droite dans la direction de la route de Cambrai.

Il fallait, à toute force, les arrêter dans cette marche, aussi j'ordonnai au commandant Payen d'envoyer sa 1ʳᵉ brigade, tenue jusqu'alors en réserve, pour reprendre Fayet et arrêter le mouvement des Prussiens de ce côté.

Les marins et le 48ᵉ mobiles abordèrent résolument la position, appuyés dans leur mouvement offensif par neuf pièces d'artillerie, qui fort heureusement furent mises à ma disposition, et que j'établis en avant et à droite du moulin de Rocourt.

Cette brigade, vigoureusement conduite, mais très fatiguée par le combat de la veille, ne put se maintenir dans les positions qu'on venait d'enlever, et dut se replier pour occuper en arrière les hauteurs qui dominent Saint-Quentin de ce côté, protégée dans son mouvement de retraite par les batteries Dupuich et Dieudonné, qui y avaient pris position. Toutefois, la diversion qu'elle opéra produisit un effet salutaire : les Prussiens renoncèrent à leur projet d'occuper de vive force la route de Cambrai, et reportèrent toutes leurs troupes sur leur droite pour rejeter dans les faubourgs de la ville les régiments des brigades Isnard et Delagrange, qui rivalisaient d'ardeur, et ont déployé pendant la journée une brillante valeur. Elles pénétrèrent à plusieurs reprises dans les bois de Savy, la dernière gagnant ainsi plus de 1500 mètres de terrain; mais attaquées vers les 3 h. 1/2 par des forces considérables, elles furent obligées de céder le terrain, et de se replier avec leur artillerie, par les crêtes, sur le moulin à vent de Rocourt.

Je m'étais moi-même transporté sur cette nouvelle position pour y établir les neuf pièces d'artillerie dont j'ai parlé plus haut, et que j'avais conservées. Leur tir bien dirigé permit aux troupes d'infanterie de se reformer; seulement le mouvement de retraite qu'elles venaient d'opérer avait excité au plus haut point l'ardeur des Prussiens; aussi criblèrent-ils de leurs projectiles le plateau que nous occupions, et qu'il devint en fort peu de temps impossible de conserver.

La nuit s'avançait à grands pas; je prescrivis alors aux différents corps de troupes de se couvrir par une ligne de tirailleurs fortement appuyée, et de se porter sur ma gauche pour défendre la route de Roupy, conformément aux ordres que vous m'aviez envoyés; nous y restâmes pendant quelque temps; enfin, la nuit venue, je dus me replier encore et fis occuper les barricades que l'on avait élevées aux débouchés des rues, en arrière de mes lignes, défendant ainsi le terrain pied à pied.

L'artillerie, dont le concours devenait inutile, rentra la première en ville et se dirigea vers la route de Cambrai. Quant à l'infanterie, elle tint bon derrière les barricades du faubourg Saint-Martin jusqu'à 6 heures, heure à laquelle seulement me parvint votre ordre de battre en retraite sur Cambrai.

Je ralliai alors tout ce que je pus trouver de mon corps d'armée qui ne consistait plus qu'en débris de la division Payen; j'en formai une seule colonne, au milieu de laquelle je me plaçai, et je me mis en route pour Cambrai. Mais les Prussiens avaient contourné Saint-Quentin par la partie Est, et occupaient la sortie de la ville sur la route de Cambrai; aussi la colonne fut-elle arrêtée et tout ce qui se trouvait en avant de moi dut mettre bas les armes, pendant que la queue de la même colonne était attaquée de son côté, enveloppée et enlevée par des détachements ennemis qui entrèrent en ville par la route de Roupy, dès que les troupes eurent abandonné la position que je leur avais assignée pour la nuit.

Je n'échappai moi-même, ainsi que le général Payen et nos deux états-majors, à leur sort, que grâce à un habitant de la ville, qui nous conduisit par une petite rue détournée rejoindre la route de Cambrai en dehors de Saint-Quentin.

Rapport du lieutenant-colonel Loy, commandant le 1er régiment de mobilisés.

Lambres, 22 janvier.

Mon Général,

Suivant vos ordres, dans la journée du 19 janvier, j'ai placé mon régiment en bataille en avant du village de Francilly, la droite du côté d'Holnon, la gauche vers Saint-Quentin.

J'ai envoyé le 1er bataillon pour occuper le bois de Savy, et j'ai fait placer deux embuscades dans un chemin creux pour protéger sa retraite.

Peu de temps après notre formation en bataille, des coups de feu nous furent tirés par derrière; c'était l'ennemi qui nous tournait par Sélency; des hommes furent blessés dans nos rangs.

Je fis alors occuper le village par les 2e et 3e bataillons, le 3e faisant face à Sélency, ayant le 2e à sa gauche. Les hommes s'embusquèrent derrière les haies et les maisons, qu'ils crénelèrent, ainsi que derrière des barricades.

En me portant en avant du village avec le 3e bataillon, je rencontrai le capitaine Benoît, de la batterie du Finistère, qui arrivait, privé de ses caissons; les voituriers chargés de les conduire avaient eu peur et s'étaient laissé faire prisonniers.

Le capitaine Benoit se mit alors à ma disposition; je lui fis mettre ses pièces en batterie, de manière à pouvoir tirer sur Sélency, dont plusieurs maisons étaient occupées par l'ennemi; malheureusement, il ne lui restait que très peu de munitions.

A son entrée dans le bois, le 1er bataillon trouva l'ennemi l'occupant en force et fut reçu par une vive fusillade, à laquelle ses hommes répondirent.

Se voyant obligé de céder à des forces supérieures, le commandant Levezier, se plaçant en avant de son bataillon, entraîna ses hommes et les fit par deux fois charger à la baïonnette.

Forcé de se retirer, son bataillon se replia en bon ordre sur le village de Francilly et vint occuper et défendre la position à la gauche du 2ᵉ bataillon, faisant face au bois qu'il venait de quitter.

Nous étions donc entourés de toutes parts, et le cercle se rétrécissait de plus en plus; mes hommes avaient épuisé toutes leurs cartouches; les caissons, où nous et des régiments d'infanterie étions venus puiser, se trouvaient vides; l'artillerie avait encore vingt coups à tirer. Les trois caissons du régiment ont dû rester au pouvoir de l'ennemi.

Il fallut alors songer à la retraite; nous prîmes la route de Saint-Quentin, la seule restant libre.

Les Prussiens étaient sur le point d'entrer dans le village, et l'artillerie allait être prise par eux; mais le commandant Morazzani s'en aperçut et prévint le capitaine de partir au plus vite. Le commandant ramena le reste de son bataillon et tint tête à l'ennemi pour protéger la retraite de cette batterie; le 3ᵉ bataillon eut dans cette circonstance beaucoup d'hommes hors de combat, et le commandant a failli être fait prisonnier.

En nous retirant du village, tous les fuyards qui s'y trouvaient vinrent se joindre parmi nous et mettre un moment du désordre dans les rangs.

Je fis alors arrêter le régiment et le reformai en bataille sous la fusillade et les obus prussiens.

Par ordre du général Paulze d'Ivoy, que je rencontrai, je me dirigeai alors dans un chemin creux allant vers Saint-Quentin.

Un moment après, le Major général fit prendre position à la batterie du Finistère et lui ordonna de tirer les vingt coups qui lui restaient; je fis appuyer cette batterie par le 2ᵉ bataillon.

Le régiment se trouvant complètement dépourvu de munitions, j'envoyai le capitaine Roulié en demander à Saint-Quentin, où, quelque temps après, on mettait deux caissons à ma disposition.

Au moment où se faisait la distribution des cartouches, les Prussiens cherchaient à entrer dans Saint-Quentin par la route de Paris.

Je partis donc dans cette direction avec mon régiment. Au bout du faubourg, j'y trouvai un régiment de mobiles que le colonel ne pouvait faire marcher.

J'ordonnai alors au commandant Levezier de se porter en avant avec son bataillon, et une vive fusillade s'engagea aussitôt entre lui et les Prussiens.

Il tint la position pendant près d'une demi-heure; mais l'artillerie prussienne lui envoya des projectiles et, ne pouvant tenir plus longtemps, il se repliait en bon ordre en faisant le coup de feu quand le régiment de mobiles vint se jeter parmi nous et paralysa tous nos mouvements.

COLONNE ISNARD.

Rapport du colonel Isnard.

Mon Général,

J'ai l'honneur de vous rendre compte de la part que ma brigade a prise à la bataille de Saint-Quentin.

La brigade, après avoir fait, dans la nuit du 18 au 19 courant, le service d'arrière-garde pour protéger la marche du 23e corps, de Vermand sur Saint-Quentin, est rentrée en ville dans ses cantonnements, à 3 heures du matin. Je lui ai fait lever ces cantonnements au jour; et conformément aux ordres du général commandant le 23e corps, je suis allé prendre position sur les hauteurs et dans les bois de Francilly. J'avais avec moi les trois bataillons du 73e de ligne, commandé par le lieutenant-colonel Castaigne, les deux bataillons du régiment des mobiles des Ardennes, commandé par le lieutenant-colonel Giovanelli, et le bataillon mobilisé de Dunkerque. Le bataillon du 24e de ligne, et mon artillerie, retardés par un encombrement à la sortie du faubourg Saint-Martin, ne m'avaient pas encore rejoint.

A 9 heures du matin j'étais en position de la manière suivante : à gauche et à 300 mètres de Francilly, en première ligne, les trois bataillons du 73e de ligne, en seconde ligne le 2e bataillon des mobiles et le bataillon des mobilisés, et sur ma droite en avant de Francilly, l'autre bataillon de mobiles. Quatre compagnies étaient en tirailleurs dans les bois à 300 mètres en avant.

Comme mon artillerie n'arrivait pas, et que le combat commençait, je demandai une batterie; et le chef d'état-major m'envoya la batterie du capitaine Halphen qui prit position à ma gauche. La ligne de bataille que j'occupais formait un échelon en avant de la brigade Delagrange placée à ma gauche. J'avais à ma gauche, et sur les crêtes qui dominent la route de Savy, le régiment mobilisé du lieutenant-colonel Regett. J'avais à ma droite dans le village de Francilly le régiment mobilisé du colonel Loy; ces deux régiments n'étaient pas sous mon commandement.

Toute la journée cela n'a été qu'un combat de tirailleurs dans le bois, et un combat d'artillerie, ma batterie ayant à lutter contre deux batteries ennemies placées au delà des bois. J'ai eu dans le courant de l'action tantôt à renforcer les tirailleurs, tantôt à les faire relever, lorsqu'ils avaient épuisé leurs munitions.

A 2 heures le commandant Algay, du 73e de ligne, et le commandant Verseaux, des mobiles des Ardennes, reprirent les bois d'où les tirailleurs avaient été débusqués et s'y maintinrent bravement jusqu'à 3 heures.

Mais, à ce moment, je fus complètement tourné sur ma droite par les colonnes prussiennes qui s'étaient emparées des villages d'Holnon, de Selency et de Francilly. Le régiment mobilisé du colonel Loy venait de quitter Francilly; le régiment mobilisé du colonel Regett était en pleine retraite. Le régiment des mobiles des Ardennes, reformé avec les compagnies qui avaient été débusquées des bois, s'était aussi mis en retraite.

Tous mes efforts furent inutiles pour arrêter la retraite de ces trois régiments, qui se sont précipitamment retirés par le chemin creux qui conduit au faubourg Saint-Martin, et que je n'ai plus revus depuis ce moment.

Les Prussiens établis dans Francilly nous prirent de flanc, en même temps que d'autres troupes prussiennes débouchèrent par les bois d'Holnon. La position n'était plus tenable et mes troupes plièrent partout. J'ai fait alors opérer la retraite par les crêtes sur le moulin à vent de Rocourt. J'ai reporté ensuite mes troupes en avant sur la route de Savy pour secourir une batterie de la brigade Delagrange. Ensuite, je les ai repliées avec celles de cette brigade sur les hauteurs du moulin à vent, puis, sur la briqueterie, d'où l'on pouvait encore tirer sur les batteries prussiennes qui s'avançaient. On se fusilla ainsi jusqu'à la nuit. Les débris de tous les corps prirent position derrière une barricade, qui était à l'entrée de la ville, et y restèrent jusqu'à 6 heures du soir. Un grand nombre de prisonniers fut fait, en cet endroit, par les Prussiens qui avaient déjà pénétré dans la ville. Enfin, les débris de la brigade escortèrent l'artillerie jusqu'à Cambrai, où ils arrivèrent à 5 heures du matin au nombre de 500 hommes.

Je n'ai pas pu avoir de toute la journée le bataillon du 24ᵉ de ligne, ni mon artillerie; et j'ai le regret d'être obligé de me plaindre que l'on ait empêché ces troupes de rejoindre la brigade. Le bataillon du 24ᵉ de ligne, commandé par le commandant Morlet, et les six pièces d'artillerie mobilisée de Cambrai (deux de campagne et quatre de montagne), commandées par le sous-lieutenant Wishoffe, ont été arrêtées au village de Sélency, à un kilomètre sur ma droite, m'a-t-on dit, par un lieutenant-colonel dont je n'ai pu savoir le nom; et ces troupes ont été employées à défendre les villages de Sélency et d'Holnon. Le bataillon du 24ᵉ de ligne y a été décimé, et le commandant Morlet a disparu; l'artillerie y a été fortement éprouvée, et y a perdu une pièce de 4 de campagne qui a été abandonnée par les mobilisés. Les débris de ce bataillon et cette artillerie se sont repliés le soir dans le faubourg de Saint-Quentin, où ils ont pris position derrière des barricades. Là ils ont été cernés par les Prussiens qui avaient déjà pénétré dans la ville. Quelques-uns, au nombre desquels M. le sous-lieutenant Wishoffe, sont parvenus à s'échapper; mais la pièce de 4 de campagne et les quatre pièces de montagne, mal défendues par les hommes de l'artillerie mobilisée de Cambrai, sont tombées au pouvoir de l'ennemi.

Le reste de l'artillerie de la brigade (quatre pièces de montagne commandées par le maréchal des logis chef Debaisier, du 1er) a été arrêté dans le faubourg Saint-Martin par le capitaine Bournazel, et a été dirigé sur la route de Ham, à 2 kilomètres de Saint-Quentin, et ainsi très loin de la brigade; puis, par ordre du colonel Charon, à 3 heures, deux de ces pièces ont été envoyées sur la route de La Fère.

A la fin de la bataille, le maréchal des logis chef a rallié ses quatre pièces, et a battu en retraite par la route du Cateau. Ces quatre pièces sont en ce moment à Saint-Omer avec le reste de la brigade. Je n'ai pas vu de toute la journée les deux bataillons du colonel Vintimille; et j'ignore ce qu'ils sont devenus; je ferai remarquer que déjà le 16, à la prise de Saint-Quentin, cette troupe n'a pas exécuté les ordres que je lui avais donnés.

Je suis allé au Cateau pour chercher les six pièces d'artillerie mobilisée dont je n'avais pas de nouvelles depuis la veille au soir; ne les y ayant pas trouvées, je les ai cherchées sur la route de Bouchain, et je suis arrivé dans cette ville le 20 au soir sans avoir pu avoir de leurs nouvelles.

Rapport du Grand Prévôt de l'armée.

Lille, 22 janvier.

Mon Général,

Le 19 courant, conformément à vos ordres, je suis resté dans la ville de Saint-Quentin pour veiller à ce qu'il n'y reste pas de troupes appartenant aux divers corps engagés sur le champ de bataille, et faire retourner les traînards et les fuyards. J'ai l'honneur de vous rendre compte ci-après du résultat de ma mission.

Pendant toute la matinée, les vingt-cinq gendarmes restant de la grande prévôté, disséminés dans les différentes rues de la ville et aidés par quelques dragons, appartenant aux éclaireurs, ont ramassé dans les maisons des militaires appartenant à tous les corps,, mais presque tous cependant aux régiments de mobiles et de mobilisés. Il y en avait beaucoup trop. Cependant on réussit à en débarrasser la ville; et, vers midi, il ne restait plus que les militaires attachés aux différents services de l'intendance et les non-valeurs.

Mais, à 2 heures et même avant, arrivaient dans les rues, par les issues non gardées, des mobiles, des mobilisés et des soldats de la ligne débandés qu'on ne faisait retourner qu'avec une peine infinie et à coups de plat de sabre. Ils partaient par une rue et rentraient par une autre. A 2 h. 1/2, les groupes se formaient et grossissaient extraordinairement (1). Ils se massaient sur les trottoirs. C'est le sabre à la main et, dois-je le dire, en les frappant qu'on parvint à les ramener à l'entrée du faubourg Saint-Martin. Il y avait beaucoup d'officiers ; mais tous prétendaient n'avoir aucun de leurs soldats, qu'ils étaient massacrés !

Néanmoins, avec six gendarmes et quelques éclaireurs (dragons), je réussis à masser à la porte du faubourg environ 2,000 hommes. Sur d'autres points de la ville on exécutait le même service, mais le nombre des débandés était moins considérable. Dans la rue du faubourg un bataillon de mobilisés commandé par le lieutenant-colonel Loy, est resté près de deux heures pour reprendre des cartouches et faisait nombre avec les autres.

Enfin, arriva le lieutenant Feuillant, commandant les dragons éclaireurs, qui revenait des crêtes en dehors de la ville, et qui contribua puissamment à faire marcher cette grosse troupe de mobiles.

Nous fîmes sonner en avant, puis la charge, et, avec les coups de sabre donnés par nos cavaliers sur la queue de la troupe, nous parvînmes à la mettre en branle. Les sonneries aidant, ils partirent au nombre de 2,000 à 2,500 avec les officiers qui se trouvaient avec eux, croyant, ainsi que leur avait dit le lieutenant Feuillant, que les Prussiens étaient battus et en déroute. Ils se portèrent sur les crêtes. Mais ils n'y restèrent pas très longtemps, car en revenant d'un autre point, je me trouvai de nouveau face à face avec ces mêmes troupes qui redescendaient en criant : les voilà ! les voilà ! Je leur barrai la route ne croyant pas encore à la retraite ; et le sabre à la main, la pointe en avant, je les maintins avec mes hommes encore assez longtemps, les empêchant de partir, mais ne parvenant plus à les faire remonter ; les obus tombant sur la barricade ajoutaient trop à leur effroi (2). Il devait être 5 h. 1/4. Alors survint le capitaine d'artillerie Bournazel qui arrivait du champ de bataille derrière six pièces de montagne, et qui me dit : « Mon commandant, c'est inutile que vous gardiez ces hommes plus longtemps. La retraite est ordonnée, la bataille est perdue. Les Prussiens ont reçu de nombreux renforts. »

Le jour était tombé, je laissai donc partir cette troupe la dirigeant vers la route de Cambrai.

Je revins sur la grande place, n'ayant avec moi que cinq gendarmes

---

(1) Il y eut, en tout, 2,000 à 2,500 débandés, sur un effectif de 35,000 combattants, ce qui fait 6 p. 100 ; l'expression « extraordinairement » semble donc exagérée.

(2) Cette expression, et celle « d'affolée », qui se trouve plus loin, semblent exagérées, puisque quelques gendarmes suffirent pour maintenir ces hommes malgré les obus.

et deux brigadiers. Je la trouvai vide et noire, et personne à qui parler, tout était fermé ! En passant près de l'Hôtel de Ville, à 6 heures au cadran, un obus entre autres tomba sur le toit de cet hôtel qu'il effondra et blessa un de mes gendarmes que je dus laisser à l'ambulance.

Enfin j'arrivai sur la route du Cateau où on venait de me dire que se rendait l'état-major.

Je crois devoir signaler à votre attention, mon Général, la conduite du lieutenant Feuillant qui, par son extrême énergie, m'aida à relever le moral d'une troupe affolée, et parvint à la faire porter en avant sur les crêtes, où elle put rester quelque temps et soutenir un instant la retraite.

Rapports des capitaines d'artillerie.

22e CORPS.

Batterie Bocquillon.

Blangy, 5 février.

Le 19 janvier, vers 8 h. 1/2 du matin, la batterie cantonnée à Saint-Quentin, reçut du lieutenant-colonel commandant la brigade, l'ordre de se porter sur la route de Chauny, et de prendre position sur les hauteurs situées à environ 1500 mètres du faubourg.

Ce mouvement fut exécuté aussi rapidement que possible, et la batterie fut établie à gauche de la route de Chauny, dans une excellente position, au milieu d'un immense champ, tout couvert de silos de betteraves qui la masquaient presque complètement aux vues de l'ennemi ; aussitôt en position, elle ouvrit son feu contre les batteries prussiennes établies en face de nous, à environ 2,500 mètres.

Une heure et demie environ après notre arrivée sur le champ de bataille, de nouvelles batteries prussiennes étant venues s'établir à notre gauche, et nous prendre de flanc, je dus faire exécuter à la batterie un demi-changement de front en arrière, à gauche, et détacher une section (celle de M. Joachim) pour aller prendre position beaucoup plus à notre gauche, afin de forcer les batteries prussiennes à partager leurs feux qui nous incommodaient fortement, et aussi dans le but de les prendre elles-mêmes d'enfilade.

Ce mouvement exécuté, les deux fractions de la batterie restèrent dans les mêmes positions jusque vers 2 h. 1/2.

En ce moment un mouvement de retraite de l'infanterie qui se trouvait à notre gauche, vers la route de La Fère, obligea la section de M. Joachim à se replier sur nous, et nous obligea nous-mêmes à exécuter un nouveau changement de front et à prendre position à droite de la route de Chauny.

La batterie resta encore environ une heure dans cette position, puis elle se retira dans Saint-Quentin, en ayant reçu l'ordre du général commandant la 1re division......

Le Capitaine commandant la batterie,
L. BOCQUILLON.

Batterie Montebello.

Sainte-Catherine-lès-Arras, 6 février.

Mon Colonel,

J'ai l'honneur de vous rendre compte des faits qui se sont passés dans la batterie à la bataille de Saint-Quentin.

La batterie, placée par M. le général Derroja lui-même sur les hauteurs qui dominent Saint-Quentin, a ouvert son feu vers 10 heures du matin. Elle a tiré sur les batteries ennemies, sur les colonnes ennemies, enfin sur les villages occupés par l'ennemi; le résultat du tir m'a paru très satisfaisant.

A 4 heures, le général Derroja en personne donna l'ordre de la retraite. Celle-ci s'effectua en bon ordre par Saint-Quentin, le Cateau, Bouchain et Douai.

La réserve, partie de Saint-Quentin avant la batterie, sous les ordres du maréchal des logis Prud'hon, la rejoignit à Douai.

Le Capitaine commandant la batterie,
MONTEBELLO.

Batterie Collignon.

Saint-Sauveur-lès-Arras, 5 février.

A mon arrivée à Gauchy, je reconnus, avec MM. Pigouche, chef d'escadron, et Beauzemont, sous-lieutenant, l'emplacement à occuper avec ma batterie en cas d'attaque. Dès le commencement de l'affaire, je me rendis à cet emplacement.

Je fis, dans la journée du 19, deux mises en batterie; la première fois, vers 10 heures du matin, contre l'artillerie prussienne placée à ma gauche et qui se retira quelques minutes après. La batterie se porta alors sur la crête du moulin de Tous-Vents et là fut mise en batterie une deuxième fois, vers 10 h. 1/2. Le feu commença immédiatement et se continua jusqu'à 4 h. 1/2. Pendant ce temps, la batterie tira dans quatre positions différentes : en avant de nous d'abord; ensuite en avant et à gauche; puis, vers 3 h. 1/2, en arrière, sur des colonnes d'infanterie et d'artillerie qui se retirèrent; enfin, vers 4 heures, en avant de nous et à droite, sur de nombreuses batteries qui venaient de prendre position.

Le tir, qui fut varié dans ces différentes directions de 2,000 à 2,500 mètres, me parut efficace, surtout sur les colonnes d'infauterie.

A la fin de la journée, vers 4 h. 1/2, je reçus l'ordre de me replier de M. le colonel Pittié, commandant la brigade. La batterie se replia alors sur Saint-Quentin, en ordre et au pas.

La réserve, que j'avais fait partir quelque temps avant moi, se perdit et ne put rejoindre qu'à Arras.

COLLIGNON.

Batterie Beauregard.

Le 18 au soir, nous prîmes nos cantonnements à Grand-Séraucourt. Le 19, à 3 heures du matin, nous reçûmes l'ordre de rejoindre à Castres le gros de la division. A 10 heures, les avant-postes signalaient l'arrivée des Prussiens, et nous allions prendre en toute hâte nos positions sur la droite de la route qui va de Grand-Séraucourt à Gauchy, entre la ligne du chemin de fer et la route de Grugies à Urvillers. Nous y restâmes jusqu'à 2 heures. A ce moment, le colonel Fœrster nous donna l'ordre de nous retirer : il n'y avait plus de tirailleurs en avant et aucune troupe d'infanterie disponible pour notre soutien. Retirés d'abord à Gauchy, nous essayâmes de reprendre nos positions primitives; mais les troupes se repliaient partout devant nous. C'est alors que nous traversâmes la ligne du chemin de fer pour aller nous placer entre Gauchy et Neuville-Saint-Amand. Une déroute complète des gardes mobiles, qui fuyaient en désordre devant l'ennemi, nous força à nous reporter en arrière, sur le haut des crêtes qui dominent Saint-Quentin à hauteur du Petit-Neuville. Nous achevions de nous mettre en batterie, malgré un feu très intense dirigé sur nous; sur l'ordre du commandant Bodin, nous dûmes abandonner la place et arrivâmes à Saint-Quentin après une alerte causée par une charge de uhlans. Réunis à un bataillon de chasseurs et de l'infanterie de ligne, nous allâmes d'abord à Fresnoy-le-Grand. D'après les conseils du colonel Delpech, nous quittâmes Fresnoy pour gagner Busigny, puis le Cateau. Au Cateau, dépêche télégraphique; nous allons prendre nos cantonnements à Saint-Waast-en-Cambrésis, le 20, à 3 heures de l'après-midi.

Le 21, départ pour Bouchain; le commandant supérieur de la place nous invite à passer par Douai, où nous arrivons le soir du même jour.

Depuis Fresnoy-le-Grand, la marche de la batterie fut protégée par quelques matelots et chasseurs recrutés sur la route.....

Le Capitaine commandant,
BEAUREGARD.

Batterie Marx.

Cambrai, 20 janvier.

Le 19 janvier, vers 10 heures du matin, je mis en batterie sur le plateau situé entre le chemin de fer et la route de Grugies à Séraucourt. Lorsque la batterie Beauregard, qui était venue se placer en arrière et à ma droite, cessa son feu, l'ennemi concentra le sien sur ma batterie, et je dus momentanément me retirer à l'écart. Sur l'ordre du colonel Fœrster, j'allai examiner le plateau situé à gauche de Grugies, et en arrière du chemin de fer. La position était mauvaise, les environs n'offrant aucun terrain favorable à une mise en batterie. Je retournai à ma première position. De même que la première fois, je ne pus m'y maintenir qu'un certain temps, car l'ennemi avait déjà accentué son mouvement sur notre droite, et son artillerie me prenait de face et de flanc. Le colonel Fœrster m'envoya alors prendre position en arrière de Grugies, de façon à battre la colline opposée dans le cas où l'ennemi y parviendrait. Il était environ 2 heures. Je n'avais encore dépensé que 100 coups, réservant les autres pour faire un feu nourri vers 3 heures, heure à laquelle les Prussiens redoublent généralement de vigueur. Je n'en eus pas le temps, car lorsque nos tirailleurs furent repoussés sur la crête de la colline ils la descendirent précipitamment, poursuivis de très près par les tirailleurs ennemis. Faire feu à l'emplacement où je me trouvais, c'était m'exposer à perdre toutes mes pièces.

J'abandonnai donc la position et me retirai par la route de Saint-Quentin. Le chef d'état-major de la division me mit en colonne derrière le 20e bataillon de chasseurs, que je suivis jusqu'à Cambrai, sous le commandement du colonel Fœrster.....

MARX.

Batterie Chastang.

Mon Commandant,

Le matin du 19, nous reçûmes l'ordre du colonel de Gislain de sortir du village de Castres, où nous avions cantonné la nuit précédente, et de nous porter, par un chemin creux qui en sort, sur une hauteur voisine. Arrivés à la position assignée, nous nous trouvâmes n'avoir devant nous qu'une très mince ligne de tirailleurs du 91e, dont nous étions d'ailleurs très rapprochés; à notre droite se trouvait un bois occupé par l'ennemi, et d'où sortait une vive fusillade. Nous envoyâmes quelques obus à balles dans ce bois dont nous n'étions éloignés que d'environ 1200 mètres, mais la ligne de tirailleurs cédant, les tirailleurs ennemis sortirent du bois; aussitôt le capitaine fit retirer la batterie un peu en arrière, et c'est en restant assez en avant qu'il fut blessé d'une balle dans l'épaule. Malgré tout, il voulut rester à la batterie, avec une fermeté que nous admirâmes tous, mais il ne put et me remit le commandement de la batterie. Le colonel de Gislain me donna l'ordre de me porter sur des hauteurs qui dominaient le village; là, je mis en batterie, et nous aperçûmes à la distance d'au moins 3,400 mètres plusieurs batteries prussiennes qui dirigeaient un feu vif dans la plaine. A une distance moindre, 2,700 mètres, se montrait une colonne ennemie sur laquelle, d'après l'indication du général Lecointe et du colonel de Gislain, je dirigeai mon feu; les obus y tombèrent visiblement, et y causèrent un désordre que nous pûmes apprécier avec nos lorgnettes. Mais les batteries prussiennes nous aperçurent, et avec un tir à très longue portée, nous envoyèrent une pluie de projectiles qui, en deux minutes, nous blessèrent plusieurs hommes et plusieurs chevaux. J'essayai de leur répondre, et je fis tirer à 3,000 mètres, mais les coups étaient encore trop courts, et il me sembla que résister dans de pareilles conditions, et avec des pièces de 4, à quatre batteries ennemies était une imprudence et ne pouvait être d'aucune utilité. J'en fis l'observation au général Lecointe qui m'autorisa à me retirer un peu en arrière. Je traversai le village de Grugies avec ma batterie; le chef d'état-major me fit alors placer entre le chemin de fer et le village, et me donna l'ordre de soutenir la retraite et de tirer sur les troupes ennemies que j'apercevrais. Lorsque je vis la retraite complètement effectuée à droite et à gauche, et la nuit commençant à m'empêcher de distinguer les objets, je me repliai avec le bataillon de chasseurs de soutien. Je suivis alors le commandant Zédé de Saint-Quentin à Cambrai.

(Signature illisible.)

Batterie Dieudonné.

Lille, 23 janvier.

Journée du 18. — La batterie, partie de Roisel à 8 heures du matin, arriva à Caulaincourt vers 11 heures.

Une section, la section du centre, commandée par l'adjudant Monget, fut d'abord détachée pour prendre position en avant et à droite du village de Caulaincourt. Une demi-heure après, le reste de la batterie reçut l'ordre de rejoindre cette section, et l'on erra sans pouvoir trouver de position convenable. Le capitaine fut obligé de rentrer au village, et de là il se porta sur la hauteur qui se trouvait en arrière et à droite du village, près d'un vieux moulin à vent, à la gauche de la batterie du capitaine Halphen.

La nuit étant venue, et le feu de l'ennemi ayant cessé, la batterie ne trouva rien à faire dans cette dernière position; du reste, l'ordre fut bientôt donné de se mettre en route pour Saint-Quentin où la batterie arriva vers 10 heures du soir.

Journée du 19 janvier. — Vers 10 heures, le capitaine Dieudonné reçut l'ordre de porter sa batterie à gauche et en arrière du village de Fayet, où il prit position.

Après avoir délogé à coups d'obus à balles l'infanterie ennemie établie dans une espèce de ravin planté d'arbres, la batterie se porta plus en avant sur la gauche, où elle battit une batterie prussienne établie sur une crête située à 2,000 mètres environ de celle où se trouvait placée notre batterie. Après avoir tenu cette position environ trois quarts d'heure, de l'infanterie prussienne qui s'était trouvée inaperçue, cachée qu'elle était par le sommet de la crête qui nous défilait à moitié, se montra à 200 mètres environ de nos pièces.

A ce moment, où nous n'étions soutenus par aucune infanterie, le capitaine Dieudonné eut la cuisse traversée par un éclat d'obus, et en tombant il commanda d'amener les avant-trains, après quoi il me remit le commandement de la batterie.

Après avoir défilé la batterie sur la route à l'entrée de Saint-Quentin, le capitaine Ravaut me donna ordre d'aller couronner une hauteur sur la droite, et de là, après avoir pris d'écharpe une batterie prussienne déjà battue par la batterie du capitaine Halphen, et l'avoir forcée à éteindre son feu, notre batterie incendia une ferme d'où quelques compagnies d'infanterie prussienne gênaient nos tirailleurs.

Ensuite le général Paulze d'Ivoy ordonna de diriger notre feu sur une colonne ennemie qu'on apercevait sur une route. Mais cette colonne fut bientôt défilée dans un repli de terrain, et n'ayant plus rien à faire de ce côté, notre batterie descendit sur Saint-Quentin d'après l'ordre du commandant Grandmottet, et bientôt arriva l'ordre de gagner Cambrai, où nous arrivâmes à 6 heures du matin, le 20 janvier.

Le Sous-Lieutenant commandant la batterie,
Pouilly.

23ᵉ CORPS.

Batterie Dupuich (1).

Lille, 18 janvier.

Le 18 janvier, vers 1 h. 1/2 de l'après-midi, la batterie mobile d'Arras arrêtée en arrière du village de Vermand, avec une partie de sa division, reçut l'ordre de se porter à la droite de ce village où le combat s'engageait. Après être restée quelque temps en réserve, l'ordre lui fut donné

---

(1) Cette batterie fut commandée le 18 et le 19 janvier par le lieutenant Belvalette.

de se mettre en batterie sur un plateau dominant une vallée profonde, et situé entre les villages de Caulaincourt et de Marteville.

La batterie protégée par une ligne de tirailleurs, couchés à environ 200 mètres devant elle, dirigeait son feu contre des colonnes ennemies en marche sur les hauteurs opposées de Beauvois, quand tout à coup, une batterie ennemie qui avait laissé nos pièces s'établir à leur aise, et qui avait pris position à notre gauche, sur les collines dominant Marteville, ouvrit un feu violent contre nos pièces qu'elle prenait ainsi en écharpe. Pour répondre à cette brusque attaque, nous dûmes opérer un changement de front sur l'aile droite, et recevoir ainsi, sans y répondre, le feu de l'infanterie ennemie que nos tirailleurs ne pouvaient repousser. Cette conversion n'était pas plutôt opérée, qu'une nouvelle batterie se démasquant sur la colline, où tout à l'heure nous dirigions nos coups, nous prit de flanc à son tour. Exposés ainsi aux feux croisés de l'ennemi, nous dûmes nous replier.

Après avoir suivi, pendant environ 300 mètres, la route de Caulaincourt à Vermand, la batterie reçut l'ordre de prendre à travers champs, et de s'établir à 1000 mètres de cette route, en lui faisant face. A peine était-elle en position que des pièces ennemies vinrent se placer sur la route qu'elle venait de quitter et ouvrit contre elle un feu très nourri. Il était environ 3 h. 1/2.

Depuis ce moment jusqu'à la tombée de la nuit, nos pièces répondirent avec succès à celles de l'ennemi, dont le feu se ralentissait de plus en plus. Les obus à balles à fusées fusantes, tirés à 1000 mètres, eurent un plein succès.

L'ordre de cesser le feu fut donné vers 5 heures, et la batterie prit la route de Saint-Quentin, où elle cantonna au faubourg Saint-Jean.

Le 19 janvier, à 8 heures du matin, la batterie reçut l'ordre de prendre à une batterie voisine deux caissons de munitions, et de se porter en avant du village de Fayet, pour y rejoindre le reste de la brigade. Arrivée à cet endroit, la batterie dut se rendre sur les hauteurs opposées audit village, sur la gauche de la route. Pour atteindre ce point, il fallut escalader une pente très raide, que le mauvais état du terrain rendait encore plus difficile. Cinq pièces seulement avec l'aide des servants purent la gravir ; la sixième resta derrière ; les caissons ne purent suivre.

Les cinq pièces se mirent en batterie sur le plateau à la gauche de la ferme placée sur la hauteur, et ouvrirent le feu à 1800 mètres contre une batterie qu'elles obligèrent deux fois à changer de position.

Des tirailleurs ennemis s'avançant en grand nombre, quelques obus à balles les firent reculer ; mais nos munitions allaient manquer, et les deux caissons que nous avions reçus, n'ayant pu suivre, l'ordre nous fut donné de gagner le parc de réserve pour y faire un approvisionnement complet de munitions.

C'est alors que nous nous établîmes en avant de Saint-Quentin, sur un plateau situé à 800 mètres de la ville, pour soutenir une de nos batteries, placée à notre gauche, sur les hauteurs, et contre laquelle l'ennemi dirigeait un feu violent.

A 3 heures, le commandant Bodin vint demander deux pièces à la batterie ; la 3ᵉ section partit avec le lieutenant Delalé et ne nous rejoignit que le lendemain à Cambrai, vers 1 heure de l'après-midi.

Vers 4 h. 1/2, l'ordre nous fut envoyé de nous porter à la gauche d'une batterie de 12 de marine, à l'entrée de la ville, sur la colline dominant le faubourg. A peine arrivions-nous sur ce point que nous nous croisâmes avec ladite batterie qui rentrait en ville. Les tirailleurs s'étant repliés, il devenait impossible de prendre position à l'endroit désigné. Nous suivîmes donc la colonne jusque dans la ville, et de là sur la route de Cambrai, où nous arrivâmes le lendemain à 4 h. 1/2 du matin.

Le Lieutenant commandant la batterie,
A. BELVALETTE.

Batterie Dupuich (3ᵉ *section*).

Cambrai, 20 janvier.

Le 19 janvier, dans l'après-midi, la batterie Dupuich occupait le plateau en avant de Saint-Quentin, sur la droite de la route de Saint-Quentin à Roisel. Vers 2 h. 1/2, M. le commandant Bodin donna l'ordre à la 3ᵉ section de cette batterie, sous le commandement du lieutenant Delalé, de se porter à l'extrémité du faubourg d'Isle (route de Saint-Quentin à La Fère), et d'attendre sur ce point de nouveaux ordres.

Vers 4 heures, quelques obus étaient lancés par les Prussiens, des hauteurs qui dominent le faubourg d'Isle, sur la ville de Saint-Quentin d'abord, et plus tard sur les troupes qui accomplissaient leur mouvement de retraite par la route de La Fère. Sur l'ordre du commandant Bodin, la section d'artillerie chargée d'opérer de ce côté, après avoir détruit, à la hâte, les haies qui obstruaient le passage, s'établit sur la gauche de la route de Saint-Quentin à La Fère, et commença le feu.

A peine quelques projectiles avaient-ils été lancés, que deux batteries prussiennes en position, l'une sur la hauteur dominant le plateau occupé par la section d'artillerie, l'autre située sur le même plateau, mais séparée de la première par la route de La Fère, dirigèrent leur feu sur les deux pièces. Trois canonniers étaient presque en même temps blessés, l'un d'entre eux grièvement. En présence de la précision du tir et des nombreux obus qui tombaient sur le plateau occupé par la section, le lieutenant Delalé, sur l'ordre du commandant Bodin, fit appuyer la section à gauche ; celle-ci se maintint dans cette nouvelle position jusqu'à la nuit tombante, et elle ne la quitta que lorsque toutes les troupes, dont elle devait protéger la retraite, eurent accompli ce mouvement.

Le Lieutenant commandant la section,
Ch. Delalé.

Batterie Halphen.

Lille, 23 janvier.

Arrivée à Saint-Quentin dans la nuit du 18 au 19 janvier, à la suite de la bataille de Vermand, dans laquelle elle n'avait été que spectatrice, la 3e batterie *ter* du 15e régiment d'artillerie sortit de la ville, le 19, vers 9 heures du matin, et se porta en position, en avant et à gauche de Francilly, ayant à sa droite les bois d'Holnon.

La position dominante où elle se trouvait alors était déjà battue par l'artillerie ennemie, dont une batterie nombreuse était établie en face entre Etreillers et Savy.

La lutte entre les deux batteries s'établit aussitôt et dura jusque vers 2 heures, moment où le feu de l'ennemi, peu à peu ralenti, cessa entièrement. Je pus alors venir en aide à l'infanterie, disputant à l'ennemi les bois d'Attilly, et enfin arrêter pendant une heure les tirailleurs débouchant à droite du bois d'Holnon. Il fallut abandonner cette position avec nos dernières troupes d'infanterie.

Je repris alors position en arrière, luttant toujours contre l'infanterie ennemie en avant et à droite, sans répondre au feu de l'artillerie. Je consommai ainsi à peu près toutes mes boîtes à mitraille.

Je rentrai ensuite dans Saint-Quentin, avec l'espoir de trouver quelques renforts indispensables en chevaux et en munitions pour retourner en ligne. Le grand parc était parti, je restai donc inactif à partir de 4 h. 1/2 environ, jusqu'au moment où je reçus l'ordre de me diriger sur Cambrai, où j'arrivai vers 9 heures du matin, le 20.

Le Capitaine commandant la batterie,
Halphen.

Batterie Benoît.

18 janvier. — Partis de Fins et arrivés à Pontruet vers 3 heures de l'après-midi.

Laissé reposer hommes et chevaux en attendant des ordres. A 4 heures, reçu l'ordre de se porter rapidement sur Vermand, où nous sommes arrivés à la nuit. Couché à Sélency.

19 janvier. — A 8 heures, reçu l'ordre d'atteler et d'occuper les hauteurs à gauche d'Holnon. Mis en batterie en attendant de nouveaux ordres; à peine en position, reçu par derrière le feu des tirailleurs prussiens sans oser y répondre, croyant à une méprise de troupes françaises. La position n'étant plus tenable, repliés en bon ordre sur Francilly, que nous avons défendu pendant trois heures, avec le 3ᵉ bataillon du 1ᵉʳ régiment de Lille, sous les ordres du lieutenant-colonel Loy.

Vers 2 h. 1/2, tournés de tous côtés et obligés de battre en retraite, protégés par le 3ᵉ bataillon du 1ᵉʳ régiment de Lille et une trentaine de nos hommes faisant le coup de feu. Vers 3 h. 1/2, remis en batterie en avant de Saint-Quentin et brûlé le reste de nos munitions, en mettant le feu à un bois. Rentré à Saint-Quentin, et, quoique sans munitions, remonté la rue de Paris pour entraîner quelques troupes en retraite.

A 6 heures environ, redescendu la rue de Paris et traversé Saint-Quentin pendant le bombardement; suivi la colonne sur Cambrai, où nous sommes arrivés le 20, à 7 heures du matin.

Le Capitaine commandant,
BENOIT.

Batteries Montégut et de Lannoy.

Douai, 23 janvier.

Le 18 janvier, partis de Fins et arrivés à Pontruet vers 3 heures de l'après-midi. Laissé reposer hommes et chevaux, en attendant des ordres. A 4 heures, reçu l'ordre de se porter rapidement sur Vermand, où nous sommes arrivés à la nuit.

Sur un ordre du général Paulze d'Ivoy, départ pour Saint-Quentin, où nous avons passé la nuit.

Le 19 janvier, départ à 7 heures du matin de Saint-Quentin; arrivés vers 9 heures sur le plateau de Fayet. A peine arrivés, reçu le feu des tirailleurs prussiens, ainsi que quelques obus d'une batterie éloignée, à laquelle il nous était impossible de répondre avec nos pièces.

Vers midi, mis en batterie sur le coteau, entre le bois de Fayet et la route de Cambrai. Dans cette position, tiré sur le bois pendant quelque temps, puis cessé le feu pour ne pas inquiéter les tirailleurs se dirigeant sur ce bois.

Resté près d'une heure en batterie dans diverses positions sur le même plateau, mais sans avoir aucune occasion nouvelle de faire feu.

Vers 5 heures, retraite par la route de Bohain, vers le Cateau et Bouchain.

Les Capitaines commandants,
MONTÉGUT, R. DE LANNOY.

Batteries de réserve.

Batterie Gaigneau.

Douai, 24 janvier.

Je fus mis le 18 aux ordres du général Derroja.

A 2 h. 1/2, le général nous fit partir dans la direction du canon que l'on entendait depuis plusieurs heures.

Le résultat pour nous n'a été qu'une course très fatigante à travers champs ou chemins défoncés.

Le 19, à 11 h. 1/2, ordre m'était donné d'aller prendre position à notre extrême gauche. La position était très belle : un terrain accidenté, couvert de tas de terre molle, qui ont paré presque tous les projectiles prussiens. Pendant quatre heures, nous sommes restés dans cette position, luttant contre plusieurs batteries dispersées sur une étendue de plusieurs kilomètres. Ces batteries ont très souvent changé de position, ce qui me donne à croire que tous nos coups n'ont pas été perdus.

Nous n'avions comme soutien qu'une compagnie de chasseurs dispersés en tirailleurs. Des tirailleurs prussiens, placés dans un petit bois, situé à 400 mètres de nous, tenaient tête aux chasseurs. A 3 h. 1/2, les chasseurs eurent un mouvement de retraite, jusque derrière mes pièces. Je jugeai prudent de transporter ma batterie à 100 mètres en arrière, mettant ainsi entre l'ennemi et mes canons un ravin peu facile à franchir. Dans cette nouvelle position, je ne tirai que quelques coups de canon. Le général Derroja me donna l'ordre de me mettre en arrière et, un quart d'heure après, de me disposer à suivre le mouvement de l'armée battant en retraite. J'ai effectué ma retraite en bon ordre, emmenant avec moi tous mes hommes et tout mon matériel.

A. Gaigneau.

Batterie Jacquemin.

J'ai l'honneur de vous rendre compte de la part qu'a prise la 1re batterie mixte de marine à l'affaire de Saint-Quentin, le 19 janvier.

D'après vos ordres, je me mis, dès le matin, en position sur une hauteur située à droite de la grande route de Paris ; je restai jusqu'à midi et demi sans tirer un coup de canon ; vers cette heure, je reçus l'ordre de porter ma première demi-batterie à la droite, à la disposition de M. le général Paulze d'Ivoy.

Je m'y rendis aussitôt, et commençai le feu avec mes trois pièces, contre une batterie établie en face de notre extrême droite, à la distance de 2,200 mètres ; notre tir fut très efficace et continua jusque vers 2 h. 1/2. Mais, vers ce moment, toute l'infanterie engagée en avant de nous battait précipitamment en retraite, et je recevais moi-même du général l'ordre de me porter en arrière. Je reculai d'un kilomètre environ et recommençai le feu ; le nombre des batteries de l'ennemi augmentait toujours, et son mouvement tournant sur notre droite s'accentuait de plus en plus, appuyé par d'autres batteries. Les projectiles nous arrivèrent très nourris de l'avant et de la droite, en feux croisés ; aussi bientôt toutes nos troupes se replièrent sur Saint-Quentin, et je reçus l'ordre de marcher en arrière. Dans ce dernier mouvement de retraite, j'eus beaucoup de chevaux tués ; deux caissons, gravement endommagés et ayant leurs chevaux de derrière tués, ne purent suivre et furent laissés en route. Je vins me mettre en position à 200 ou 300 mètres des maisons, sur une hauteur où je me retrouvai avec ma deuxième demi-batterie.

Celle-ci, sous les ordres de M. Martin, enseigne de vaisseau, lieutenant en second, avait, vers 2 heures, commencé à tirer, au centre, sur les batteries prussiennes établies à droite de la route de Paris ; elle avait dû se replier peu à peu, et avait fini par se retrouver près de la ville, au même point que moi, qui venais de la droite. La batterie ainsi réunie exécuta un tir précipité qui dura environ trois quarts d'heure ; mais déjà l'infanterie ne tenait plus et était en grande partie repliée jusque dans la ville.

Vers 4 h. 1/2, ordre me fut donné de quitter cette dernière position, et de rentrer dans le faubourg. A peine arrivé dans la première rue, je reçus l'ordre d'aller me mettre en batterie sur un petit plateau touchant aux premières maisons ; on y arrivait par un chemin creux à pente très rapide ; quelques fantassins embusqués dans ce chemin, et derrière un moulin, tenaient encore assez résolument ; je parvins à mettre ma première pièce en batterie ; quant au caisson, il eut en débouchant du fossé, deux chevaux tués, dont un de derrière, et il ne put arriver de suite ; la position ne pouvait être tenue longtemps, les premières lignes prussiennes étaient à 300 mètres, et le plateau, battu par une forte canonnade et un feu nourri de mousqueterie, était à peu près abandonné par nos tirailleurs.

L'ordre m'arriva de quitter la position, et je rentrai en ville avec la batterie que le caisson put rallier. Il était alors 5 heures environ ; l'armée était en retraite ; d'après vos ordres, je me dirigeai avec trois autres batteries sur Cambrai, où j'arrivai le lendemain à 8 heures.

L'Enseigne de vaisseau,
commandant par intérim la 1re batterie mixte,

JACQUEMIN.

Batterie de Belleville.

Mon Colonel,

J'ai l'honneur de vous adresser mon rapport sur les différentes positions qui ont été occupées par ma batterie dans la journée du 19 janvier 1871.

A 9 heures, j'occupais le plateau situé en avant du faubourg Saint-Martin, à droite de la route de Paris, lorsque je reçus l'ordre de me porter à l'aile droite de la 1re division du 23e corps et de soutenir la brigade du colonel Payen.

Une batterie ennemie placée en avant du village de Savy, à quelques pas du moulin à vent, commençait son feu, je lui répondis et, pendant quelques instants elle cessa de tirer. Le général Paulze d'Ivoy me donna l'ordre d'appuyer sur la droite, trois pièces de 12 venant me remplacer.

Dans cette nouvelle position, j'essuyai un feu très vif; les obus éclataient heureusement en arrière des caissons dans un terrain détrempé. L'ennemi rectifia peu à peu son tir; trois servants et quatre chevaux furent tués ou blessés. Je fis alors reculer de 200 mètres, profitant d'une pente qui me permettait de défiler mes pièces. L'artillerie prussienne, qui n'avait pas remarqué mon mouvement de retraite, continua de balayer pendant une bonne heure le terrain que je venais de quitter; elle s'aperçut enfin de son erreur; un conducteur eut la tête enlevée, deux servants furent blessés et deux chevaux tués.

A 1 h. 1/2, le général me fit changer de position, afin de résister à plusieurs batteries qui ouvraient le feu sur ma gauche.

De 2 à 4 heures, j'exécutai, d'après les ordres qui m'étaient donnés directement par le général, différents changements de front. Le mouvement de retraite s'accentuait de plus en plus; les pièces de 12 prenaient position à gauche du moulin, et ma batterie à droite. Mes pièces étaient, pour ainsi dire, mitraillées par un nombre incalculable d'obus et de balles, un avant-train était enlevé, deux caissons renversés sur le côté; plusieurs attelages étaient étendus sur le sol; je fis de suite atteler les chevaux de selle et, comme l'infanterie prussienne avançait, ne me voyant soutenu par aucune troupe, je fis amener les avant-trains.

Si j'avais occupé plus longtemps cette dernière position, j'aurais dû abandonner mes pièces, n'ayant plus de chevaux pour les traîner. Je trouvai à l'entrée de la ville plusieurs bataillons, je restai en avant d'eux, attendant des ordres. L'ennemi approchant de plus en plus, je me décidai alors à rentrer en ville, où je rencontrai une batterie de réserve, avec laquelle je pris la route de Cambrai.

J'avais confiance dans ma batterie, mais je n'espérais pas rencontrer autant de courage et de sang-froid chez mes servants qui voyaient le feu pour la première fois. Ayant perdu 22 chevaux, je n'ai pu ramener les deux caissons, qui du reste étaient en assez mauvais état, n'ayant plus toutes leurs roues, ni de flèche.....

Le Capitaine commandant la batterie,
de Belleville.

Colonne Isnard.

Batterie Wishoffe.

Mon Colonel,

J'ai l'honneur de vous adresser mon rapport sur les faits qui ont amené l'abandon par moi de cinq pièces de canon, dans la journée du 19, à Saint-Quentin.

Le 19 au matin, vers 9 heures, je reçus l'ordre du lieutenant-colonel Isnard, commandant la brigade dont je faisais partie, d'atteler mes pièces, et de me rendre le plus tôt possible sur la route de Vermand. Je donnai immédiatement mes ordres en conséquence, et je me rendis moi-même aux écuries où étaient les chevaux afin de presser le départ.

La veille, le 18, nous étions partis à midi pour porter secours à la division attaquée; nous étions arrivés sur le lieu du combat seulement à la nuit tombante, et nous avions reçu l'ordre de protéger la retraite de l'armée sur Saint-Quentin. Nous n'étions rentrés à Saint-Quentin qu'à 2 h. 1/2 du matin, et, à cette heure avancée de la nuit, nous n'avions pu nous procurer le fourrage nécessaire aux chevaux de la batterie. A 9 heures, quand je donnai les ordres de départ, les chevaux mangeaient l'avoine; je les fis harnacher, et donnai l'ordre de les atteler aussitôt qu'ils auraient fini.

A ce moment, le capitaine adjudant-major du 73ᵉ régiment de marche vint me donner l'ordre, de la part du colonel Isnard, de partir immédiatement et de me rendre sur la route de Vermand où il me donnerait d'autres instructions. Je partis et je suivis la route indiquée jusqu'à ce que j'eusse rencontré un officier de la brigade. En chemin, le capitaine d'artillerie Bournazel était venu me demander quatre pièces de montagne, pour les diriger sur un autre point; j'envoyai les quatre pièces demandées sous le commandement de mon maréchal des logis chef, et je partis avec les pièces qui me restaient, c'est-à-dire deux pièces de 4 de campagne et quatre pièces de 4 de montagne.

Un peu avant d'arriver au village de Vermand, je trouvai un des bataillons du 73ᵉ de marche (ancien 24ᵉ de ligne) qui avait engagé une vive fusillade avec l'ennemi. Je fis arrêter mes pièces, et allai trouver le commandant du bataillon d'infanterie pour lui demander où je pourrais parler au colonel Isnard; il me répondit qu'il ne savait pas. J'attendis un instant; pendant ce temps, les Prussiens embusqués dans les maisons à droite et à gauche de la route, envoyaient sur nous une grêle de balles; le commandant du bataillon d'infanterie vint me trouver, et me dit : « Pouvez-vous envoyer de la mitraille du côté de ces maisons. » Je lui répondis que c'était chose facile, et alors je fis avancer une des pièces de campagne sur la hauteur et je la fis mettre en batterie. Les conducteurs qui étaient des soldats d'infanterie de mobile, ne comprenant pas l'ordre que je venais de donner, voulurent faire demi-tour avant que la pièce fût séparée de l'avant-train et, dans ce mouvement cassèrent le timon. Les chevaux, effrayés par les balles et gênés par l'avant-train qui leur tombait sur les jambes, s'emportèrent. Au même instant, les Prussiens sortirent des maisons situées à droite de la route et s'avancèrent à travers champs de manière à nous couper la retraite. Le commandant d'infanterie fit replier ses troupes pendant que je donnais aux servants qui se trouvaient près de la pièce l'ordre de se retirer en emmenant leur canon. Ils firent quelques pas, puis l'abandonnèrent. Je restai seul un instant; j'attendis le commandant qui suivait son bataillon, et je lui dis : « Mon commandant, je ne puis laisser ma pièce ici, aidez-moi à l'emmener. » Nous soulevâmes la crosse et nous fîmes une trentaine de mètres; pendant ce temps, les Prussiens se rapprochaient sensiblement de nous; le commandant me disait : « Nous ne pourrons pas l'emmener. » A ce moment je fis une chute, le commandant me croyant blessé, partit; et quand je me relevai, je me trouvai seul en arrière des troupes; je dus laisser là ma pièce et je suivis ma batterie jusque près de la ville.

J'attendis là une demi-heure environ; au bout de ce temps, un gendarme vint me donner l'ordre d'aller prendre position avec mes quatre pièces de montagne sur la route de Vermand; je laissai là la deuxième pièce de campagne et les munitions d'infanterie, avec un lieutenant d'artillerie mobilisée, et j'allai me placer à l'endroit indiqué.

Vers 4 h. 30, un général, accompagné d'un chef d'escadron de gendarmerie, traversa la route de Vermand, à hauteur de l'endroit où étaient mes pièces; le général me demanda à quelle batterie j'appartenais; je lui répondis : « 1re batterie *ter*, brigade Isnard »; le commandant de gendarmerie me dit de me mettre en position des deux côtés de la route.

Le soir, une vive fusillade s'engagea entre les troupes qui étaient restées près de la route de Vermand et les Prussiens qui descendaient des hauteurs situées à gauche de cette route; j'envoyai alors quelques coups de canon dans leur direction. Cependant, trouvant ma position un peu extraordinaire, j'allai plusieurs fois aux portes de la ville voir si je ne trouverais pas quelques officiers qui eussent des ordres ; je ne rencontrai personne. Vers 6 h. 30, deux compagnies de marins qui étaient restées en position à gauche de la route se retirèrent ; je les suivis, suivi moi-même par des troupes de la mobile.

Nous rentrâmes à Saint-Quentin, pour gagner de là la route de Cambrai.

Saint-Quentin était à ce moment déjà occupé par l'ennemi qui, en outre, nous barrait la route de Cambrai. Quand les Prussiens furent à quelques pas de nous et que je vis qu'ils procédaient au désarmement des troupes, je dis aux hommes qui étaient à mes côtés ce qu'il en était, les laissant libres de faire ce qu'ils voudraient. Quant à moi, je partis et je regagnai Saint-Quentin.

Tels sont, mon Colonel, les faits qui se sont passés, et que je certifie conformes à la vérité.

WISHOFFE, *sous-lieutenant*.

Ordre du général Faidherbe, commandant en chef l'armée du Nord.

Lille, 9 février.

Le général de division commandant en chef l'armée du Nord porte à la connaissance des troupes sous ses ordres la belle conduite du capitaine Joxe, du 24º bataillon de chasseurs à pied qui, le 19 janvier 1871, à la tête de sa compagnie, a, par son élan, empêché le général commandant le 23º corps, ainsi que tout son état-major, d'être enlevé par l'ennemi à sa sortie de Saint-Quentin.

Mention du présent ordre sera fait sur les états de services du capitaine Joxe.

d) Situations et effectifs.

Pertes des troupes engagées le 19 janvier sur la rive gauche de la Somme (1).

22ᵉ CORPS.

Artillerie.

	Officiers.	Hommes.	Chevaux.	Disparus.
Batterie Collignon........	»	4	»	»
— Montebello........	2	3	»	»
— Bocquillon.......	1	7	3	»
— Marx............	1	17	9	»
— Chastang.........	1	1	»	»
— Beauregard.......	1	15	27	»
— Gaigneau.........	»	7	2	»

1ʳᵉ DIVISION.

1ʳᵉ *brigade*.

État-major...............	1	»	»	»
2ᵉ chasseurs.............	»	44	»	»
67ᵉ de marche...........	5	158	»	442 (2)
91ᵉ mobiles.............	9	423 (3)	»	469

2ᵉ *brigade*.

17ᵉ chasseurs............	1	34	»	216
68ᵉ de marche...........	10	388	»	559
46ᵉ mobiles.............	7	137	»	700
Compagnie Sambuc.......	1	8	»	»

2ᵉ DIVISION.

État-major et services administratifs.............	3	»	»	»

---

(1) Cet état ne mentionne pas les disparus pour tous les corps.
(2) Dont 2 officiers, 250 hommes tués, blessés ou disparus au 65ᵉ.
(3) Le 5ᵉ bataillon n'eut qu'un officier blessé.

CAMPAGNE DE L'ARMÉE DU NORD. 133

1re brigade.

	Officiers.	Hommes.	Chevaux.	Disparus.
20e chasseurs.............	4	120	»	34
69e de marche............	8	82	»	»
Infanterie de marine	2	31	»	»
44e mobiles..............	4	150	»	560

2e brigade.

18e chasseurs.............	3	22 (1)	»	, »
91e de ligne.............	8	110	»	539
101e mobiles.............	3	116	»	401
Totaux......	75	1,877	»	»

La compagnie des mobilisés de l'Aisne, capitaine Devienne, perdit 1 officier, 2 sous-officiers, 25 hommes.

Consommation des munitions.

| Batterie Collignon........................ | 208 coups. |
| Batterie Gaigneau....................... | 240 coups (2). |

Pertes des Allemands (3).

Artillerie.

	Officiers.	Hommes.	Chevaux.
Artillerie de la *16e* division.....	5	68	79
Artillerie de la *3e* division de réserve...................	»	5	4
Artillerie de la *12e* division de cavalerie................	»	4	12
Batteries $\frac{3, III}{1}$.............	»	2	3
Cavalerie..................	»	27	51

---

(1) 100 hommes arrivés du dépôt, furent pris dans Saint-Quentin.
(2) La consommation des munitions des autres batteries est inconnue.
(3) D'après l'ouvrage du major Kunz et l'*Historique du Grand État-Major prussien*.

Infanterie.

	Officiers.	Hommes.	Chevaux.
19ᵉ régiment	7	291	»
81ᵉ —	»	9	»
29ᵉ —	16	226	»
69ᵉ —	5	154	»
40ᵉ —	6	146	»
70ᵉ —	8	246	»
41ᵉ —	4	150	»
Bataillon $\frac{II}{86}$	1	17	»
12ᵉ chasseurs	6	54	»
Totaux	58	1,399	149

Pertes des troupes engagées le 19 janvier sur la rive droite de la Somme.

23ᵉ CORPS (1).

Artillerie.

	Officiers.	Hommes.	Chevaux.	Disparus.
Batterie Halphen	»	28	31	10
— Dieudonné	1	2	10	2
— Belvalette	»	14	19	1
— Montégut	»	2	1	2
— Lannoy	»	»	»	9
— Benoît	1	14	1	»

1ʳᵉ DIVISION.

1ʳᵉ brigade.

19ᵉ chasseurs	1	96	»	292
Fusiliers marins	2	91	»	420
48ᵉ mobiles	2	101	»	595

(1) Les pertes de la batterie Wishoffe sont inconnues.
Le nombre des disparus est inconnu pour quelques corps.

2ᵉ brigade.

	Officiers.	Hommes.	Chevaux.	Disparus.
Bataillon de mobiles d'Arras.	»	2	»	7
24ᵉ chasseurs	2	117	»	306
2ᵉ bataillon du 65ᵉ	5	125	»	436
47ᵉ mobiles	»	424	»	»
Compagnie Mangin (génie)	»	3	»	»

2ᵉ DIVISION.

1ᵉʳ bataillon de voltigeurs	»	»	»	404 (1)
2ᵉ — —	»	2	»	195
3ᵉ — —	»	40	»	411

1ʳᵉ brigade.

1ᵉʳ régiment	1	44	»	705
6ᵉ —	8	24	»	470

2ᵉ brigade.

3ᵉ régiment	»	»	»	266
4ᵉ —	»	7	»	133
Cavalerie	»	»	»	2
Intendance	»	1	»	»

PERTES DES AUTRES UNITÉS.

Brigade Isnard.

24ᵉ régiment (2)	12 (3)	»	»	»
73ᵉ —	4	85	»	766
Mobiles des Ardennes	8	79	»	860
Bataillon Plaideau	1	13	»	»

Artillerie de réserve.

Batterie Belleville	»	18	24	2
— Rolland	»	12	»	10

---

(1) Tués, blessés et disparus.
(2) Le nombre d'hommes tués, blessés ou disparus est inconnu.
(3) Tués, blessés, disparus.

	Officiers.	Hommes.	Chevaux.	Disparus.
Compagnie Cantagrel (génie).	»	»	»	176
Éclaireurs Jourdan	»	6	»	34
Cavalerie	2	17	»	41
Gendarmerie	1	1	»	1
46° bis de mobiles	»	»	»	655 (1)
Douaniers	»	5	»	»
Totaux	51	1,373	86	»

Pertes des Allemands.

	Officiers.	Hommes.	Chevaux.
Ier corps	5	54	45
VIIIe corps	2	14	22
3e division de cavalerie	»	5	8
Cavalerie	2	14	27
Pionniers	»	1	»
Régiment d'infanterie n° *1*	3	105	»
— — n° *4*	4	165	»
— — n° *44*	6	208	»
— — n° *33*	3	124	»
— — n° *65*	9	177	»
— — n° *28*	2	48	»
— — n° *68*	4	38	»
Bataillon de chasseurs n° *8*	»	8	»
Totaux	40	961	102

(1) Tués, blessés et disparus.

CHAPITRE XIX.

JOURNÉE DU 20 JANVIER.

a) Journaux de marche.

22ᵉ CORPS.

Quartier général à Cambrai.
Ordre est donné de réunir la 1ʳᵉ division à Arras; la 2ᵉ division a Cambrai; la brigade des mobilisés du Pas-de-Calais à Valenciennes.
Cette répartition est communiquée à tous les commandants de places et de dépôts, qui doivent s'y conformer en embarquant en chemin de fer tous les hommes et détachements isolés.
La 2ᵉ division cantonne à Cambrai et dans les faubourgs, ainsi que l'artillerie et le génie de la 1ʳᵉ.
A 3 heures du soir, alerte donnée par une attaque des Prussiens contre le faubourg de Paris; le 18ᵉ chasseurs, l'infanterie de marine, le 91ᵉ et la batterie Bocquillon prennent les armes et établissent des grand'gardes.

Division des mobilisés du Nord.

La division se réunit à la Neuville (faubourg de Cambrai); à 11 heures du soir départ en chemin de fer pour Douai.

b) Organisation.

Convention signée à Arras le 31 janvier 1871.

Le 31 janvier 1871, entre :
M. Buncke, chef d'escadron d'état-major, muni des pleins pouvoirs de S. E. le général de Gœben, commandant la Iʳᵉ armée allemande;
Et M. Cosseron de Villenoisy, colonel adjoint au Major général de l'armée du Nord, muni des pleins pouvoirs de M. le général Faidherbe, commandant en chef l'armée du Nord, d'autre part.

Ont été arrêtées les stipulations suivantes pour l'exécution de la convention conclue à Versailles, le 28 janvier, entre les plénipotentiaires des deux pays :

Article premier.

Une difficulté s'étant présentée dans l'interprétation des termes de la convention, relativement au tracé de la ligne de démarcation dans les départements de l'Aisne et de la Somme, il a été convenu que les troupes des deux partis belligérants conserveraient provisoirement leurs positions actuelles, jusqu'à ce qu'il ait été statué d'une manière définitive par les deux gouvernements.

Les points qui ont donné lieu aux observations de l'officier français sont : l'occupation d'Abbeville ; la possession ou la neutralisation d'une bande de terrain le long de la mer, pour communiquer par courriers entre Abbeville et le Havre ; et la bande de terrain entre Avesnes et Maubert-Fontaine, qui a toujours été soumise à l'administration française. L'officier prussien croit les deux derniers points tranchés par la convention de Versailles.

Quoi qu'il en soit, les hostilités cesseront complètement, à partir d'aujourd'hui, et si, par suite d'un malentendu quelconque, un engagement avait lieu n'importe où, on s'empresserait des deux côtés d'en arrêter les conséquences par un arrangement amiable.

Art. 2.

Sauf les points en litige indiqués ci-dessus, la limite du territoire occupé par l'armée française sera celle du département du Pas-de-Calais et du Nord, et les avant-postes des armées belligérantes s'en tiendront éloignés d'environ 10 kilomètres, comme il a été réglé par la convention de Versailles.

Les avant-postes français ne dépasseront pas les villes ou villages de Hesdin, Nuncq, Avesnes-le-Comte, Bailleulval, Ayette, Ervillers, Boursies, Marcoing, Masnières, Bertry, Landrecies, Avesnes et Glageon. Les villages et postes le long de la frontière belge, notamment ceux de Trélon, Fourmies et Anor, seront occupés par les douaniers et les brigades de gendarmerie actuellement chargés de la police.

Les avant-postes allemands ne dépasseront pas les villes ou villages de Bernaville, Talmas, Hérissart, Albert, Péronne, Roisel, Fontaine-Uterte, Bernoville, Iron, Etréaupont et Wattignies.

Entre les avant-postes, un service de police sera fait par les gendarmes, les gardes champêtres et autres agents de la sécurité publique, pour la recherche des malfaiteurs. Ce service s'arrêtera de chaque côté de la ligne de démarcation.

Art. 3.

L'échange de prisonniers se fera dans le plus bref délai possible à la station d'Achiet, où deux officiers français et allemands se réuniront pour y procéder. Ce même point est choisi pour les communications qui deviendraient nécessaires entre les états-majors des deux armées. Les blessés qui ne seraient pas immédiatement transportables ne seront plus considérés comme prisonniers, et seront rendus aussitôt que leur état de santé le permettra.

Art. 4.

Les travaux de rétablissement des lignes de chemins de fer et de leurs télégraphes pourront être entrepris de suite; jusqu'à ce qu'une décision supérieure soit intervenue pour le régime auquel sera soumise l'exploitation des chemins de fer, l'autorité allemande s'engage à donner toutes les facilités possibles pour le transport des trains de ravitaillement français allant à Paris.

Quelle que soit cette décision, le Gouvernement français sera autorisé à avoir sur le parcours des lignes, à côté des agents allemands, un certain nombre d'officiers et d'agents français ayant pour mission de régler la direction des trains, et d'aplanir les difficultés qui pourraient surgir.

Des facilités seront également données sur le territoire occupé par l'armée française pour le transport des trains de ravitaillement destinés aux villes occupées par l'armée allemande.

En foi de quoi, l'instrument a été signé en double expédition par les officiers susdénommés.

Cosseron de Villenoisy.
Buncke.

d) Situation et emplacements.

Cantonnements du 22ᵉ corps le 5 février 1871.

Quartier général.................... Cambrai.

1ʳᵉ DIVISION.

Quartier général.................... Arras.
2ᵉ bataillon de chasseurs............ Hénin.
1ᵉʳ bataillon du 75ᵉ................. Mercatel.
2ᵉ bataillon du 75ᵉ................. Neuville-Vitasse.
33ᵉ de ligne....................... Guémappe.

1er bataillon du 91e mobiles	Tilloy.
2e et 3e bataillons du 91e mobiles	Saint-Laurent.
17e chasseurs	Sainte-Catherine, Saint-Aubin.
68e de marche	Beaurains.
46e mobiles	Achicourt.
Batterie Collignon, génie	Saint-Sauveur.
Batterie Bocquillon	Blangy.
Batterie Montebello	Sainte-Catherine.

2e DIVISION.

Quartier général	Graincourt.
20e bataillon de chasseurs	Graincourt.
1er bataillon du 43e	Havrincourt.
2e bataillon du 43e	Hermies.
Infanterie de marine	Flesquières.
1er et 2e bataillons du 44e mobiles	Fontaine-Notre-Dame.
3e bataillon du 44e mobiles	Cantaing.
Éclaireurs Jourdan	Ribécourt.
18e bataillon de chasseurs	Marcoing.
1er bataillon du 91e	Rumilly.
2e bataillon du 91e	Masnières.
1er et 2e bataillons du 101e mobiles	Crévecœur.
Zouaves du Nord	Crévecœur.
3e bataillon du 101e mobiles	Lesdains.
Batterie Marx	Anneux.
Batterie Lesur	Masnières.
Batterie Beauregard	Cambrai.

L'escadron du 11e dragons rejoint son régiment à Aire.

*Situation générale de l'armée du Nord à la date
du 15 février 1871.*

DÉSIGNATION DES CORPS et NOMS DES CHEFS DE CORPS.	EFFECTIFS.		
	OFFICIERS.	HOMMES.	CHEVAUX.
22ᵉ CORPS.			
1ʳᵉ DIVISION.			
1ʳᵉ brigade.			
2ᵉ compagnie *bis* du 2ᵉ régiment du génie (capitaine Sambuc)............	4	103	15
2ᵉ bataillon de marche de chasseurs à pied (commandant Boschis)............	17	464	2
1ᵉʳ et 2ᵉ bataillons de marche du 75ᵉ et 1ᵉʳ et 2ᵉ bataillons de marche du 33ᵉ, formant le 67ᵉ d'infanterie de marche, sous les ordres du lieutenant-colonel Fradin de Linières....	39	1,310	6
5ᵉ, 6ᵉ et 7ᵉ bataillons de mobiles du Pas-de-Calais, formant le 91ᵉ de mobiles, sous les ordres du lieutenant-colonel Fovel........	34	1,547	6
2ᵉ brigade.			
17ᵉ bataillon de marche de chasseurs à pied (commandant Moynier)............	14	470	2
1ᵉʳ et 2ᵉ bataillons de marche du 24ᵉ et 1ᵉʳ et 2ᵉ bataillons de marche du 64ᵉ, formant le 68ᵉ régiment d'infanterie de marche, sous les ordres du lieutenant-colonel Tramond..	25	1,034	6
1ᵉʳ, 2ᵉ et 3ᵉ bataillons de mobiles du Nord, formant le 46ᵉ régiment de mobiles, sous les ordres du lieutenant-colonel de Lalène-Laprade............	37	931	6
Artillerie (commandant Cornet).			
1ʳᵉ batterie *bis* du 15ᵉ régiment d'artillerie (capitaine Collignon)............	3	125	96
2ᵉ batterie principale du 15ᵉ régiment d'artillerie (capitaine Bocquillon)............	1	125	112
3ᵉ batterie *bis* du 12ᵉ régiment d'artillerie (capitaine de Montebello)............	5	147	132
2ᵉ DIVISION.			
1ʳᵉ brigade.			
2ᵉ compagnie *ter* du 2ᵉ régiment du génie (capitaine Grimaud)............	4	86	13
A reporter........	183	6,342	396

Saint-Quentin. — Docum.

DÉSIGNATION DES CORPS et NOMS DES CHEFS DE CORPS.	EFFECTIFS		
	OFFICIERS.	HOMMES.	CHEVAUX.
Report........	183	6,342	396
20e bataillon de marche de chasseurs à pied (commandant Hecquet)................	12	360	2
1er et 2e bataillons de marche du 43e et 8e bataillon d'infanterie de marine, formant le 69e régiment d'infanterie de marche, sous les ordres du lieutenant-colonel Pasquet de la Broue................	37	1,144	6
2e, 3e et 3e *bis* bataillons des mobiles du Gard, formant le 44e de mobiles, sous les ordres du lieutenant-colonel Lemaire...........	36	860	6
2e brigade.			
18e bataillon de marche de chasseurs à pied (commandant de Pousargues).............	17	459	2
1er et 2e bataillons de marche du 91e, formant le 72e régiment d'infanterie de marche, sous les ordres du lieutenant-colonel Delpech...	26	879	4
4e et 4e *bis* bataillons de la Somme et 3e bataillon de la Marne, formant le 101e régiment de mobiles, sous les ordres du lieutenant-colonel de Brouard.............	33	1,448	6
Artillerie (commandant Chaton).			
2e batterie *ter* du 15e régiment d'artillerie (capitaine Marx).................	4	138	110
3e batterie *bis* du 15e régiment d'artillerie (capitaine Chastang).............	3	127	100
3e batterie principale du 12e régiment d'artillerie (capitaine Beauregard)..........	3	157	127
23e CORPS.			
1re DIVISION.			
1re *brigade.*			
2e compagnie de dépôt du 3e régiment du génie (capitaine Mangin).............	4	116	15
19e bataillon de marche des chasseurs à pied (commandant Giovaninelli).............	10	353	2
Trois bataillons de fusiliers marins (capitaine de frégate Billet)................	30	802	6
7e, 8e et 9e bataillons de mobiles du Nord, formant le 48e régiment de mobiles, sous les ordres du lieutenant-colonel Degoutin.....	30	843	6
2e brigade.			
24e bataillon de marche des chasseurs à pied (commandant de Négrier).............	12	383	2
A reporter........	440	14,408	790

DÉSIGNATION DES CORPS et NOMS DES CHEFS DE CORPS.	EFFECTIFS.		
	OFFICIERS.	HOMMES.	CHEVAUX.
Report..........	440	14,408	790
1ᵉʳ et 2ᵉ bataillons de marche du 65ᵉ de ligne, formant un régiment de marche, sous les ordres du lieutenant-colonel Jacob.........	21	921	4
4ᵉ, 5ᵉ et 6ᵉ bataillons des mobiles du Nord, formant le 47ᵉ régiment de mobiles, sous les ordres du lieutenant-colonel Lebel......	13	423	6
Bataillon de mobilisés du Pas-de-Calais (Arras) (commandant Rameau).......................	15	809	2
Artillerie (capitaine Ravaud).			
3ᵉ batterie *ter* du 15ᵉ régiment d'artillerie (capitaine Halphen)....................	3	131	123
4ᵉ batterie *bis* du 15ᵉ régiment d'artillerie (capitaine Dieudonné)...................	3	126	126
Batterie des mobiles d'Arras (capitaine Dupuich).................................	4	124	87
2ᵉ DIVISION. 1ʳᵉ *brigade.*			
1ᵉʳ bataillon de voltigeurs (commandant Foutrein)................................	20	464	2
1ᵉʳ, 2ᵉ et 3ᵉ bataillons de la 1ʳᵉ légion, formant le 1ᵉʳ régiment de marche, sous les ordres du lieutenant-colonel Loy.................	60	646	6
1ᵉʳ, 2ᵉ et 4ᵉ bataillons de la 9ᵉ légion, formant le 6ᵉ régiment de marche, sous les ordres du lieutenant-colonel Brabant............	39	686	6
2ᵉ *brigade.*			
2ᵉ bataillon de voltigeurs (commandant Lacourte-Dumont).........................	21	378	2
3ᵉ bataillon de voltigeurs (commandant Monnier)...................................	12	137	2
1ᵉʳ, 2ᵉ et 3ᵉ bataillons de la 3ᵉ légion, formant le 3ᵉ bataillon de marche, sous les ordres du lieutenant-colonel Chas.................	47	797	6
5ᵉ, 6ᵉ et 7ᵉ bataillons de la 9ᵉ légion, formant le 4ᵉ régiment de marche................	76	1,137	6
Artillerie (commandant de Saint-Vulfrand).			
2ᵉ batterie de la Seine-Inférieure (capitaine Montégut)............................	3	132	95
4ᵉ batterie de la Seine-Inférieure (capitaine de Lannoy)............................	3	120	98
Batterie du Finistère (capitaine Benoît).....	3	105	100
A reporter..........	783	21,541	1,461

DÉSIGNATION DES CORPS et NOMS DES CHEFS DE CORPS.	EFFECTIFS.		
	OFFICIERS.	HOMMES.	CHEVAUX.
Report..........	783	21,541	1,461
Mobilisés du Pas-de-Calais, sous les ordres du colonel Lallement, formant :			
Le 1er régiment de marche (lieutenant-colonel Choquet)............................	68	1,497	6
Le 2e régiment de marche (lieutenant-colonel Poupart).............................	43	870	6
Le bataillon de chasseurs (commandant Garreau)................................	20	230	2
Réserve.			
Compagnie de reconnaissance à pied (capitaine Bayle)...............................	3	160	»
Éclaireurs à cheval (sous-lieutenant Feuillant).	2	48	48
Cavalerie.			
7e dragons (colonel Barbault de Lamotte).....	35	458	425
11e dragons (lieutenant-colonel de Cabannes)..	23	368	328
Artillerie (lieutenant de vaisseau Giron).			
1re batterie mixte de marine (lieutenant de vaisseau Rolland)......................	4	132	129
2e batterie mixte de marine (lieutenant de vaisseau Gaigneau).....................	3	144	127
1re batterie de mobiles de la Seine-Inférieure (capitaine Belleville)...................	3	131	96
Parc d'artillerie (capitaine André)..........	4	115	80
Génie.			
1re compagnie *bis* du 3e régiment (capitaine Cantagrel).............................	4	94	12
Parc du génie.........................	3	47	66
Prévôté.............	17	224	220
Compagnie *bis* du 3e régiment du train (commandant Margantin)....................	5	259	558
Un bataillon du 40e de ligne et deux bataillons du 3e de ligne, formant le 73e de marche, sous les ordres du lieutenant-colonel Castaigne...............................	12	1,031	4
Régiment des mobiles des Ardennes (lieutenant-colonel Giovanelli)................	13	756	6
TOTAUX..........	1,045	28,105	3,574

Situation des troupes en garnison dans les places du Nord à la date du 15 février 1871.

PLACES.	ARMÉE ACTIVE.		MOBILES.	MOBILISÉS et SÉDENTAIRES.	TOTAUX.
	Nord.				
Lille	Infanterie	2,805	344	13,082	16,231
	Cavalerie	520	»	»	520
	Artillerie	243	324	2,742	3,309
	Génie	»	»	»	»
Douai	Infanterie	966	»	5,425	6,391
	Cavalerie	»	»	»	»
	Artillerie	1,063	208	492	1,463
	Génie	»	»	»	»
Dunkerque	Infanterie	745	»	2,228	2,973
	Cavalerie	»	»	»	»
	Artillerie	8	90	198	296
	Génie	»	»	»	»
Cambrai	Infanterie	»	2,176	5,145	7,321
	Cavalerie	»	»	»	»
	Artillerie	2	354	132	488
	Génie	»	»	»	»
Valenciennes	Infanterie	1,085	1,824	2,749	5,625
	Cavalerie	300	»	»	300
	Artillerie (Marine)	6	177	213	396
	Génie	»	»	»	»
Maubeuge	Infanterie	»	847	2,185	3,032
	Cavalerie	»	»	»	»
	Artillerie	3	109	377	489
	Génie	»	»	»	»
Condé	Infanterie	1,573	»	167	1,740
	Cavalerie	»	»	»	»
	Artillerie	7	93	276	376
	Génie	»	»	»	»
Landrecies	Infanterie	400	»	933	1,333
	Cavalerie	»	»	»	»
	Artillerie	2	290	103	395
	Génie	»	»	»	»
Bergues	Infanterie	»	608	131	739
	Cavalerie	»	»	»	»
	Artillerie	»	»	23	23
	Génie	»	»	»	»
	A reporter.	9,728	7,441	36,271	53,440

PLACES.	ARMÉE ACTIVE.		MOBILES.	MOBILISÉS et SÉDENTAIRES.	TOTAUX.
	Report...	9,728	7,441	36,271	53,440

Nord (suite).

PLACES.	ARMÉE ACTIVE.		MOBILES.	MOBILISÉS et SÉDENTAIRES.	TOTAUX.
Bouchain....	Infanterie........	260	»	423	683
	Cavalerie........	»	»	»	»
	Artillerie........	5	197	»	202
	Génie..........	»	»	»	»
Gravelines...	Infanterie........	»	585	312	897
	Cavalerie........	»	»	»	»
	Artillerie........	»	»	143	143
	Génie..........	»	»	»	»

Pas-de-Calais.

PLACES.	ARMÉE ACTIVE.		MOBILES.	MOBILISÉS et SÉDENTAIRES.	TOTAUX.
Arras......	Infanterie........	878	2,703	2,383	5,964
	Cavalerie........	»	»	»	»
	Artillerie........	»	354	505	859
	Génie..........	»	»	»	»
Saint-Omer..	Infanterie........	1,427	154	3,708	5,289
	Cavalerie........	»	»	»	»
	Artillerie........	13	129	184	326
	Génie..........	»	»	»	»
Calais......	Infanterie........	1,259	»	2,279	3,538
	Cavalerie........	»	»	»	»
	Artillerie........	7	154	136	297
	Génie..........	»	»	»	»
Aire.......	Infanterie........	»	292	1,844	2,136
	Cavalerie........	»	»	»	»
	Artillerie........	6	168	»	174
	Génie..........	»	»	»	»
Hesdin.....	Infanterie........	»	»	1,318	1,318
	Cavalerie........	»	»	»	»
	Artillerie........	»	»	»	»
	Génie..........	»	»	»	»
Boulogne....	Infanterie	590	»	1,596	2,186
	Cavalerie........	»	»	»	»
	Artillerie........	»	»	»	»
	Génie..........	»	»	»	»
Montreuil....	Infanterie........	102	»	800	902
	Cavalerie........	»	»	»	»
	Artillerie........	»	»	»	»
	Génie..........	»	»	»	»
	A reporter.	14,275	12,177	51,872	78,324

PLACES.	ARMÉE ACTIVE.		MOBILES.	MOBILISÉS et SÉDEN- TAIRES.	TOTAUX.
		Report...	14,275	12,477	51,872	78,324
	Pas-de-Calais (*suite*).				
Étaples......	Infanterie........	»	»	1,841	1,841
	Cavalerie........	»	»	»	»
	Artillerie........	»	»	»	»
	Génie...........	»	»	»	»
Béthune......	Infanterie........	»	»	825	825
	Cavalerie........	»	»	»	»
	Artillerie........	»	»	»	»
	Génie...........	»	»	»	»
Saint-Venant.	Infanterie........	»	300	»	300
	Cavalerie........	»	»	»	»
	Artillerie........	»	»	»	»
	Génie...........	»	»	»	»
Avesnes......	Infanterie........	»	»	792	792
	Cavalerie........	»	»	»	»
	Artillerie........	»	»	»	»
	Génie...........	»	»	»	»
Le Quesnoy..	Infanterie........	»	»	138	138
	Cavalerie........	»	»	»	»
	Artillerie........	»	»	»	»
	Génie...........	»	»	»	»
	TOTAUX...	14,275	12,477	55,468	82,220(1)

(1) Sur ce nombre 82,220, sont compris les gardes nationaux sédentaires, dont le nombre est de 16,390.

Approuvé :

Le Colonel adjoint au Major général,

DE VILLENOISY.

Garde nationale mobilisée à la date du 5 février 1871.

Département du Nord.

2ᵉ division du 23ᵉ corps.

Infanterie..............	{ Officiers............	275
	{ Troupes............	4,245
	Total.................	4,520
Cavalerie..		55

Mobilisés enrégimentés (garnisons).

2ᵒ régiment de marche, à Arras.................	{ Officiers............	82
	{ Troupes............	2,092
5ᵉ régiment de marche, à Douai.................	{ Officiers............	57
	{ Troupes............	1,489
7ᵉ régiment de marche, était à Abbeville...........	{ Officiers............	64
	{ Troupes............	1,767
8ᵒ régiment de marche, à Douai.................	{ Officiers............	60
	{ Troupes............	1,800
9ᵉ régiment de marche, à Fampoux et Rœux.......	{ Officiers............	72
	{ Troupes............	1,950
Régiments de marche à la solde de la guerre...		9,263

Légions et dépôts.

4ᵉ légion................	{ Officiers............	60
	{ Troupes............	1,820
7ᵉ légion................	{ Officiers............	57
	{ Troupes............	1,094
Dépôts..................	{ Officiers............	8
	{ Troupes............	1,330
	Total.................	4,369
Artillerie...............	{ Officiers............	44
	{ Troupes............	1,844
Batteries de Lille................................		200
	Total.................	2,088

Génie...............	{ Officiers...........	6
	{ Troupes...........	116
	Total................	122

Mobilisés qui ne sont pas à la solde du département de la guerre............................. 6,579

Récapitulation du Nord.

Division Isnard...........	{ Infanterie.........	4,520
	{ Cavalerie..........	55
Régiments de marche.......................		9,263
Légions et dépôts.........................		4,369
Artillerie...............................		2,088
Génie.................................		122
	Total................	20,417

Département du Pas-de-Calais.

Brigade active des mobilisés du Pas-de-Calais.

5e brigade du 22e corps.	Infanterie....	{ Officiers...........	131
		{ Troupes...........	2,597
		Total...............	2,728
	Cavalerie.....................		55

Bataillon de mobilisés d'Arras (2e brigade, 1re division du 23e corps)......................... 653

Légions.

1re légion : trois bataillons et une compagnie de dépôt à Arras.................	{ Officiers............	75
	{ Troupes...........	1,775
2e légion : une compagnie de dépôt à Béthune.........	{ Officiers............	3
	{ Troupes...........	340
3e légion : les six bataillons et une compagnie de dépôt à Boulogne..............	{ Officiers............	118
	{ Troupes...........	4,184
4e légion : 5 bataillons.....	{ Officiers............	135
	{ Troupes...........	3,322
	Total.................	9,952

Artillerie.

Batterie d'Arras......	Officiers........	6
(51 chevaux).	Troupes.........	170
	Total.........	176

Récapitulation du Pas-de-Calais.

Brigade Lallement......	Infanterie......	2,728
	Cavalerie.......	55
Légions....................................		9,952
Artillerie..................................		176
	Total.........	12,911

Département de la Somme.

Infanterie.

1ʳᵉ légion...........	Officiers........	122
	Troupes.........	2,319
2ᵉ légion...........	Officiers........	104
	Troupes.........	2,382
3ᵉ légion...........	Officiers........	50
	Troupes.........	1,490
	Total.........	6,467

Cavalerie (32 chevaux).

Était à Abbeville......	Officiers........	4
	Troupes.........	52
	Total.........	56

Artillerie (1) (248 chevaux).

État-major...........	Officiers........	8

---

(1) Les 4ᵉ, 5ᵉ et 6ᵉ batteries ont été licenciées ; les officiers sont restés au 15ᵉ régiment d'artillerie à la disposition du général commandant la 3ᵉ division militaire.

Report..................		8
1re batterie (37 chevaux)...	{ Officiers............	4
	{ Troupes............	85
2e batterie (109 chevaux)...	{ Officiers............	4
	{ Troupes............	121
3e batterie (102 chevaux)...	{ Officiers............	3
	{ Troupes............	150
Total..................		375

RÉCAPITULATION DE LA SOMME.

Infanterie..................................	6,467
Cavalerie..................................	56
Artillerie..................................	375
Total..................	6,898

Département de l'Aisne.

Infanterie.

Légion de Vervins, 2 ba- { Cambrai............	1,345
taillons.............. { Maubeuge..........	811
Légion de Saint-Quentin, à Maubeuge............	164
3e compagnie franche, à Maubeuge..............	75
2 bataillons à Landrecies......................	869
Total..................	3,254

Génie.

Officiers...................................	4
Sapeurs....................................	105
Total..................	109

Récapitulation des mobilisés par arme.

		INFANTERIE.	CAVALERIE.	ARTILLERIE.	GÉNIE.
NORD	Division Isnard...	4,520	55	2,088	122
	Rég. de marche...	9,263	»	»	»
	Légions et dépôts..	4,369	»	»	»
	Total.........	18,152	55	2,088	122
PAS-DE-CALAIS (1).	Brigade Lallement.	2,728	55	176	»
	Légions	9,952	»	»	»
	Total.........	12,680	55	176	»
SOMME............		6,467	56	375	»
AISNE.............		3,259	»	»	109
	Totaux........	40,558	166	2,639	231

(1) Il faudrait ajouter au Pas-de-Calais 663 voltigeurs (commandant Rameau, 1re division du 23e corps) armés du chassepot.

Composition du 22e corps lors du départ pour Cherbourg.

Commandant en chef : général LECOINTE.

1re division : général DERROJA.

1re brigade.	2e bataillon de chasseurs.................	600
	67e de marche. { Deux bataillons du 75^e	1,100
	{ Un bataillon du 33e.........	630
	91e mobiles du Pas-de-Calais.............	1,720
2e brigade.	17e chasseurs.......................	600
	Deux bataillons du 24e................	1,220
	Un bataillon du 64e.....................	866
	46e régiment de mobiles...............	1,300
	Une compagnie du génie.................	102
	Trois batteries.......................	»
	Total pour l'infanterie...	8,138

CAMPAGNE DE L'ARMÉE DU NORD.

$\qquad\qquad\qquad\qquad$ *Report*....... 8,138

2ᵉ *division* : général DU BESSOL.

1ʳᵉ brigade.	{	20ᵉ chasseurs..........................	720
		69ᵉ de marche. { Deux bataillons du 43ᵉ......	900
		$\qquad\qquad\quad$ { Un bataillon d'infanterie de marine...................	626
		44ᵉ mobiles du Gard.............	1,490
2ᵉ brigade.	{	18ᵉ chasseurs..........................	520
		72ᵉ de marche. { Deux bataillons du 91ᵉ.......	1,520
		$\qquad\qquad\quad$ { Un bataillon du 64ᵉ.........	700
		101ᵉ mobiles (Somme-et-Marne)..........	1,620

Trois batteries.

$\qquad\qquad\qquad$ TOTAL pour l'infanterie... 16,234

Réserve.

Quatre batteries.

Artillerie du 22ᵉ *corps* (deux lignes caissons par batterie).

Lieutenant-colonel CHARON, commandant l'artillerie.

$\qquad\qquad\qquad\qquad\qquad\qquad\qquad\qquad$ Pièces de

1ʳᵉ division : commandant CORNET.	{ Capitaine BOCQUILLON..........	4
	— $\quad$ COLLIGNON..........	4
	— $\quad$ MONTEBELLO	8
2ᵉ division : commandant CHATON.	{ Capitaine MARIN...............	4
	— $\quad$ LESUR...............	4
	— $\quad$ BENOIT.............	8

Réserve : commandant PIGOUCHE.

Commandant GIRON..	{ Capitaine GAIGNEAU............	12
	— $\quad$ BEAUREGARD..........	12
Commandant SAINT-VULFRAND........	{ Capitaine MONTÉGUT.............	4
	— $\quad$ BELLEVILLE..............	4

Parc.

36 caissons d'infanterie.
28 $\quad$ — $\quad$ de 4.
18 $\quad$ — $\quad$ de 8.
18 $\quad$ — $\quad$ de 12.

TABLE DES MATIÈRES

DES

DOCUMENTS ANNEXES

Chapitre XV.

	Pages.
Journée du 14 janvier	1
— du 15 janvier	10
— du 16 janvier	29
— du 17 janvier	39

Chapitre XIV.

Journée du 18 janvier.............................. 45

Chapitres XVII et XVIII.

Journée du 19 janvier.............................. 61

Chapitre XIX.

Journée du 20 janvier.............................. 137

Paris. — Imprimerie R. Chapelot et Cⁱᵉ, 2, rue Christine.

BATAILLE DE St QUENTIN

(vers 11 heures du matin)

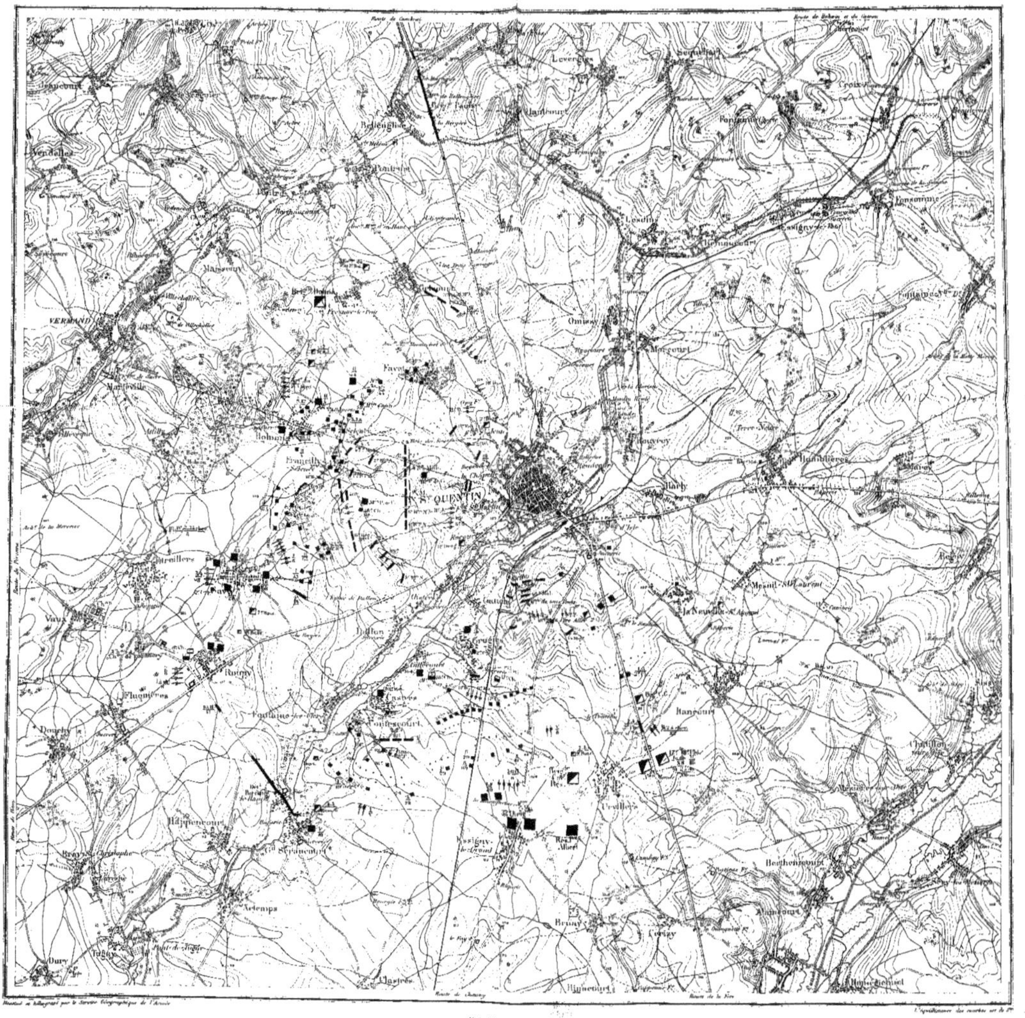

Echelle de $\frac{1}{50.000}$

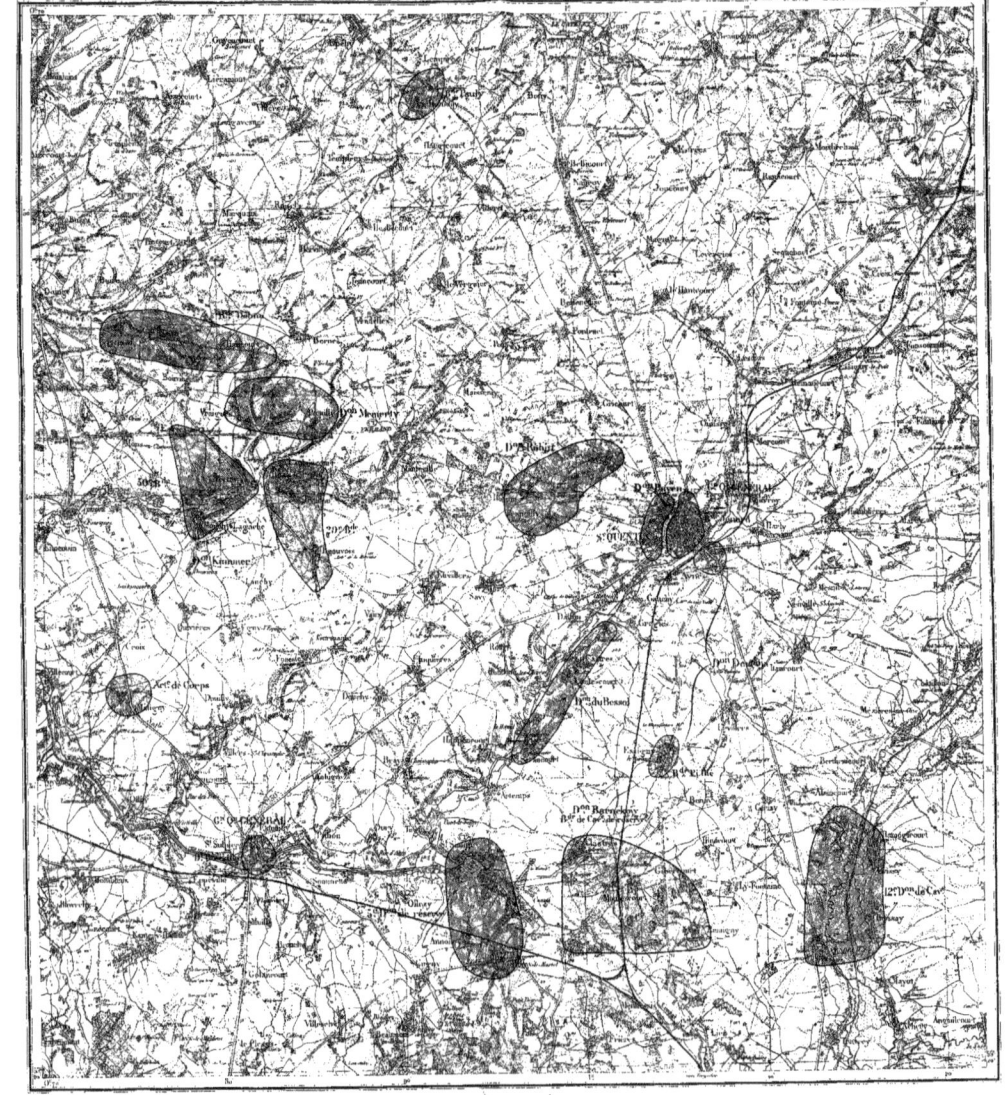

EMPLACEMENT DES TROUPES LE 18 JANVIER AU SOIR

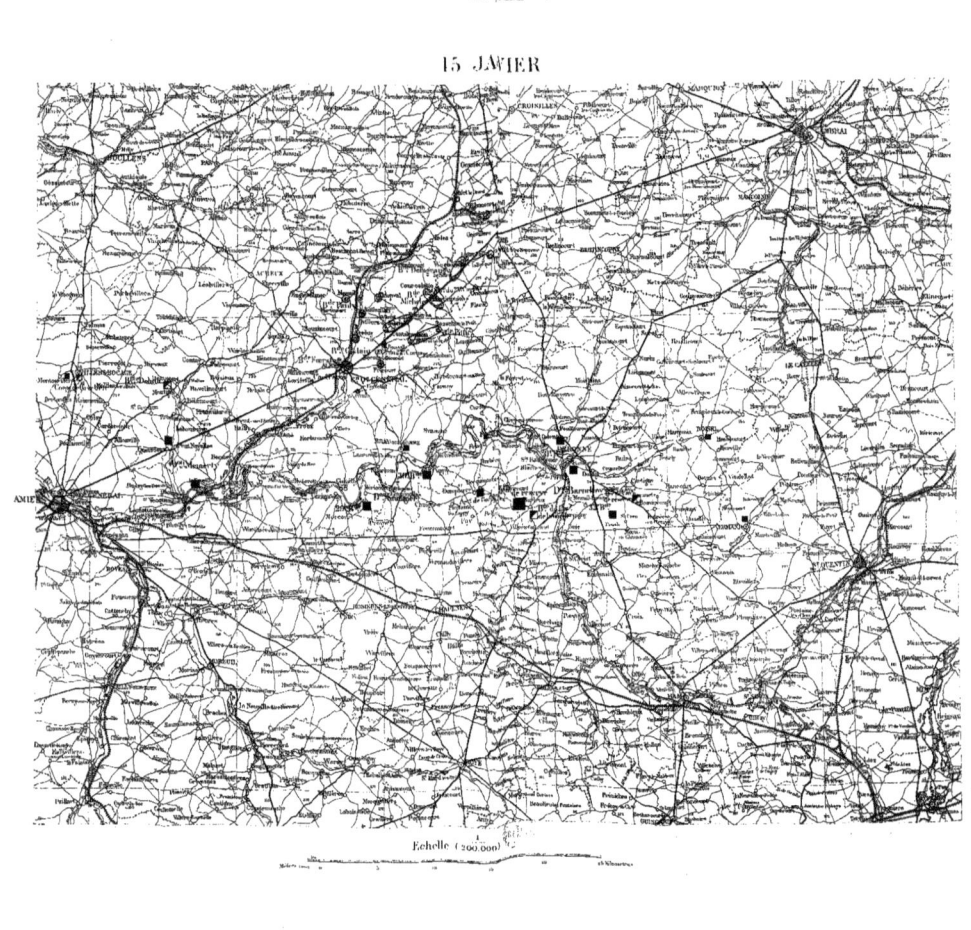

16 JANVIER

Échelle 1:200,000

17 JANVIER

Echelle (200,000)

COMBATS DE BEAUVOIS ET DE VERMAND
(Vers 1 heure et demie)

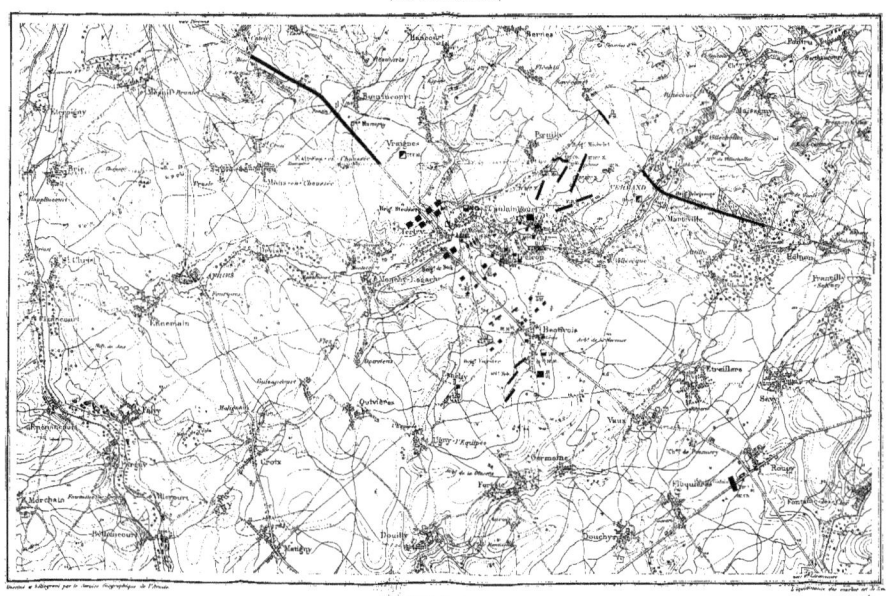

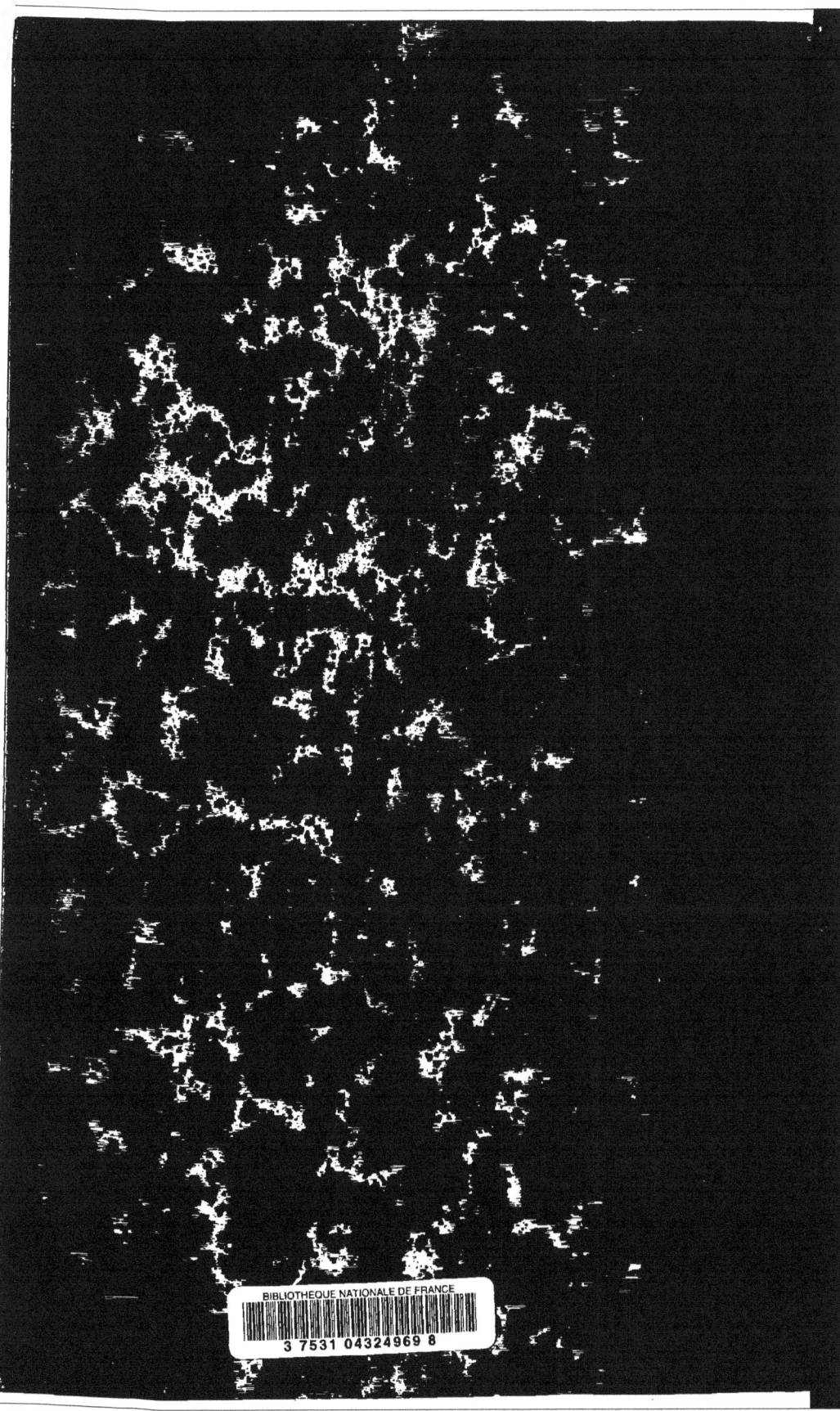

www.ingramcontent.com/pod-product-compliance
Lightning Source LLC
Chambersburg PA
CBHW050756170426
43202CB00013B/2443